Frauen in der Nachfolge

Daniela Jäkel-Wurzer

Frauen in der Nachfolge

Neue Wege der Führung in Familienunternehmen

Springer Gabler

Daniela Jäkel-Wurzer
d.jw-Coaching & Beratung
Nürnberg, Deutschland

ISBN 978-3-662-72269-5 ISBN 978-3-662-72270-1 (eBook)
https://doi.org/10.1007/978-3-662-72270-1

Die Deutsche Nationalbibliothek verzeichnet diese Publikation in der Deutschen Nationalbibliografie; detaillierte bibliografische Daten sind im Internet über https://portal.dnb.de abrufbar.

Planung/Lektorat: Stefanie Winter
Springer Gabler ist ein Imprint der eingetragenen Gesellschaft Springer-Verlag GmbH, DE und ist ein Teil von Springer Nature.
Die Anschrift der Gesellschaft ist: Heidelberger Platz 3, 14197 Berlin, Germany

Vorwort von Evelyne de Gruyter

In den kommenden Jahren steht der deutsche Mittelstand vor einem umfassenden Generationswechsel. Bis Ende 2028 suchen jährlich rund 106.000 kleine und mittlere Unternehmen eine geeignete Nachfolgerin oder einen Nachfolger. Doch die Suche nach einer geeigneten Person bleibt häufig erfolglos, nicht zuletzt, weil das Potenzial von Frauen noch immer zu wenig beachtet wird. Der Anteil weiblicher Nachfolgerinnen liegt derzeit bei nur etwa 21 % und ist zuletzt sogar rückläufig. Dabei sind Frauen bestens qualifiziert, motiviert und bereit, Verantwortung zu übernehmen – und sie tun es bereits.

„Frauen in der Nachfolge" ist ein Plädoyer für Sichtbarkeit, Mut und die Kraft weiblichen Unternehmertums. Es zeigt Frauen, die Verantwortung übernommen haben – gegen Widerstände aber mit klarer Vision. Ihre Geschichten zeigen: Nachfolge im Familienunternehmen ist keine zufällige Entwicklung, sondern eine bewusste Entscheidung – mit dem Potenzial, Unternehmen weiterzuentwickeln, Perspektiven zu eröffnen und gesellschaftlichen Wandel aktiv mitzugestalten.

Denn Frauen in Führungspositionen spielen eine Schlüsselrolle in den großen Transformationsprozessen der deutschen Wirtschaft, sei es bei der Digitalisierung, der Entwicklung nachhaltiger Geschäftsmodelle oder der Modernisierung der Arbeitskultur. Sie machen Unternehmen anpassungsfähig und zukunftsfähig. Denn Frauen, die Unternehmen übernehmen, hinterfragen oft eingefahrene Strukturen, treiben Innovation voran und prägen Unternehmenskulturen neu – durch partizipative Führung, flexible Arbeitsmodelle und diversere Teams. Sie verbinden frischen Unternehmergeist mit langfristiger Verantwortung und tragen so zur Stärkung der Innovationskraft und Zukunftsfähigkeit des Mittelstands bei. Ihre Perspektiven sind unverzichtbar – nicht als Ergänzung, sondern als elementarer Bestandteil wirtschaftlicher Entwicklung.

Dennoch bestehen auch heute noch strukturelle Hürden: stereotype Rollenbilder, implizite Voreingenommenheit in familiären Nachfolgeprozessen und eine nach wie vor begrenzte öffentliche Sichtbarkeit weiblicher Vorbilder, die Unternehmertum und Weiblichkeit selbstverständlich verbinden. Besonders in Familienunternehmen wird der Sohn häufig als der „selbstverständliche" Nachfolger gesehen, während die Tochter außen vor bleibt oder erst gar nicht in Betracht gezogen wird. Dabei sind Frauen heute hervorragend ausgebildet, international erfahren und wirtschaftlich kompetent – sie sind bereit zu führen, und sie tun es längst.

Karrierewege von Nachfolgerinnen sind selten geradlinig, und genau das macht sie so inspirierend. Frauen übernehmen Unternehmen auf vielfältige Weise: als Töchter, langjährige Mitarbeiterinnen, externe Managerinnen oder in einem Team von Unternehmer*innen. Viele von ihnen bringen nicht nur frischen Unternehmergeist mit, sondern auch neue Führungsansätze, die traditionelle Strukturen hinterfragen und zukunftsweisende Entwicklungen anstoßen. Unternehmerin zu sein lohnt sich – nicht nur für das eigene Wachstum, sondern auch für die Weiterentwicklung der Gesellschaft und der Wirtschaft. Von partizipativer Führung über flexible Arbeitsmodelle bis hin zu innovativen Diversity-Strategien: Nachfolgerinnen gestalten Unternehmenskulturen aktiv mit – und geben dem Mittelstand neue Impulse.

Der Verband der Unternehmerinnen in Deutschland e. V. (VdU) setzt sich dafür ein, die Möglichkeiten und Wege in die Unternehmensnachfolge aufzuzeigen. Wenn eine Tochter ein Unternehmen erfolgreich übernimmt und wir darüber sprechen, wird sie zur Referenz. Wenn mehrere Frauen diesen Weg sichtbar gehen, verändert sich das Bild von Unternehmensführung selbst. Sichtbarkeit schafft Realität.

Um die Karriereoption der Unternehmensnachfolge für Frauen als erstrebenswert und machbar darzustellen, ist es entscheidend, erfolgreiche Unternehmerinnen sichtbar zu machen. Wir brauchen mehr Role Models: Unternehmerinnen und Nachfolgerinnen in Entscheidungsgremien, auf Podien, in den Medien und in Schulbüchern – nicht als Ausnahme, sondern als neue Normalität. Vorbilder bieten Orientierung und motivieren, an die eigenen Fähigkeiten zu glauben. Denn wir können nur werden, was wir erleben und uns vorstellen können.

Unternehmerinnentum ist mehr als eine Position – es ist eine Haltung. Es bedeutet, Verantwortung zu übernehmen, Entscheidungen zu treffen, Risiken einzugehen und gleichzeitig Innovationen voranzutreiben. Insbesondere im Rahmen einer Nachfolge bietet sich für Frauen ein besonderer Möglichkeitsraum: Wer übernimmt, kann nicht nur wirtschaftlich erfolgreich sein, sondern auch Werte weitertragen, neu definieren und Zukunft aktiv gestalten.

Doch damit aus Einzelfällen gelebte Realität wird, braucht es mehr als individuelle Erfolgsgeschichten. Es erfordert einen Perspektivwechsel, ein neues Narrativ und den politischen sowie gesellschaftlichen Willen zur Veränderung. Es braucht zeitgemäße Rahmenbedingungen, gezielte Fördermaßnahmen, transparente Nachfolgeprozesse und vor allem einen kulturellen Wandel, der weibliches Unternehmertum als selbstverständlichen Teil der Wirtschaft anerkennt.

Dieses Buch will dazu beitragen. Es zeigt, dass die Töchter längst Verantwortung übernommen haben – auf vielfältige Weise, mit innovativen Ideen und einem klaren Gestaltungswillen. Es gibt ihnen Raum, Stimme und Sichtbarkeit. Es soll Mut machen, informieren und inspirieren. Denn nur wenn wir die Erfahrungen, Kompetenzen und

Visionen von Frauen sichtbar machen, können wir die Unternehmenslandschaft der Zukunft gestalten: weiblicher, vielfältiger und sichtbarer.

„Frauen in der Nachfolge“ ist keine Aufforderung, sondern eine Einladung: hinzusehen, zuzuhören und anzuerkennen, was bereits geschieht – und was noch möglich ist. Denn Nachfolgerinnen sind längst da. Sie führen mit Weitblick, gestalten mit Verantwortung – und prägen damit die Zukunft des Mittelstands.

Geschäftsführerin VdU

Evelyne de Gruyter

Vorwort von Rosely Hiebl

Als ich von Frau Dr. Jäkel-Wurzer gebeten wurde, dieses Vorwort zu schreiben, war ich zunächst unsicher. Ich? Warum ich? Bin ich „die Richtige“ dafür? Doch dann wurde mir klar: Genau dieses Zögern, dieser kleine Zweifel im Hinterkopf – das ist etwas, das viele kennen. Wir fragen uns oft zuerst, ob wir gut genug sind, anstatt neue Aufgaben einfach anzugehen.

Und genau deshalb ist es mir eine Freude, dieses Vorwort zu schreiben. Weil es in diesem Buch um junge Frauen geht, die sich etwas trauen. Die Verantwortung übernehmen, obwohl es einfacher wäre, auf Nummer sicher zu gehen. Die in Rollen hineinwachsen, für die es keine perfekte Vorlage gibt und die den Mut aufbringen, ihren ganz eigenen Weg zu finden.

Was bedeutet es denn überhaupt, eine „gute Tochter“ im Familienunternehmen zu sein? Ist es die karrierebewusste Frau mit Führungsambitionen oder die Mutter, die den Fortbestand der Unternehmerfamilie sichert? Und wenn beides – wie lassen sich diese Rollen vereinbaren?

Um Frauen in Familienunternehmen nachhaltig zu stärken, braucht es gezielte Maßnahmen: familienfreundliche Unternehmens- und Führungsstrukturen, einen kooperativen Führungsstil sowie flexible Arbeitszeitmodelle. Doch ebenso entscheidend ist die gegenseitige Unterstützung unter Frauen – jenseits tradierter Rollenbilder.

Durch den Verband der Unternehmerinnen in Deutschland (VdU) sowie im Rahmen der Käte Ahlmann Stiftung habe ich erlebt, wie wertvoll Mentorinnen und Vorbilder sind, die uns motivieren und unterstützen, aber auch mit uns die Erfolge feiern.

Wir brauchen ein Umdenken in der Gesellschaft und dafür braucht es Sichtbarkeit. Dieses Buch leistet genau das: Es zeigt Geschichten, Stimmen, Erfahrungen. Es geht um Vorbilder, die inspirieren. Um Frauen, die Brücken schlagen zwischen Tradition und Zukunft.

Ich wünsche mir, dass dieses Buch viele Menschen ermutigt, ihre Ziele mit Entschlossenheit zu verfolgen und ihre Träume zu verwirklichen. Und dann geht es bald nicht mehr um die Frage: Bin ich gut genug? Sondern um die Aussage: Ich bin bereit. Auf meine Weise.

Informationen zu Rosely Hiebl

Rosely Hiebl, geboren 2004 in Hamburg, studiert derzeit digitale Betriebswirtschaftslehre an der Internationalen Hochschule (IU) und ist als studentische Hilfskraft im Veranstaltungsmanagement für die WIFU-Stiftung tätig. Außerdem ist sie Mitglied im Kuratorium der Käte Ahlmann Stiftung, die sich dem Mentoring von Unternehmerinnen für Unternehmerinnen widmet. Sie ist die Enkelin von **Rosely Schweizer,** der Vorwortgeberin im Buch ‚Töchter im Familienunternehmen' und Ururenkelin von **Käthe Ahlmann.**

Rosely Hiebl

Vorwort von Wiebke Ankerson

Endlich: eine neue, gut sichtbare Generation von Nachfolgerinnen geht neue Wege.

„Traditionsreich und frauenarm: die deutschen Familienunternehmen", so lautete die Diagnose, als unsere Stiftung 2020 erstmals den Frauenanteil in den Geschäftsführungen der 100 größten deutschen Familienunternehmen in einem Bericht dokumentierte: Aldi, Bertelsmann, Bosch, Burda, Oetker, Haniel, Axel Springer – Ikonen des Unternehmertums, gut die Hälfte von ihnen mehr als ein Jahrhundert alt. Ihr Führungsverständnis erschien allerdings noch 2020 fast ebenso alt wie die Unternehmen selbst: der Frauenanteil in ihren Geschäftsführungen lag bei weniger als sieben Prozent.

Vier Jahre später hatte sich der Anteil fast verdoppelt auf rund 13 %. Das ist noch immer nicht viel, aber es scheint doch etwas in Bewegung gekommen zu sein. Gerade noch rechtzeitig, möchte man sagen. Familienunternehmen in zweiter, vierter oder sechster Generation sind Anpassungskünstler, sie haben Jahrzehnte überlebt, weil sie immer rechtzeitig die Zeichen der Zeit erkannt und genutzt haben – das ist ihre Stärke.

In der Geschichte stand Frauen in Unternehmerfamilien meist nur die informelle Macht am Küchentisch zu. Die aktiven Ausnahmen, die es immer gegeben hat, wie Bertha Benz oder Aletta Haniel, werden jetzt vielfach wiederentdeckt und bekommen endlich den Platz in der Firmengeschichte, der ihnen zusteht. Diese Sichtbarkeit ist wichtig, sie schafft eine neue Selbstverständlichkeit für Führungsfrauen in Familienunternehmen, egal, ob sie selbst aus der Familie kommen oder nicht.

Eine neue Selbstverständlichkeit und ein neues Selbstverständnis schafft auch die Generation von Nachfolgerinnen, die in den letzten Jahren auf die Bühne getreten ist: Frauen, die nicht nur hervorragend ausgebildet, sondern auch sehr gut untereinander vernetzt sind, selbstbewusst, kommunikationsstark und mit einem eigenen Verständnis von Führung. Antje von Dewitz (Vaude) etwa, die sich entschieden hat, die Verantwortung, die ihr Vater noch allein getragen hatte, mit anderen Führungskräften zu teilen und darüber hinaus etwa die Hälfte der Führungspositionen im Unternehmen an Frauen zu vergeben. Oder prominente Geschwisterpaare wie die Webers (Baby One), Grupps (Trigema) oder von Metzlers (Bankhaus Metzler), die lang gehegte Glaubenssätze wie „es kann nur einen Nachfolger geben“ aushebeln und einfach gemeinsam in die Führung gehen.

Die Herausforderung, die Balance zwischen Tradition und Erneuerung im Unternehmen zu meistern, nehmen sie an und schaffen neue Wege, indem sie einfach gehen. Die Wirkung dieser gut sichtbaren Role Models wird sicher nicht auf sich warten lassen: Wenn jetzt ein Großteil der deutschen Familienunternehmen vor dem Generationswechsel steht, ist das auch eine Chance dafür, dass mehr Unternehmerfamilien die Unternehmensführung einer Nachfolgerin anvertrauen – und dass noch mehr potenzielle Nachfolgerinnen sich entscheiden, diesen Weg zu gehen.

Geschäftsführerin der AllBright Stiftung

Wiebke Ankersen

Interessenkonflikt Der/die Autor*in hat keine für den Inhalt dieses Manuskripts relevanten Interessenkonflikte.

Wie dieses Buch entstand – eine Rückschau auf zehn Jahre weibliche Nachfolge

Dieses Buch ist mehr als ein Projekt. Es ist Teil einer langen Reise, die vor über einem Jahrzehnt mit einer einfachen Frage begann: Wo sind eigentlich die Töchter und Frauen in den deutschen Familienunternehmen?

2012 startete unter der Initiative ‚generation töchter' das Buch-Projekt ‚Töchter im Familienunternehmen'. Es war die erste umfassende Auseinandersetzung mit dem Thema weibliche Nachfolge im deutschsprachigen Raum. Gemeinsam mit meiner damaligen Co-Autorin Kerstin Flohr (geb. Ott) begab ich mich auf die Spurensuche nach den Frauen, die operative Verantwortung für ihre familiengeführten Unternehmen tragen. Schnell wurde uns klar: Sie zu finden, ist nicht leicht. Es glich einer Suche nach ‚der Nadel im Heuhaufen'.

Dennoch wurden wir fündig. Wir interviewten 28 Familienunternehmerinnen, begleiteten sie durch ihre Geschichten, Herausforderungen und Erfolge. Aus ihren Erzählungen und einem quantitativen Fragebogen entstand das erste Buch *‚Töchter im Familienunternehmen – wie weibliche Nachfolge gelingt und Familienunternehmen erfolgreich verändert'*.

Es war ein absolutes Herzensprojekt – und es hat meine berufliche Laufbahn entscheidend geprägt. Als systemische Coachin, Beraterin und Autorin bin ich seither untrennbar mit dem Thema verbunden. Ich habe viele junge Frauen auf ihrem Weg in die Nachfolge und weiter begleitet. Vor allem ihrem Mut angesichts der Komplexität und Emotionalität von Generationenübergängen zolle ich hohen Respekt.

In den letzten zehn Jahren hat sich für Frauen in Führung vieles zum Besseren verändert. Ich habe diesen Wandel wahrgenommen – in meinen Coachings, in der Verbandsarbeit, in den sozialen Netzwerken, in persönlichen Begegnungen mit Nachfolgerinnen. Eine neue Energie, mehr Freiraum, mehr Selbstverständnis, mehr Entscheidungsvielfalt: Und doch hätte ich es nicht ohne Weiteres in Worte fassen können.

Als der Springer Verlag 2024 mit der Frage auf mich zukam, ein weiteres Buch zum Thema zu schreiben, sagte ich erst nach einigen Überlegungen Ja. Warum ich Bedenkzeit brauchte? Am Thema lag es nicht. Weibliche Nachfolge ist mein Herzensthema, und ich weiß, wie viel Veränderungskraft und Relevanz darin liegt.

Ich zögerte, weil mich vor allem die Machbarkeit zweifeln ließ. In den folgenden Kapiteln stelle ich die strukturellen Hürden immer wieder als Ursache für die fehlende Parität in Übernahmen dar. Und tatsächlich – fast ironisch – spürte ich während des Schreibprozesses genau diesen Work-Care-Gap persönlich, auf herausfordernde Weise: meine Familie, mein Unternehmen, meine Ehrenämter, mein Leben – und mittendrin ein Buch, das viel Gedankenzeit brauchte. Und an diesem Punkt teile ich die Erfahrung mit allen Frauen, Unternehmerinnen, Gründerinnen hier. Es zu schreiben, war definitiv die richtige Entscheidung, dennoch forderte es viel Kraft, Abstriche und persönlichen Einsatz.

Was einst als Pionierarbeit begann, hat sich weiterentwickelt. Aus einzelnen Geschichten wurden Bewegungen, aus Ausnahmen wurden Rollenmodelle. Zwar ist, mit Blick auf die Zahlen, Parität in der weiblichen Nachfolge immer noch nicht erreicht, aber in der Nachfolge liegt eine echte Chance für Frauen, Wirtschaft an den Spitzen mitzugestalten und Verantwortung sichtbar zu übernehmen. Und damit ist sie ein zentrales Instrument für tiefgreifende Veränderung.

Diesem Buch liegen 19 qualitative Interviews zugrunde, welche die Basis aller Texte und Gedanken bilden. Dazu kommen die Erfahrungen aus 15 Jahren beruflicher Arbeit im Feld der Familienunternehmen. Auch wenn nicht alle Geschichten namentlich ins Buch eingeflossen sind, prägen doch die Stimmen und Perspektiven vieler Frauen, die ich in den vergangenen Jahren begleiten durfte, den Blick auf das Thema Nachfolge.

Die Nachfolgerinnen dieses Buches stehen nicht nur für Kontinuität, sondern vor allem für Wandel. Sie zeigen, dass Unternehmer*innentum Strukturen bewegt – und das ist genau das, was unsere Wirtschaft heute dringend braucht: Perspektivenvielfalt, Haltung, Gestaltungskraft. Sie stehen für eine neue Generation an Führung, die Verantwortung teilt, mit dem Work-Care-Gap proaktiv umgeht und Führungsbilder neu prägt.

Was ich über all die Jahre gelernt habe: Weibliche Nachfolge ist mehr als ein Ausschnitt – sie ist ein Fenster in das große Ganze. Denn die Mechanismen, denen sich Nachfolgerinnen stellen, betreffen alle Frauen im Erwerbsleben – in unterschiedlichster Ausprägung. Wer weibliche Nachfolge versteht, versteht auch etwas über Gleichstellung, über Machtverhältnisse, über die Gestaltungskraft von Transformation.

Mein Buch trägt zur Sichtbarkeit und zum Verstehen bei und ist somit ein Teil des Wandels, hin zu mehr Chancengleichheit und Akzeptanz für weiblichen Einfluss in der Wirtschaft.

Ich bin dankbar – für das Vertrauen der Nachfolgerinnen, für mein großartiges Netzwerk und für meine Familie, die meine Entscheidung für dieses Buchprojekt, tapfer mitgetragen hat. Ihr habt dieses Projekt möglich gemacht!

Aufbau des Projekts

Ziel dieser Studie war es, gezielt die Perspektive der *nachfolgenden Generation von Unternehmerinnen* abzubilden – also jener Frauen, die in der familiären Nachfolge aktuell die operative Verantwortung tragen. Die befragten Nachfolgerinnen sind zwischen 30 und 47 Jahre alt. Das Durchschnittsalter liegt bei 38 Jahren. Voraussetzung für die Teilnahme war, dass die Unternehmerinnen bereits Anteile am Unternehmen halten und die operative Leitung übernommen haben – allein oder im Tandem.

Insgesamt wurden 19 Nachfolgerinnen mithilfe eines qualitativen Interviewleitfadens zu ihrer persönlichen Nachfolgegeschichte, ihrem Führungsalltag und Themen der Vereinbarkeit befragt. 17 von ihnen stimmten der Veröffentlichung ihrer Daten im Rahmen von Unternehmerinnen-Porträts und Zitaten zu.

Marie-Christine Ostermann ist in beiden Büchern vertreten, um exemplarisch den Verlauf einer fortlaufenden Nachfolgegeschichte sichtbar zu machen. Alle weiteren Unternehmerinnen wurden erstmalig befragt.

Studiendaten im Überblick:

Befragungszeitraum:	Oktober 2024 bis Januar 2025
Alter der Unternehmerinnen:	30–47 Jahre (Durchschnitt: 38 Jahre)
Unternehmensgröße:	15 bis 1500 Mitarbeitende
Branchen:	Divers (Produktion, Dienstleistung, Handel etc.)
Marktausrichtung:	National bis international tätig
Generationenfolge:	– 1. bis 15. Unternehmensgeneration[1] – Durchschnitt: 3,8 Generationen – 8 Nachfolgen in der 2. Generation

Familienstand/Kinder:[2]

9 von 17 Nachfolgerinnen haben Kinder

[1] In der ersten Generation führt Christina Diem-Puello, die nach dem Unternehmensverkauf des Familienunternehmens DD Deutsche Dienstrad GmbH neu gründete. Diese steht in enger Verbindung zum ursprünglichen Familienunternehmen, dessen Wurzeln bis 1921 zurückreichen.

[a] Angesichts des verhältnismäßig jungen Alters der Nachfolgerinnen hat die Aussage, ob sie Kinder haben oder nicht, wenig Aussagekraft für die Frage, ob Nachfolgerinnen Familien gründen. Die Frauen stehen der Familiengründung überwiegend offen gegenüber.

Inhaltsverzeichnis

1 Ein Gestaltungsfreiraum entsteht! – Fortschritte und Entwicklungen in der weiblichen Nachfolge

Zusammenfassung

Ein Aspekt hat die weibliche Nachfolge in der Vergangenheit maßgeblich geprägt und gerade seine Veränderung bildet die Quelle vieler Entwicklungen in diesem Themenfeld: Es ist die Tatsache, dass Töchter und Frauen heute durch mehr Sichtbarkeit und ein gestärktes Selbstverständnis zunehmend größeren Gestaltungsspielraum im Feld der Nachfolge und Führung gewinnen. Sie können ihre ‚eigene Art und Weise' freier umsetzen – in der Führung, in der Gestaltung von Veränderungen und bei unternehmerischen und persönlichen Entscheidungen. Ungeachtet von Stereotypen, tradierten Mustern und geschlechtsspezifisch geprägten Normen. Wie Jutta Allmendinger treffend festhält: „Wir haben kein Erkenntnisproblem, uns fehlt es an der generellen Richtung und an der Kraft der Umsetzung." (Allmendinger in Geschlechtergerechtigkeit: „Wir müssen machen!", 2023). In diesem Kapitel werden zunächst im Überblick die Kernaspekte der Veränderung weiblicher Nachfolge aufgezeigt. 5 Felder, in denen Entwicklung in den letzten 10 Jahren maßgeblich sichtbar und angetrieben wurde. Im Weiteren werden diese Themen vertieft, gerahmt und anhand der Interviewauszüge erlebbar gemacht.

D. Jäkel-Wurzer, *Frauen in der Nachfolge*, https://doi.org/10.1007/978-3-662-72270-1_1

1.1 Entwicklungsfelder im Überblick

Über Generationen hinweg wurde Wirtschaft vor allem von Männern gemacht und für Männer gedacht. Unternehmen wurden von Vätern an Söhne übergeben („Hurra, der Stammhalter ist da.“)[1], Führungsmodelle orientierten sich an männlichen Biografien und Macht wurde in patriarchalen Strukturen organisiert. Diese Prägung wirkt bis heute nach – insbesondere darin, wie wir Kompetenz und Handeln von Frauen in den Bereichen Führung, Unternehmertum und Nachfolge bewerten. Frauen, die zum Beispiel einen Handwerksbetrieb leiten, berichten von irritierten Reaktionen und Skepsis – allein aufgrund ihres Geschlechts: Die Frage, ‚Kann ich den Chef sprechen?‘ haben viele junge Unternehmerinnen oft gehört. Als Gesellschaft schreiben wir Frauen nach wie vor verstärkt die Rollen Fürsorge, Care-Arbeit und Familienorganisation zu.

Diese Strukturen sind kein Zufall, sondern Ausdruck historischer Entwicklungen, in denen Frauen über lange Zeit vom unternehmerischen Handeln ausgeschlossen waren – sowohl strukturell als auch kulturell. Erst in den letzten zehn Jahren beginnen sich diese tradierten Muster spürbar (wenn auch langsam) zu verändern. Ursachen sind unter anderem die fortschreitende Gleichstellungsbewegung, der gestiegene Bildungs- und Qualifikationsgrad von Frauen sowie gezielte Fördermaßnahmen für weibliche Führungskräfte, Gründerinnen und Unternehmerinnen. Immer mehr Rollenvorbilder werden sichtbar – auch dank sozialer Medien – und tragen zu einem wachsenden gesellschaftlichen Bewusstsein bei. Hinzu kommen demografische Entwicklungen: Der einstige Arbeitgebermarkt ist zum Arbeitnehmermarkt geworden. Für die Mehrzahl der Familienunternehmen in Deutschland ist es eine Herausforderung, geeignete Nachfolgende zu finden. Sie müssen beginnen, ihre bisherigen Muster zu hinterfragen. Um handlungsfähig zu bleiben, werden etablierte Regeln und Systeme aktiv überprüft und angepasst.

In den hier abgebildeten Interviews und Profilen werden auch weiterhin Spuren dieser Muster sichtbar: So steigen Töchter immer noch quer oder zu einem späteren Zeitpunkt in das Unternehmen ein. Weil sie nicht von Anfang an für die Nachfolge vorgesehen sind und in der Realität des Unternehmens nicht aktiv mitgedacht werden. Diese Dynamik beeinflusst auch heute noch ihr Selbstverständnis. Fragen wie „Kann ich das?“ oder „Darf ich das?“ spielen insbesondere in vorgelagerten Coaching- und Entscheidungs-Prozessen verstärkt eine Rolle. Ebenso in der Rolle Chefin erleben Frauen nach wie vor Irritationen, die allein durch ihr Geschlecht ausgelöst werden.

[1] Eine Unternehmerin aus meinem LinkedIn Netzwerk (Mareike Wiedmann) hat mir dieses Zitat freundlich zu Verfügung gestellt. Der Ausruf stammt von ihrem Großvater – ein Familienunternehmer – anlässlich der Geburt ihres Bruders. Die Nachfolge war für ihn mit der Geburt eines Enkels auch für die nächste Generation gesichert.

„Vor 20 Jahren wurde ich oft gefragt: Wo ist der Chef? Heute passiert das seltener, aber es gibt immer noch erstaunte Gesichter, wenn sie erfahren, dass ich Gerüstbau-Meisterin bin.“ (Jeanette Spanier)

Vielerorts fehlen tragfähige Betreuungsmodelle, wodurch die Vereinbarkeit von Unternehmensführung und Familie auch heute noch ein Individualproblem ist. Erschwert wird die Umsetzung individueller Strategien des Umgangs mit dem Work-Care-Gap durch ein ‚Mutterbild', welches noch immer mit spezifischen gesellschaftlichen Erwartungen aufgeladen ist.

Das ist nur eine Seite der Entwicklungen. Blicken wir auf die Chancen weiblicher Nachfolge, wird ein stetig wachsender Gestaltungsspielraum sichtbar. Immer mehr Töchter fordern ihren Platz ein, gestalten aktiv und bringen ihre eigene Handschrift von Unternehmensführung und Vereinbarkeit ein – konsequent und mutig. Auch der Nachfolgeprozess selbst spiegelt diese ‚neue Freiheit' wider: Die Fallstudien sind, vergleichen mit vorhergehenden Studien, weniger geprägt von geschlechtsbezogenen Ersatz-, Fürsorge- und Unterstützungsdynamiken [2].

Als Ressourcen weiblicher Nachfolge zeigen sich eine ausgeprägte Kommunikationsfähigkeit, eine hohe Transformationsenergie, ein starkes Augenmerk auf die harmonische Stabilisierung desGesamtsystems (Unternehmen und Mitarbeitende) sowie die Fähigkeit zur Perspektivenübernahme[2]. Unabhängig von den konkreten Bedingungen der Übernahme, nannten alle interviewten Nachfolgerinnen zwei zentrale Motive für ihre Entscheidung, die Nachfolge anzutreten: die tiefe Verbundenheit mit dem 'familiären Lebenswerk' und ein starkes Verantwortungsgefühl gegenüber den oft langjährigen Mitarbeitenden.

Systemisch betrachtet markiert die Übernahme durch Frauen – vor dem Hintergrund männlich geprägter Traditionslinien – einen klaren Bruch. Die Möglichkeit, es genauso zu machen wie die vorhergehenden Generationen, ist begrenzt – mitunter ausgeschlossen. Das Spielfeld muss neu organisiert werden. Aus diesem Bruch entsteht fast zwangsläufig ein Freiraum, den Nachfolgerinnen mit einer besonderen Energie der Transformation füllen. Sie verändern Strukturen und Regeln entlang ihrer eigenen Werte, Bedarfe und Zukunftsbilder. Damit erfüllen sie klar den Auftrag der ‚Enkel- und Zukunftsfähigkeit'. Denn es sind Nachfolger*innen, die – wenn sie in Verantwortung kommen – Familienunternehmen modernisieren, transformieren und professionalisieren.

Frauen haben dies angesichts der Grenzen aus Tradition, Erwartungshaltung und geringer Legitimation in der Vergangenheit ‚mit angezogener Handbremse' getan – oft aus der 2. Reihe und weniger sichtbar. Mit der Sichtbarkeit wächst ein neues Selbstverständnis und die Wirkkraft (Freiheit) weiblicher Nachfolge entfaltet sich. In 5 Kernaspekten zeigt sich diese Entwicklung besonders:

[2] Perspektivenübernahme bezeichnet die Fähigkeit, sich in die Gedanken, Gefühle und Sichtweisen einer anderen Person hineinzuversetzen. Sie ist eine zentrale soziale Kompetenz, die es ermöglicht, die Motive und Bedürfnisse des Gegenübers besser zu verstehen und darauf einzugehen.

1.2 Freiraum, Spielraum und Spielarten

Ein erster Kernaspekt der aktuellen Entwicklungen ist der vergrößerte Freiraum, den Nachfolgerinnen vorfinden. Denn, vergangene Studien zeigten deutlich: Nachfolgerinnen zahlten einen hohen Preis, wenn sie Familienunternehmen übernahmen. Die unausgesprochene Botschaft lautete: „Du darfst nachfolgen, wenn ..."

Diese oft strikten Bedingungen entstanden aus einem Geflecht komplexer Faktoren – Tradition, gesellschaftliche Stereotype, übergebende Akteure (Familiensystem) und bestehende Machtstrukturen. Zumeist lagen diesen Strukturen gute Absichten zugrunde, und oft wirkten sie unbewusst. Doch die Nachfolge glich noch vor 15 Jahren einem Korsett, in das sich die Frauen einfügen mussten, wollten sie eine aktive Rolle in der Unternehmensführung übernehmen.

In meiner ersten Studie 2010 [2] begegnete ich Töchtern, die auf Kinder verzichteten, weil sich aus Sicht der Entscheider*innen Familie und Firma nicht vereinbaren ließen. Töchtern, die nicht heirateten, weil sie befürchteten der Ehemann könnte den Chefsessel beanspruchen. Töchtern, die als ‚Steigbügelhalterinnen' für Brüder oder Cousins fungierten, obwohl sie selbst deutlich geeigneter für die Unternehmensführung waren. Töchtern, denen weniger Anteile und geringere Verantwortung bei gleicher Kompetenz zugesprochen wurden. Und vor allem Frauen, die überzeugt waren, ein ‚besserer Mann'[3] sein zu müssen, um die Rolle Nachfolgerin besetzen zu dürfen.

Insgesamt zeichnete sich ein Bild struktureller Benachteiligung ab, abseits objektiver Gründe. Der Ursprung dieses Korsetts, dieser systematischen Einschränkung, lag im Fehlen von empfundener wie tatsächlicher Legitimation. Diese wiederum wurzelte in einer langen Tradition männlich geprägten Unternehmertums, in dem die zentralen Fragen nach Sinn und Mehrwert der übernommenen Muster und Überzeugungen kaum gestellt wurden.[4]

Erst die zunehmende Sichtbarkeit erfolgreicher Beispiele weiblicher Nachfolge führt dazu, dass diese tradierten Denkweisen aktiver hinterfragt werden. Eine veränderte Dynamik entsteht – befeuert durch Social-Media als neuer Einflussfaktor. Soziale Plattformen

---

[3] Die Dynamik, dass Frauen glauben, ‚bessere Männer' in der Führung sein zu müssen, entsteht in der Nachfolge durch unterschiedliche Einflüsse: lang gelebte Traditionen werden über das Narrativ der Familienhistorie und die Sozialisation oft unbewusst weitergegeben. Es bestehen überwiegend männliche Rollenvorbilder bei gleichzeitigem Fehlen von Alternativen. Äußere Erwartungen prägen ein inneres Bild von „richtiger Führung" in den Bereichen Leistung, Führungsstil, Selbstverständnis und auch Geschlecht. Dies führt zu einem Spagat zwischen dem Wunsch authentisch zu führen und der Angst, genau deshalb nicht ernst genommen zu werden – eine Abweichung zu sein.

[4] Ich verdeutliche das Thema anhand einer einprägsamen Begegnung: Bei einem Interview mit der Nachfolgerin eines großen Handwerksbetriebs fiel mein Blick auf die gegenüberliegende Wand. Dort hingen die Porträts aller sechs Firmenpatriarchen, die das Unternehmen über Generationen hinweg geführt hatten. Strenge Gesichter, schwarze Anzüge, ernster Blick – allesamt Männer um die fünfzig Jahre. Das letzte Portrait ganz rechts zeigte die Nachfolgerin selbst: jung, buntes Kleid, dem Betrachter lächelnd zugewandt. Hier wurde der Wandel sichtbar.

wie LinkedIn ermöglichen es, Nachfolgegeschichten für eine breite Masse sichtbar zu machen und den direkten Austausch in relevanten Netzwerken zu fördern.

So wird eine bisher nie dagewesene Vielfalt weiblicher Unternehmenskultur präsent: in der Art, wie Vereinbarkeit gelebt, Rollen neu gedacht und Unternehmen geführt werden. Diese Beispiele entkräften nicht nur lang gehegte Überzeugungen, sie legitimieren auch andere Frauen dazu, authentisch eigene Wege zu gehen. Sie geben ein klares Signal: Ja, es ist möglich und gestaltbar.

Gleichzeitig zeigen sie vielfältige Modelle auf, WIE Freiräume gestaltet werden können. Weg von engen Vorgaben, hin zur selbstbestimmten Frage: Wie will ich meine Lebenswelt gestalten? Im Einklang mit den wirtschaftlichen Rahmenbedingungen, der familiären Tradition, meinem individuellen Lebensplan und meinen Werten. Welche Handschrift trägt meine Nachfolge? Woran erkennt man, dass ich es bin, die dieses Unternehmen führt? Kurz gesagt, verleiht der neue Freiraum der weiblichen Nachfolge mehr Authentizität, mehr Mut und mehr Legitimation durch sichtbare Erfolge und Vorbilder.

„Was du ererbst von deinen Vätern, erwirb es, um es zu besitzen!" Als Goethe dieses Zitat schrieb, hatte er wahrscheinlich nicht Nachfolgerinnen und Unternehmerinnen im Sinn. Ganz im Gegenteil. Aber das Zitat trifft exakt den Kern der weiblichen Nachfolge. Um den wichtigen Gestaltungsfreiraum weiter auszubauen, braucht es die bewusste Aneignung und Neugestaltung des Erbes – authentisch und auch selbstverständlich weiblich.

1.3 Die zirkuläre Nachfolge

Ein zweiter Kernaspekt der aktuellen Entwicklungen ist ein ‚neuer Typus der Nachfolge'. Bereits die Nachfolgerinnen-Studie 2014 [3] zeigte das Muster des *Quereinstiegs* als typisches für Töchternachfolgen. Anders als Söhne sind sie nicht von Anfang an als Nachfolgerinnen vorgesehen – und genau daraus gestalten sie eine einzigartige Chance.

Denn diese fehlende Vorbestimmung – familiäre Delegation nennt es die Soziologie[5] [4]/[5] – ermöglicht es ihnen, ihre Ausbildung und die ersten Karriereschritte unabhängig vom Unternehmen zu gestalten. Die Nachfolge als festes Ziel ist nicht aktiver Teil dieser Planungen. Sie probieren sich aus, gehen eigene Wege – auch Umwege –, probieren Fähigkeiten und sammeln Erfahrungen in vielfältigen beruflichen Kontexten. In dieser Phase schärft sich das Gefühl für die eigene Persönlichkeit unabhängig von der Herkunftsfamilie und des Familienunternehmens. Es entstehen neue Netzwerke außerhalb des familiären Wirkungskosmos. Angesichts dieser Freiheit – gefördert durch das geringere Ausmaß familiärer Aufträge –, entsteht in dieser Zeit ein kräftiger Schub an Individualisierung und Autonomie.

[5] Als familiäre Delegationen werden Aufträge bezeichnet, die Eltern über die Beziehungen (oft unbewusst) ihren Kindern mitgeben.

Entscheiden sich die Frauen dann zu einem späteren Zeitpunkt bewusst für eine Rolle im Familienunternehmen, tun sie das oft reflektiert und aus freiem Antrieb. Sie bringen ein gewachsenes Selbstverständnis mit: ein klares Bild ihrer Persönlichkeit, ihrer Stärken und Grenzen, ihrer privaten wie beruflichen Ziele. Dieses gewachsene Selbstbewusstsein ist nicht theoretisch, es ist durch Erfahrungen und Erfolge außerhalb des Unternehmens entwickelt. Sie wissen, wer sie sind, und was sie können. Das verändert auch die Fremdwahrnehmung: Ihre Kompetenzen werden sichtbarer, ihre Akzeptanz in der Organisation steigt.

In diesem Kontext zeigt sich ein neuer Nachfolgetypus[6] – ‚die zirkuläre Nachfolge'[7]. In dieser dynamischen Form steigen Töchter zunächst quer ins Familienunternehmen ein. Finden sie dort keinen Gestaltungsraum oder keine Passung mit ihrem eigenen Wertesystem, ziehen sie sich wieder zurück. Sie gründen, qualifizieren sich weiter, sammeln internationale Erfahrung und entwickeln unternehmerische Kraft jenseits des familiären Systems. Mit geschärftem Blick und größerer Klarheit kehren sie zurück und verhandeln die Bedingungen für ihren Wiedereinstieg konsequenter und zielgerichteter. Der zweite Anlauf gelingt angesichts der Passung gegenseitiger Erwartungshaltungen reibungsloser.

1.4 Führung heißt Teamwork

Ein dritter Kernaspekt ist die geteilte Verantwortung[8]. Bis auf eine Ausnahme führen alle interviewten Nachfolgerinnen im Tandem – teils mit dem Übergeber während der Übergabe, teils mit einer selbstgewählten Person – familienintern oder familienextern, oder beides. Was zunächst pragmatisch erscheint, ist Ausdruck einer klaren Haltung: Verantwortung wird bewusst geteilt, um Entscheidungsfähigkeit zu stärken. Die Gründe sind vielfältig. Frauen führen gut im Dialog, suchen Austausch auf Augenhöhe und schätzen die zweite Meinung. Im Tandem können sich unterschiedliche Kompetenzen ergänzen – fachlich wie persönlich. Es entsteht eine Kooperationskultur, die Vertretung möglich macht: ein entscheidender Faktor für die Vereinbarkeit von Familie, Beruf und Ehrenamt.

Gleichzeitig ist die geteilte Führung auch eine Antwort auf die gestiegene Komplexität unternehmerischen Handelns.[9] Es braucht heute vielfältige Perspektiven, um tragfähige

[6] Siehe ausführlicher in Kap. 2.

[7] Das zirkuläre Prinzip beschreibt im systemischen Denken die Vorstellung, dass Ursachen und Wirkungen nicht linear aufeinander folgen, sondern sich gegenseitig bedingen. Verhalten entsteht im Kontext von Beziehungen: A beeinflusst B, B beeinflusst A – und beide verändern sich im Prozess. In solchen zirkulären Dynamiken kann auch Distanz eine funktionale Rolle spielen: Wer sich zeitweise aus einem System herausbewegt, verändert die Beziehungsmuster – und damit das System selbst. Aus systemischer Sicht ermöglicht gerade die Distanz neue Perspektiven, Klarheit über die eigene Position und die Chance, die Dynamik bewusst zu gestalten.

[8] Siehe ausführlicher im Kap. 3.

[9] *Shared Leadership* bezeichnet ein Führungsmodell, bei dem Verantwortung bewusst auf mehrere Personen verteilt wird. Vorteile liegen in der besseren Nutzung komplementärer Kompetenzen, einer

Entscheidungen zu treffen. Nachfolgerinnen reflektieren dabei genau, wo ihre Stärken liegen und holen gezielt Partner*innen ins Boot, die ihr eigenes Kompetenzprofil sinnvoll ergänzen. Sie schreiben die Leistungen des Unternehmens nicht nur aktiv dem Führungstandem zu, sondern stellen das Erreichte nach außen oft als Teamleistung dar und geben den Mitarbeitenden so Sichtbarkeit. Häufig ist das Verständnis von Erfolgen als Gemeinschaftsleistung fester Teil der Unternehmenskultur, wenn Frauen an der Spitze führen.[10]

1.5 Neue Sichtbarkeit mit Wirkkraft

Ein vierter Kernaspekt ist die Nutzung von Netzwerken[11] – real und virtuell. Seit der ersten Erhebung hat sich für Nachfolgerinnen vor allem eines deutlich verändert: die Teilhabe an vielfältigen Netzwerkformen und die damit verbundene Sichtbarkeit nach außen. Soziale Medien bieten Nachfolgerinnen einen niedrigschwelligen Einstieg, um Sichtbarkeit zu erlangen – für die eigene Rolle, für kulturelle Veränderungen im Unternehmen und für die Leistungen des Unternehmens gegenüber einem breiten, relevanten Publikum.

Gleichzeitig entsteht durch diese digitale Präsenz ein wachsendes Beziehungsgeflecht: Unternehmerinnen bauen Netzwerke auf, die Wissensaustausch und Vorbildlernen ermöglichen. Aus der digitalen Verbindung entwickeln sich zunehmend reale Netzwerke – Gruppen Gleichgesinnter, die sich regelmäßig treffen, austauschen und einander stärken.

Diese Formen der Vernetzung wirken identitätsstiftend. In der Begegnung mit anderen Nachfolgerinnen entsteht ein Gefühl von Zugehörigkeit: eine Gemeinschaft, die thematisch eng verbunden ist und voneinander lernt. Der offene Austausch eröffnet neue Perspektiven auf bestehende Herausforderungen und fördert eine Kultur der gegenseitigen Unterstützung. Wissen wird geteilt, Türen werden geöffnet und sichtbar wird: Weibliche Nachfolge ist nicht Ausnahme, sondern Regelfall. Auch damit verbunden, sind zwei zentrale Wirkungen: Die Einzelne erlebt die Stärkung ihrer Rolle – ‚Ich bin nicht allein'. Und das Kollektiv formiert sich – ‚Wir gemeinsam'.

Eine der größten Herausforderungen im Übergang zur neuen Rolle bleibt der Rückgang an Austausch und Resonanz: Der Kreis der Personen, mit denen ein offener, ungefilterter Austausch möglich ist, wird mit wachsender Verantwortung spürbar kleiner.

---

höheren Entscheidungsgüte durch Perspektivenvielfalt sowie einer stärkeren Resilienz der Organisation – etwa durch Vertretbarkeit und entlastete Einzelverantwortung. Gerade in komplexen, dynamischen Kontexten gilt *Shared Leadership* als zeitgemäße Antwort auf die Anforderungen moderner Führung.

[10] Exemplarischer Auszug aus einem in dieser Studie geführten Interview: „Meine Handschrift alleine ist es nicht, es ist eine Gemeinschaftsleitung der Teams und der Führungskräfte, die die Handschrift des Unternehmens prägen."

[11] Siehe ausführlich im Kap. 4.

Gerade in dieser Phase bieten geschlossene Netzwerke einen wichtigen Resonanzraum. Sie ermöglichen Zugehörigkeit, Offenheit und echte Verbindung jenseits von Funktion oder Status.

Da Netzwerke ihre Wirkung exponentiell entfalten, entwickelt sich eine zukunftsweisende Dynamik – vergleichbar mit einem Schneeball, der mit jeder Umdrehung wächst und der der weiblichen Nachfolge spürbar Schwung, Gewicht und Selbstverständnis verleiht.[12]

1.6 Ein neues Selbstbewusstsein

Ein fünfter Kernaspekt ist das veränderte Selbstbewusstsein. Die Zahl der Unternehmensnachfolgen durch Frauen nimmt stetig zu. Aufgrund der Komplexität des Forschungsfeldes und der uneinheitlichen Definition, was genau als weibliche Nachfolge gezählt wird, variiert die aktuelle Schätzung zwischen 20 % und 35 %. Die Tendenz ist jedoch steigend.[13]

In der weiblichen Nachfolge setzt sich dabei eine neue Haltung durch: Nicht um jeden Preis! Die „neue Freiheit“ – wie beschrieben – eröffnet den Frauen einen Gestaltungsspielraum, den sie immer selbstbewusster und selbstbestimmter nutzen.

Nachfolgerinnen fordern die Rolle aktiv ein, beanspruchen ihren Platz, indem sie proaktiv in den Dialog mit den Entscheider*innen treten.[14] Auf Basis ihrer Erfahrungen und Fähigkeiten wählen sie die Position im Unternehmen, in der sie den größten Mehrwert stiften können. In den dargestellten Profilen übernehmen sie ausnahmslos Führungsverantwortung an der Spitze. Die Nachfolgerinnen prägen ihre Unternehmen nachhaltig. Sie verändern Führungskulturen, gestalten Markenauftritte neu, modernisieren Gebäude, entwickeln Produkte und Prozesse weiter und setzen verstärkt auf Nachhaltigkeit. Dabei folgen sie konsequent ihren eigenen Werten und Überzeugungen.

---

[12] Was zunächst als individueller Austausch beginnt, entwickelt sich rasch zu einer dynamischen Bewegung: Wissen zirkuliert, Erfahrungen verdichten sich, gegenseitige Unterstützung wird zur Kultur. Durch Weiterempfehlungen, geteilte Plattformen oder gemeinsames Auftreten entsteht Sichtbarkeit – nicht nur für die Einzelne, sondern für das Thema weibliche Nachfolge als Ganzes. Netzwerke dieser Art wirken wie soziale Katalysatoren: Sie beschleunigen Entwicklung, machen Strukturen durchlässiger und eröffnen Räume, die im eigenen System (noch) nicht vorhanden sind.

[13] Faktoren wie operative Rolle im Unternehmen, Größe des Unternehmens, Höhe der Anteile und fehlende Studien etc. führen zu unterschiedlichen Aussagen über die aktuelle Verteilung der weiblichen Unternehmensnachfolge.

[14] In der Vergangenheit war eine größere Zurückhaltung diesbezüglich zu beobachten. Töchter hatten oft Zweifel, ob sie die Teilhabe am Unternehmen aktiv einfordern dürfen und warteten darauf, dass sie gefragt werden. Die eigenen Wünsche aktiv anzusprechen ist der erste Schritt einer erfolgreichen Nachfolge [3].

Auch im Zusammenspiel von Unternehmertum und Privatleben[15] zeigen sich neue Bilder. Anders als noch vor zehn Jahren leben die meisten Frauen heute zunehmend in gleichberechtigten Partnerschaften, in denen Care-Arbeit[16] [6] nicht automatisch der Frau zufällt. Viele teilen sich die Aufgaben der Kinderbetreuung partnerschaftlich. Nicht selten übernimmt der Partner sogar den Hauptanteil.

In manchen Fällen besteht eine größere räumliche Distanz zwischen dem Wohnort der Familie und dem Unternehmensstandort, sodass die Unternehmerin pendelt. Noch vor zehn Jahren war es nahezu undenkbar, dass Inhaber*innen nicht dauerhaft am Unternehmensort präsent sind. Auch hier werden Gestaltungsformen vielfältiger.

Diese Entwicklungen bilden sich auch in den Arbeitszeiten ab. Die interviewten Nachfolgerinnen strukturieren ihre Arbeitszeiten, Organigramme und Führungsstile passend zu ihrem jeweiligen Lebensentwurf. Sie schaffen Freiräume und gestalten die strukturellen Bedingungen so, dass Work-Care-Balance entsteht.

Was hat das mit Selbstbewusstsein zu tun? All diese Veränderungen werden eingefordert, verhandelt und neu gedacht – auch gegen Widerstände und Gewohnheiten. Das erfordert vor allem Mut und Selbstvertrauen.

Literatur

1. Allmendinger, J. (2023). Geschlechtergerechtigkeit: „Wir müssen machen!". https://tellyourstory.lexware.de/story/jutta-allmendinger-ueber-chancengleichheit-von-frauen-in-deutschland. Zugegriffen: 28. Juni 2025.
2. Jäkel-Wurzer, D. (2010). *Töchter im Engpass. Eine fallrekonstruktive Studie zur weiblichen Nachfolge in Familienunternehmen.* Carl-Auer-Systeme.
3. Jäkel-Wurzer, D., & Ott, K. (2014). *Töchter im Familienunternehmen: Wie weibliche Nachfolge gelingt und Familienunternehmen erfolgreich verändert.* Springer.
4. Stierlin, H. (1980). *Delegation und Familie.* Suhrkamp.
5. Boszormenyi-Nagy, I., & Spark, G. M. (2006). *Unsichtbare Bindungen: Die Dynamik familiärer Loyalität.* Klett-Cotta.
6. Otten-Pappas, D., & Jäkel-Wurzer, D. (2017). *Weibliche Nachfolge – Ausnahme oder Regelfall? Eine Studie zur aktuellen Situation im Generationswechsel deutscher Familienunternehmen.* WIFU-Stiftung.

[15] Siehe ausführlich im Kap. 4.

[16] Die Studie aus 2017 belegt: ‚Traditionelle Rollenbilder halten sich überdeutlich in der Kernfamilie. Nachfolgerinnen übernehmen 63 % der Familienaufgaben (Haushalt/Pflege/Kinder)'.

2 Einstieg ins Unternehmen: am Anfang steht der Mut

Zusammenfassung

„Eine Reise von tausend Meilen beginnt mit einem Schritt.“ (Laozi in Tao Te King. Sinnhaft übersetzt. Das Buch vom Sinn und Leben (Übers. Richard Wilhelm). Diederichs. Wörtlich: „Eine Reise von tausend Meilen beginnt unter den Füßen“). Der Einstieg in die Unternehmensnachfolge verläuft selten geradlinig und erfordert vor allem Mut. Viele Töchter wählen zunächst den Quereinstieg, sammeln externe Erfahrungen und entscheiden sich erst später bewusst zur Rückkehr. Dieses Kapitel zeigt die vielfältigen Einstiegsformen: von geplanter Übergabe über projektbezogene oder zirkuläre Wege bis hin zur Notfallübernahme. Besonders in der 2. Generation eröffnet sich mehr Gestaltungsraum für weibliche Übernahmen. Coaching und externe Begleitung schaffen innere Klarheit und helfen, Selbstzweifel, Rollenkonflikte und Erwartungen zu sortieren. Die Motive der Nachfolgerinnen reichen von Verantwortung und Sinn bis zur Lust am Gestalten. Im Zentrum steht die Suche nach dem eigenen Platz im System und der Mut, ihn aktiv auszufüllen. Ein Kapitel über Aufbruch, Orientierung und die ersten Schritte in eine selbstbestimmte Nachfolge.

2.1 Erstmal ohne Hilfe

Gerade zu Beginn bringt die weibliche Nachfolge einige besondere Herausforderungen mit sich. Nur wenige der Nachfolgerinnen hatten von Anfang an den festen Plan, ins Familienunternehmen einzusteigen.

> „Es war eher Zufall, dass ich in die Richtung Industrie ging, wo auch das Familienunternehmen angesiedelt ist. Es war nicht geplant.“ (Gerda Söhngen)

D. Jäkel-Wurzer, *Frauen in der Nachfolge*, https://doi.org/10.1007/978-3-662-72270-1_2

Dem Muster des Quereinstiegs[1] folgend, wählen viele zunächst Ausbildungen und Studiengänge, die ihren persönlichen Interessen und Fähigkeiten entsprechen – häufig bewusst außerhalb des familiären Kontexts. Oft verlassen sie dafür die Heimatregion, nicht selten sogar für längere Zeit ins Ausland. Ihre beruflichen Wege führen in Konzerne, große Unternehmensberatungen oder andere Branchen. Diese Stationen bieten eine breite Plattform für Lernen, Ausprobieren und die Entwicklung eines eigenen beruflichen Selbstverständnisses.

Ein wiederkehrendes Motiv ist der Wunsch, es zunächst ohne Hilfe zu schaffen. Viele Nachfolgerinnen beschreiben eine Phase bewusster Distanz zum Unternehmen: Sie gehen dorthin, wo sie niemand kennt, bewerben sich anonymisiert, verzichten auf den Familiennamen oder ‚Vitamin B' und nehmen dafür auch Umwege, Wartezeiten, Absagen und Unsicherheiten in Kauf.

> „Ich wollte das gerne allein schaffen, ohne Vitamin B und ohne Unterstützung aus der Familie. Erstmal inkognito. Ich habe erst erzählt, woher ich komme, als ich den Vertrag in der Tasche hatte." (Anonym)

> „Mir war auch immer klar, dass ich absolut meinen eigenen Weg gehen möchte. Nach meiner Doktorarbeit habe ich 80 Bewerbungen geschrieben, um den richtigen Job zu finden." (Dr. Anna Weber)

Diese Phase des eigenständigen beruflichen Aufbaus ist in mehrfacher Hinsicht gewinnbringend. Sie schafft einen Raum zur Persönlichkeitsentwicklung – frei von familiären Zuschreibungen und Erwartungen. Es entstehen neue Netzwerke, die nicht auf bestehenden Kontakten beruhen, sondern auf eigener Leistung und Präsenz. Perspektiven erweitern sich, das Selbstvertrauen wächst.

Ein weiterer, oft unterschätzter Aspekt: Erste berufliche Fehler oder Unsicherheiten können außerhalb des familiären Einflussbereichs gemacht und reflektiert werden, ohne unmittelbare Auswirkungen auf das Familienunternehmen oder die eigene Rollenidentität in diesem. Die Möglichkeit, auch mal zu scheitern oder Umwege zu gehen, wird rückblickend als wertvolle Lernchance erlebt. Sie stärkt die Resilienz und die Fähigkeit, Verantwortung zu übernehmen, für Entscheidungen ebenso wie für deren Konsequenzen.

---

[1] Das Muster des Quereinstiegs beschreibt eine spezifische Form der Nachfolge, bei der der Entschluss zum Eintritt ins Familienunternehmen erst zu einem späteren Zeitpunkt der beruflichen Laufbahn getroffen wird – ein Weg, der insbesondere bei weiblichen Nachfolgerinnen häufig zu beobachten ist. Ausbildung und erste Berufserfahrungen erfolgen dabei außerhalb des Unternehmens und sind nicht gezielt auf eine spätere Tätigkeit in der eigenen Firma ausgerichtet [2].

Auch das Erleben von selbst erarbeiteten Erfolgen wird von vielen Frauen als prägend beschrieben. Es hilft, die eigenen Stärken und Schwächen klarer zu erkennen, was eine wichtige Ressource für die spätere Rollenfindung im eigenen Unternehmen und das selbstsichere Auftreten in der neuen Rolle ist.

2.2 Formen des Einstiegs

In den Interviews zeigen sich verschiedene Typen der weiblichen Nachfolge, die sich grundsätzlich in die Kategorien **geplante Nachfolge** und **Notfallnachfolge** unterteilen lassen.

Bei der **geplanten Nachfolge** fällt die Entscheidung zur Übernahme oft erst im späteren Verlauf der Berufslaufbahn außerhalb. Dennoch verläuft der Übergang dann bewusst gestaltet und strukturiert.

Bei der **Notfallnachfolge** hingegen entsteht durch ein plötzliches Ereignis – etwa Krankheit oder Tod – die Dringlichkeit einer ad-hoc Übernahme. Die Phase der Entscheidungsfindung ist stark verkürzt oder entfällt vollständig.

Typen der geplanten Nachfolge

Organische Nachfolge

Bei der organischen Nachfolge wissen die Nachfolgerinnen bereits früh, dass das Familienunternehmen Teil ihrer beruflichen Zukunft sein wird. Sie gestalten Ausbildung und Berufseinstieg gezielt daraufhin, und der Übergang verläuft strukturiert.

> „Es war seitdem ich 16 Jahre bin mein Wunsch, dieses Unternehmen in die nächste Generation zu führen." (Marie-Christin Ostermann)

> „Ich bin als Kind in einem Gerüstbauunternehmen groß geworden. Da habe ich schon früh den Betrieb kennengelernt. [...] Ich wusste im zweiten Ausbildungsjahr, wo mein Platz ist." (Jeanette Spanier)

◄

Bewusste Rückkehr

Die bewusste Rückkehr ähnelt der organischen Nachfolge mit einem Unterschied: Die Option/die Idee, das Familienunternehmen zu übernehmen, entsteht zu einem viel späteren Zeitpunkt, nachdem bereits Berufserfahrungen außerhalb gesammelt und Alternativen geprüft wurden.

„Mein Wunsch, ins Unternehmen zu gehen, ist erst über die Jahre gekommen. Ich habe mein Studium zunächst nicht darauf ausgerichtet und war vorher in anderen Unternehmen tätig, um Erfahrungen im Personalwesen zu sammeln.“ (Karin Spaleck)

„Ich habe erst in der Unternehmensberatung gearbeitet und dann bei KPMG in der Strategieberatung in Dubai. Diese Erfahrung hat mir geholfen, mehr Selbstbewusstsein zu gewinnen, bevor ich ins Familienunternehmen zurückkam.“ (Gesa-Marie Fischer)

◄

Einstieg über ein Projekt

Bei diesem Typ erfolgt der Einstieg zunächst über ein konkretes Projekt. Diese Vorgehensweise ermöglicht den Nachfolgerinnen einen Überblick über das Unternehmen zu erlangen, ohne sofort in die alltäglichen Verantwortungsstrukturen eingebunden zu sein. Besonders für Quereinsteigerinnen bietet dieser Weg eine wichtige Orientierungsphase (vergleichbar mit einer Probezeit).

„Der Einstieg war ein Projekt, das mir die Möglichkeit gab, das Unternehmen im Tagesgeschäft zu erleben, ohne gleich voll vereinnahmt zu werden.“ (Linn Rose)

◄

Zirkuläre Nachfolge

Diese dynamische Variante beginnt zunächst mit dem Einstieg ins Unternehmen. Finden die Nachfolgerinnen dort (noch) keinen Gestaltungsraum oder keine Wertepassung, ziehen sie sich zurück, sammeln außerhalb Erfahrungen und kehren später mit geschärfter Perspektive und gestärktem Selbstverständnis zurück. Manchmal ist auch einfach der Zeitpunkt noch nicht ‚der Richtige‘ gewesen.

„Ich habe gemerkt, wie unwohl ich mich fühlte, und bin dann 2 Jahre später ausgestiegen. Nach einer persönlichen Entwicklungsphase bin ich wieder eingestiegen – mit einem viel stärkeren Bewusstsein dafür, wer ich bin und was ich will.“ (Gerda Söhngen)

„2023 beschloss ich, eine Auszeit zu nehmen und durch die Welt zu reisen. Danach suchte ich erneut das Gespräch mit meinem Vater – und nach einer begleiteten Klärung bin ich in einer neuen Rolle zurückgekehrt." (Julia Laakmann)

„Das funktionierte für mich erstmal nicht mehr. Ich bin dann nach London gegangen und habe mir vorher zusichern lassen, dass ich jederzeit wieder eintreten kann. Nach dieser Zeit hat man mich gefragt, ob ich wiederkommen möchte, um ein neues Projekt zu übernehmen." (Christine Sparvoli-Frank)

◄

Nachfolge durch Gründung

Eine Sonderform stellt die Gründung im oder aus dem Umfeld des Familienunternehmens heraus dar. Hier entstehen neue Unternehmungen, die Synergieeffekte erzeugen und zugleich eigene Freiräume schaffen.

„Ich habe dann quasi aus dem Familienunternehmen ausgegründet und mein bestehendes Team mitgenommen. Das war eigentlich die Entscheidung über Nacht, als klar war, dass ich mein eigenes Unternehmen aufbauen muss." (Christina Diem-Puello)

„Ich konnte durch die Gründung von Lackymedia meine Kreativität und meine Ideen entfalten, ohne von den bestehenden Strukturen des Unternehmens ausgebremst zu werden." (Julia Laakmann)

◄

Notfallnachfolge

Drei der in diesem Buch porträtierten Interviews fallen in die Kategorie der Notfallnachfolge. In diesen Fällen entstand durch plötzliche Krankheit oder Tod des Unternehmers für die Töchter die unmittelbare Notwendigkeit, eine Entscheidung über die Weiterführung des Unternehmens zu treffen. Bereits in ihren eigenen Berufen und Lebensentwürfen etabliert, pendelten die Nachfolgerinnen eine Zeitlang zwischen ‚beiden Welten', bevor sie sich endgültig für die Übernahme entschieden. Diese Phase beschreiben alle übereinstimmend als chaotisch und persönlich herausfordernd.

„Also die Nachfolge war völlig ungeplant und chaotisch, weil das alles leider aus traurigem Anlass passiert ist. Mein Vater wurde krank, und am Ende stellte sich heraus, dass er Demenz hatte." (Diana Polster)

„Ich wusste nicht, ob es funktioniert, also ob es das Richtige für mich und für die Firma ist." (Anna Meusert)

Die Vielfalt der Einstiegsformen zeigt, dass es für Nachfolgerinnen keinen vorgezeichneten Weg in die Unternehmensnachfolge gibt. Vielmehr spiegeln sich in den individuellen Entscheidungen die unterschiedlichen Lebensentwürfe, Situationen, Erfahrungen und Werte der Nachfolgerinnen wider. Nachfolge findet zudem in einem komplexen System aus Unternehmen, Akteuren und Familie statt, die Zeitpunkt und Form des Einstiegs mitbestimmen.

Ob geplant, zirkulär, projektbezogen oder durch einen Notfall initiiert – jede Nachfolgegeschichte ist geprägt von persönlichen Lern- und Reifungsprozessen und den Gegebenheiten des Systems. Die frühzeitige Unterstützung durch externe Coaches und Netzwerke, die einen professionellen Blick für die Gesamtstruktur und damit auf bestehende Optionen und Modelle haben, kann den Umgang mit der Situation erleichtern.

Die Vielfalt an Wegen eröffnet neue Perspektiven auf die Gestaltung von Unternehmensübergängen und unterstreicht die Bedeutung individueller Lösungen jenseits traditioneller Muster (Tab. 2.1).

▶ **Die unsichtbaren Leistungen der Mütter**
Eine Nachfolgerin bat mich, ihrer Mutter eine präsentere Rolle im Profil zu geben. Die Mutter ist die eigentliche Eigentümerin des Familienbetriebes, den sie von ihrem Vater geerbt hat. Nachdem sie sich jedoch für die damals übliche traditionelle Rolle entschieden hat – oder sich dieser fügte – übernahm der Ehemann die Leitung des Unternehmens. Damit war er als Unternehmer sichtbar und alle erarbeiteten Erfolge wurden automatisch ihm zugeschrieben.

Tab. 2.1 Kategorien und Typen der weiblichen Nachfolge

Kategorie	Typ	Merkmale
Geplante Nachfolge	Organische Nachfolge	Frühe Klarheit über die Absicht zur Nachfolge; gezielte Ausbildungs- und Berufsvorbereitung
Geplante Nachfolge	Bewusste Rückkehr	Erst externe Karrierewege und Erfahrungen; später bewusste Rückkehr ins Unternehmen
Geplante Nachfolge	Einstieg über ein Projekt	Über ein klar abgegrenztes Projekt ins Unternehmen hineinwachsen; Orientierung und Annäherung vor langfristiger Bindung
Geplante Nachfolge	Zirkuläre Nachfolge	Erstes Eintreten, Rückzug für persönliche Entwicklung, spätere bewusste Rückkehr
Geplante Nachfolge	Nachfolge durch Gründung	Aufbau eines neuen Unternehmens oder einer Sparte (außerhalb oder innerhalb der Strukturen des Familienunternehmens)
Notfall-Nachfolge	Ad hoc Übernahme	Plötzliche Erkrankung oder Tod des Übergebers, der Übergeberin; sofortige Verantwortungsübernahme ohne lange Entscheidungsphase

Die Mutter hat zwar (gleich) viel zur erfolgreichen Unternehmensentwicklung beigetragen, blieb aber nach außen immer ‚in der 2. Reihe'. Diese Geschichte steht symbolisch für viele Mütter der vergangenen Generationen im Kontext Familienunternehmen. Die Wirtschaftsforschung spricht deshalb von ‚invisible women', die den wirtschaftlichen und emotionalen Erfolg mittragen, ohne dafür öffentliche Anerkennung zu erhalten.

Diese Unsichtbarkeit wird besonders spürbar, wenn eine Tochter an die Spitze rückt. Die nächste Generation darf selbstverständlich gestalten, sich präsentieren, Resonanz einfordern. Die Mütter beobachten diese Entwicklung ambivalent. Für sie bedeutet die Sichtbarkeit der Tochter zugleich Stolz und Schmerz: Stolz, weil die eigene Tochter eine Rolle lebt, die für die Mutter immer ein Wunsch war. Schmerz, weil die Bühne bzw. die Freiheit für sie selbst unerreichbar war.

Daraus entsteht bisweilen eine leise Rivalität, die sich in subtilen Kommentaren oder in der Veränderung der Mutter-Tochter-Beziehung äußern kann. In manchen Praxisfällen versagen die Mütter ihren Töchtern die Unterstützung im Prozess der Übergabe. Forschungen zur Nachfolge zeigen, dass Töchter zwar zunehmend als legitime Geschäftsführerinnen akzeptiert werden, gleichzeitig aber die tradierten Erwartungen an Weiblichkeit noch immer mitschwingen. Diese Ambivalenzen wirken wie ein Brennglas auf die Mutter-Tochter-Beziehung.

Diese Dynamiken strahlen auf das gesamte System. Denn wenn Vater und Tochter im Tandem führen, bekommt ihre Beziehung eine neue Qualität. Sie verbringen mehr Zeit miteinander, teilen vertrauliche Themen, rücken näher zusammen. Die Mutter verliert damit ihre Rolle als alleinige Mittlerin zwischen Innen- und Außenwelt. Viele Mütter beschreiben ein Gefühl des Ausgeschlossenseins oder gar Eifersucht, weil sie nicht Teil dieser besonderen Verbindung sind. Das ist schmerzhaft, weil sich für Mütter gleich 2 tragende Beziehungen verändern – die Beziehung zur Tochter und die Beziehung zum Ehemann.

Beratungserfahrung zeigt, dass sich Spannungen deutlich reduzieren, sobald die Leistungen der Mutter öffentlich benannt und gewürdigt und Gespräche über die neue Situation offen geführt werden. Generationengespräche unterstützen, Eigentum, Management und familiäre Sorge voneinander zu unterscheiden und Rollen neu zu verhandeln. Während die Tochter ihre eigene Führungsrolle entwickelt, braucht die Mutter die Sicherheit, Enttäuschung über verpasste Chancen aussprechen zu dürfen. Rivalität ist ein Gefühl, dass vor allem in der Mutter-Tochter Beziehung Scham auslöst. Es zu verdrängen, erzeugt Konflikte an anderer Stelle.

Egal ob im Familiensystem oder auch im Unternehmen selbst – Mütter haben immer große Anteile am Erfolg und Gelingen. Entscheidend ist es, diese sichtbar zu machen und nach innen und außen zu würdigen.

2.3 Potenzial in der 2. Generation

Bereits in vorhergehenden Studien[2] [3] über die Besonderheiten weiblicher Nachfolge hoben sich Übernahmen in der 2. Generation quantitativ deutlich heraus. Diese Tendenz bestätigt sich auch hier. So führen 8 der 17 interviewten Frauen das Unternehmen in der 2. Generation. Die Gründe dafür sind vielfältig: Die Töchter haben die Gründungsphase aus der Familie heraus unmittelbar miterlebt. Oft waren sie bereits in ihrer Kindheit schon nah in den Unternehmensalltag eingebunden.

In der engen emotionalen Verbundenheit der Gründer*innen mit dem Unternehmen entsteht eine hohe ideelle Aufladung der Bedeutung desselbigen für die ganze Familie. Familienunternehmen tragen den Vollzug mindestens eines Generationswechsels als Bedingung in ihrer Definition [4]. Mit der Übernahme durch die 2. Generation wird die Zuschreibung Familienunternehmen – die häufig bereits vorher unbewusst das unternehmerische Selbstbild prägt – quasi per Definition besiegelt. Der Nachfolge in dieser Generation kommt so eine besondere Bedeutung zu.

In der 2. Generation ist die Komplexität der Strukturen noch übersichtlicher, genau wie der Kreis der nachfolgeberechtigten Gesellschafter*innen. Es gibt zumeist noch keine Stammeskonstruktionen und komplexe Gremienstrukturen. Die Professionalisierung ist noch am Beginn. Gerade für Töchter besteht hier noch mehr Raum, ihre Rollen zu bestimmen und eigene Ideen/Mehrwert einzubringen.

Neben dem bereits beschriebenen ‚neuen Freiraum', der sich in der weiblichen Nachfolge zeigt, birgt die Übernahme in der 2. Generation Freiheiten, die weibliche Nachfolge begünstigen. Das zeigen auch die Ergebnisse des Berichts der Allbright Stiftung [5]. Der Frauenanteil in der Geschäftsführung der 100 größten deutschen Familienunternehmen wird hier mit 6,9 % angegeben. Der Vergleich mit der weiblichen Nachfolge – deren Anteil deutlich höher ist – legt nah, dass Alter und Größe der Unternehmen ein zentraler Faktor für die Vielfalt in der Führungsstruktur sind. Umso größer und älter (traditionsreicher) die Unternehmen, umso weniger Frauen finden sich an den Spitzen.

Der Gestaltungsspielraum für Töchter wächst mit der Offenheit des Unternehmens für Übergabeformen und Veränderung. Eine Flexibilität, die mit zunehmender Generationenzahl aufgrund gewachsener Strukturen, etablierter Muster und steigender Unternehmensgröße tendenziell abnimmt.

[2] In der Studie von 2014 übernahmen 45 % der befragten Frauen in der 2. Generation.

2.4 Den ‚passenden Platz' finden

Eine der größten Herausforderungen im Nachfolgeprozess ist es, die eigene Rolle im Unternehmen zu finden. Die meisten zentralen Rollen sind durch Mitarbeitende ‚ausgefüllt' und das Unternehmen folgt festgelegten Abläufen, Strukturen und Verantwortlichkeiten. Mit ihrem Einstieg wollen Töchter das Bestehende gewinnbringend ergänzen und in keinem Fall wichtige Akteure von ihren Plätzen verdrängen. Immerhin ist ein zentrales Ziel der Nachfolge, die Mannschaft später hinter sich zu wissen und als Chefin anerkannt und akzeptiert zu sein. Zwei Aspekte müssen beim Einstieg also zunächst bedacht werden: Welche Kompetenzen bringt die Nachfolgerin mit? Und wo will/kann sie diese einbringen, um von Beginn an als ‚wirksam' wahrgenommen zu werden und relevanten Mehrwert zu bieten? Hier spielt auch der Überblick über Abläufe, Funktionsweisen und Personenkreise (Mitarbeitende, Kunden, Lieferanten) eine zentrale Rolle bei der Entscheidungsfindung.

Auf welcher Ebene steigen Nachfolgerinnen also am besten ein? Die Interviews zeigen hier verschiedene Varianten. Der Einstieg ‚oben' – in der Geschäftsführung – sendet ein deutliches Signal an das Umfeld über die Position, den geplanten Weg und den Einfluss der Nachfolgerin. Er hat den Vorteil, dass vom ersten Tag an alle notwendigen Befugnisse und die gesamte Verantwortung bei der Nachfolgerin gebündelt sind.

> „Ich habe als geschäftsführende Gesellschafterin im Unternehmen angefangen. Das war auch wirklich das Signal, sie ist die Nachfolgerin, sie ist die zukünftige Chefin. Und ich war auch wirklich Chefin und nicht irgendwie Kollegin oder Mitarbeiterin." (Marie-Christine Ostermann)

Eine weitere Option ist der Einstieg in der mittleren Führungsebene und die Rollenfindung im praktischen Tun. Sich Schritt für Schritt Verantwortung und Aufgaben anzunähern, reduziert auch das Risiko der Überforderung. Denn am Begin wirkt die Nachfolge wie ein riesiger Berg an Akteuren und Aufgaben, den man kaum überschauen kann. Hier hilft es nur, an einer Stelle anzufangen und Schritt für Schritt zu gehen. ‚MUT' ist der Begriff, den alle Frauen in den Interviews im Kontext ihrer Nachfolge benennen. Mut, auszuhalten, dass man (noch) nicht alles weiß. Mut anzufangen, auch wenn das Ergebnis noch unklar ist. Mut, Fehler zu machen.

Eine Sache, die sich in den 10 Jahren zwischen den beiden Büchern nicht verändert hat:

„Wie auch immer der Weg ins Unternehmen gestaltet wird: „learning by doing" ist die beste Art, ihn zu gehen. Da sind sich alle Unternehmerinnen einig. So konnte sich zu Beginn der Reise kaum eine von ihnen vorstellen, die vielen Herausforderungen zu meistern und eines Tages routiniert und voller Freude im Chefsessel zu sitzen. Vielleicht wären einige von ihnen auch gar nicht erst losgelaufen, hätten sie im Detail gewusst, welche Probleme noch vor ihnen liegen. Heute sind sie froh, den Weg gegangen zu sein und erzählen nicht ohne Stolz von den Turbulenzen des Anfangs [3]."

Auch angesichts der vielen Unbekannten: der Einstieg braucht ein gewisses Maß an Konkretisierung. Es ist wichtig, Themenbereiche transparent zu machen, für die man verantwortlich ist und an denen man auch gemessen wird. So beschreiben auch Interviewpartnerinnen, zunächst einfach nur ‚neben dem Schreibtisch des Vaters gesessen', und das als wenig wirksam wahrgenommen zu haben. Es braucht Rollen, Ziele und Aufgaben. Es braucht einen klaren Fokus, um die eigene Wirkungsenergie gezielt zu bündeln. Nicht nur aus Sicht der Ergebnisse, sondern auch für die Wahrnehmung der Mitarbeitenden. Diese wollen wissen, wofür die Nachfolgerin ansprechbar und verantwortlich ist.

„Ich bin direkt neben seinem Büro eingezogen. Ich glaube, er hat gedacht, er lässt die Tür offen und dann kriege ich schon alles mit, wie es hier abläuft und funktioniert. Das war nicht so und ich habe mir dann selbst Aufgaben gesucht." (Anonym)

Die Verantwortlichkeit kann auch abseits der bestehenden Organisationsstruktur liegen – in einem Sonderprojekt, einer Stabsstelle oder auch innerhalb der regulären Struktur. Zum Beispiel in einem Bereich, der noch Bedarf im Aufbau und der Professionalisierung hat. Gerade in der 2. Generation gibt es hier viele wachstumsbedingte Einsatzfelder.

„Wir hatten zu dem Zeitpunkt keine Personalabteilung, sondern nur eine Personalabrechnung und den Aufbau konnte ich mir vorstellen, weil das zu meinen Stärken passt." (Karin Spaleck)

„Und irgendwann kam mein Vater und sagte, er bräuchte Unterstützung, was die Digitalisierung und Prozessoptimierung angeht. Ich bin dann in einer Stabsfunktion eingestiegen." (Eva Valentina Kempf)

Oder auch über die bestehenden Kompetenzen der Nachfolgenden selbst, über die gezielt neue Verantwortlichkeiten definiert und geschaffen werden.

„Im Endeffekt haben wir eine Struktur erfunden. Wir haben uns einfach neue Abteilungen ausgesucht und diese für uns erschaffen." (Anna Weber)

Einmal angefangen, entwickeln die ersten Rollen oft erstaunlich schnell eine Eigendynamik. Die Nachfolgerinnen gewinnen einen Überblick über das Unternehmen und bestehende Abläufe. Sie identifizieren Optimierungsbedarfe und Themenfelder. So haben sie schnell eine lange Liste an Themen, die sie in der ersten Phase angehen wollen und müssen. Dies funktioniert in beide Richtungen. Sobald die Organisation feststellt, dass es eine entscheidungsfähige Person gibt, die sich neuen Themen annimmt, werden der Nachfolgerin auch Themen zugespielt. So wächst die Liste an Aufgaben und Projekten schnell an.

Dann bin ich abgetaucht in Themen der Unternehmensführung. Das ging relativ schnell, auch schon während der Projektphase. Mit Dingen, die für das Unternehmen einfach wichtig waren." (Linn Rose)

Der ‚richtige Platz‘ ist dabei weniger eine feste Position als vielmehr ein wachsender Möglichkeitsraum, der sich im Tun, im Dialog mit der Organisation und durch eigene Impulse formt. Was zählt, ist nicht der perfekte Einstieg, sondern ein Einstieg, der sichtbar, verantwortungsvoll und anschlussfähig ist – an die Kompetenzen der Nachfolgerin und an die Bedürfnisse des Unternehmens. Einem Nachfolgefahrplan/Übergabeplan zu folgen, der zu Beginn gemeinsam von beiden Generationen festgelegt wurde, bildet einen wichtigen Rahmen. Es geht nicht darum an den Meilensteinen akribisch festzuhalten. Der Plan ist vielmehr ein Orientierungsrahmen, um die Entwicklungen regelmäßig reflektieren und den Gegebenheiten anpassen zu können.

So unterschiedlich die individuellen Wege auch sind: Das Ankommen in der Führungsrolle ist kein einzelner Moment, sondern ein Prozess. Ein Prozess, der Spielräume braucht – und die Bereitschaft, sie zu gestalten. Viele Nachfolgerinnen beschreiben eine direkte Verbindung zwischen Mehrwert und der empfundenen Sicherheit.

> „Wenn man den Punkt findet, wo man Mehrwert bringt, kommt automatisch die Sicherheit.“
> (Gesa Marie Fischer)

2.5 Innere Klarheit - äußere Stärke

Aus meiner Coachingpraxis weiß ich, dass viele Nachfolgerinnen externe Unterstützung in Anspruch nehmen und das zu einem sehr frühen Zeitpunkt. Oft suchen sie den Kontakt, wenn sie das erste Mal den Gedanken an die Nachfolge im Kopf bewegt haben. Allein aus Sicht der Entscheidungsfindung ist das hilfreich. Aber auch für den ersten Eindruck im Unternehmen selbst, ist es ausgesprochen sinnvoll die Nachfolge zunächst ‚im Kopf durchzuspielen‘. Innere Klarheit erzeugt äußere Stärke. Aus der Embodiment Theorie wissen wir, dass innere Zustände (z. B. Unsicherheit) nicht nur mental erlebt, sondern auch körperlich sichtbar werden – über Mimik, Gestik, Körperhaltung und Tonfall. Habe ich für mich bereits vor dem ersten Tag im Unternehmen wichtige Fragen und Grundsätze geklärt, kann ich selbstsicherer und bewusster in den ‚ersten Eindruck‘ gehen.

Und Fragen gibt es angesichts der neuen Rolle und der Komplexität einer Nachfolge unzählige. Angefangen bei ‚lass ich mich duzen oder bleib ich beim sie‘ bis hin zu der eigenen Rolle, dem Büro, den Arbeitszeiten und der Vergütung. Auch die Passung des aktuellen Lebensentwurfs zu der neuen Herausforderung und die Verbindung zwischen beiden. Wie schon beschrieben, bringt der späte Einstieg mit sich, dass zum Beispiel Wohnort und Ort des Unternehmens nicht beieinanderliegen. Bestehende Partnerschaften verändern sich durch eine Nachfolge. Paare müssen die gemeinsame Elternschaft bzw. die Verteilung der Verantwortung neu verhandeln. Der eigene Führungsstil wird im Zuge des Coachings reflektiert und angepasst. Der Prozess der Nachfolge selbst muss ausgehandelt und gestaltet werden. Die Liste an Themen und Fragen für die Nachfolgerinnen ist vor allem in dieser Entscheidungs- und Anbahnungsphase lang.

„Einfach mal darüber nachzudenken in den nächsten Tagen: Kann ich das, kann ich das nicht? Was sind Rollen? Kann ich überhaupt jemals Geschäftsführerin von dem Laden sein? Was habe ich studiert, was habe ich bisher gemacht, wie geht es mit meiner Familie?" (Linn Rose)

‚Kann ich das überhaupt?' ist tatsächlich eine der zentralsten Fragen im Coachingsprozess angesichts der fehlenden weiblichen Rollenvorbilder innerhalb vieler Unternehmenshistorien. Das Selbstverständnis der weiblichen Führung an der Spitze ist nicht vorhanden und die Frauen müssen nicht nur sich selbst, sondern auch ihr Umfeld überzeugen, bzw. dem eigenen Vorhaben eine innere Sicherheit geben. In Unternehmen die bereits Erfahrungen mit starken, sichtbaren Frauen im System haben, wie zum Beispiel Susanne Puello Geschäftsführerin der Winora-Gruppe und Mutter von Christina Diem-Puello (DD Deutsche Dienstrad) – gelingt dies einfacher, da weibliche Führung ‚Systemrelevanz' besitzt. Umso traditionsreicher das Familienunternehmen und umso männlicher die Branche (z. B. Handwerk) ist, umso größer erscheint die Herausforderung, die neue Rolle mit Selbstsicherheit zu leben.

Sich in diesen Themen externe Unterstützung zu holen und sich damit auch Zeit und Raum zu geben, die Fragen nachhaltig zu klären, ist ein Erfolgsfaktor gelungener Nachfolge. Keine Nachfolgerin sollte nur auf sich selbst gestellt durch diesen Prozess gehen. Perspektivenvielfalt und Rollenmodelle sind wichtige Ressourcen, um gute Entscheidungen zu treffen, Optionen zu kennen und die eigene Nachfolge aus unterschiedlichen Perspektiven betrachtet zu haben.

2.6 Motive der Nachfolge

Was bewegt Frauen dazu, trotz zahlreicher Herausforderungen die Nachfolge im Familienunternehmen anzutreten? Besonders häufig genannt werden die Verantwortung gegenüber dem Lebenswerk der Eltern sowie eine tiefe Verbundenheit mit den Mitarbeitenden, insbesondere jenen, die das Unternehmen schon über viele Jahre mitgetragen haben.

„Auch dass wir, dass wir weiter zukunftsfit bleiben werden. Und das macht mir einfach Freude zu sehen, dass viele Generationen hier in dem Unternehmen arbeiten. Auch bei den Mitarbeitenden waren schon die Eltern bei uns, jetzt sind es die Kinder. Wir geben den Menschen Perspektiven und das macht mich einfach glücklich." (Marie-Christine Ostermann)

Ein weiteres starkes Motiv ist die Gestaltungsfreiheit, die mit der Rolle als Unternehmerin einhergeht. Die Führungsstrukturen werden bewusst so angelegt, dass die permanente räumliche Anwesenheit der Chefin nicht mehr erforderlich ist. Ein deutlicher Unterschied zur Übergebergeneration. Die gewonnene Zeit nutzen die Unternehmerinnen vielfältig – etwa für strategische Unternehmensentwicklung, Ehrenämter und Verbandsarbeit, Netzwerkpflege, Persönlichkeitsentwicklung oder Care-Themen im familiären Bereich.

„Alles an operativen Tätigkeiten habe ich abgegeben. Ich habe nichts mehr, was ich im operativen Geschäft mache, 100 % Management von oben. Der Kalender ist immer rappelvoll, aber operativ werde ich nur dazugeholt, wenn eine Entscheidung gebraucht wird. Ja, also in meiner Woche ist nichts mehr an Tagesgeschäft drin.“ (Gerda Söhngen)

„Ich arbeite nur noch wenige Stunden pro Woche – so zwei, drei halbe Tage. Das war ein Prozess, das Unternehmen so umzustellen, dass es ohne meine permanente Anwesenheit funktioniert.“ (Daniela Tigges)

Die Möglichkeit, den eigenen unternehmerischen Gestaltungsraum zu erweitern, ist für viele Nachfolgerinnen besonders attraktiv. Mit ihrer Rolle durchbrechen sie Strukturen, die Frauen bislang häufig den Zugang zu Spitzenpositionen erschwert haben – wie gläserne Decken, exklusive Männernetzwerke oder strukturelle Barrieren, wie sie durch ‚nicht flächendeckende‘ Betreuungsangebote entstehen. Die familieninterne Nachfolge stellt hier einen wirkungsvollen Hebel der grundlegenden Veränderung dar: An der Unternehmensspitze zu sein ist kein Karriereziel, das erkämpft werden muss, sondern das Ergebnis (Ziel) der familieninternen Übergabe. Wer diesen Weg geht und das Unternehmen erfolgreich führt, wird zum Rollenvorbild und trägt aktiv zur Veränderung überkommener Geschlechterbilder bei.

Denn noch immer sind Frauen in Führungspositionen unterrepräsentiert: In den Vorständen der 160 größten börsennotierten Unternehmen (DAX, MDAX, SDAX) lag der Frauenanteil am 1. März 2025 weiterhin bei nur 19,7 %. [6] Deutschland bleibt deutlich hinter anderen westlichen Industrieländern zurück. Interne und externe Nachfolge bieten Frauen eine eigene Bühne, ganz ohne Gatekeeper.

„Ich kann immer nur dafür werben, Unternehmerin und Nachfolgerin zu sein. Du hast so viele Gestaltungsmöglichkeiten, du hast so viel Einfluss, du hast Macht im positiven Sinne. Positive Macht, um Dinge zu verändern und zu bewegen.“ (Christina Diem-Puello)

Hinzu kommt ein weiterer, oft genannter Beweggrund: Sinnstiftung. In einer Zeit, in der der Wunsch nach einer sinnvollen beruflichen Tätigkeit stetig wächst, bieten Familienunternehmen einen besonderen Wirkungsraum. Die Nachfolge bedeutet weit mehr als ökonomisches Handeln. Sie beinhaltet emotionale, gesellschaftliche und kulturelle Aspekte: das Fortführen eines Lebenswerks, die Weiterentwicklung von Werten, Verantwortung für Mitarbeitende und für die Region.

All diese Faktoren machen deutlich, warum sich immer mehr Frauen für die Übernahme ihres Familienunternehmens entscheiden. Die Motive sind stark genug, um den bestehenden Herausforderungen zu begegnen und die wachsende Sichtbarkeit erfolgreicher Nachfolgerinnen ermutigt weitere junge Frauen, diesen Weg ebenfalls zu gehen.

2.7 Was es am Anfang braucht

Die erste Phase der Unternehmensnachfolge zeichnet sich durch eine besondere Dynamik[3] aus: Während die amtierende Generation weiterhin die Führung innehat und Entscheidungen trifft, setzt die nachfolgende Generation bereits die ersten Akzente für ihre zukünftige Rolle. Geschlechtsspezifische Erwartungen, Rollenkonflikte und persönliche Ansprüche erhöhen dabei die Komplexität des Einstiegs. Aus den Interviews lassen sich zentrale Faktoren ableiten, die den Übergang ins Unternehmen erleichtern und den Erfolg des Nachfolgeprozesses fördern:

- **Externe Erfahrungen sammeln**
  Eine außerhalb des eigenen Familienunternehmens absolvierte Ausbildungs- und Berufsphase (Studium, duale Programme, Trainee-Stellen oder erste Berufsjahre) verschafft Frauen in der Nachfolge einen doppelten Vorteil: Sie erwerben breites funktionales Wissen und erleben sich in unterschiedlichen Branchen- und Unternehmenskulturen zunehmend als handlungs- und durchsetzungsfähig. Dieses Erfahrungswissen stärkt das Selbstvertrauen, mit dem sie später interne Prozesse hinterfragen oder neue Impulse setzen.
- **Rückhalt der übergebenden Generation und der Familie**
  Der sichtbare Support der übergebenden Personen – zumeist des Vaters – verleiht der Tochter Akzeptanz gegenüber Mitarbeitenden, Kund*innen und Geschäftspartner*innen. Wer spürt, dass alte und neue Führung geschlossen auftreten, zeigt schneller Bereitschaft, der Nachfolgerin zu folgen. Zwei Faktoren sind hier zentral: Konflikte werden nicht nach außen getragen, sondern hinter verschlossener Tür geklärt. Und Entscheidungen der Tochter werden nicht öffentlich hinterfragt, kritisiert oder sogar außer Kraft gesetzt. Dabei geht es nicht darum, sich in allen Punkten einig zu sein, sondern als Generationenteam nach außen geschlossen aufzutreten. Nachfolge ist für alle Beteiligten eine unsichere Übergangsphase. Präsentierte Einigkeit schafft Vertrauen.

  „Was ich aber sehr wichtig fand, war, dass mein Vater mich von Anfang an mitgenommen hat zu Kundenterminen" (Sina Thomas)

- **Externe Unterstützung – Coaching, Beratung, Peer-Gruppen und Netzwerke**
  Professionelle Sparringspartner*innen unterstützt dabei unterschiedliche Perspektiven einzunehmen und den Prozess strukturiert zu gestalten. Hier können auch sensible Themen wie Unsicherheiten offen besprochen und Lösungsmöglichkeiten entwickelt werden.
- **Reflektierter und selbstbestimmter Einstieg**

[3] Eine Ausnahme bildet hier die Notfallnachfolge ab. Bei dieser wird das Fehlen der übergebenden Generation zur Herausforderung in der Einarbeitung und Rollenfindung.

Die innere Überzeugung und die Klarheit über das ‚Warum', wirken oft stärkender als jeder operative Plan. Ein reflektierter Einstieg bedeutet, sich vorab Fragen zu stellen: *Wie passt das Unternehmen zu meinem Lebensplan und zu meinen Werten? Was muss ich verändern, um meine Unternehmerinnenrolle authentisch leben zu können? Bin ich mir sicher, dass ich es nicht ‚für jemanden tue', sondern dass es mein eigener Antrieb ist?*

- **Tandem-Führung – die Stärke komplementärer Partnerschaften**
  Angesichts der komplexen Herausforderungen wie sie in der Wirtschaft aktuell bestehen, kann eine Doppelspitze – zum Beispiel ein Geschäftsführungstandem – die Übergabe stabilisieren. Unterschiedliche Kompetenzprofile erhöhen die strategische Bandbreite und ergänzen das Gesamtportfolio. Entscheidungen im Dialog zu treffen, erhöht die Qualität und reduziert ‚blinde Flecken'.

„Ich wollte definitiv jemanden, der meine Defizite ergänzt und er hat den technischen Background." (Eva Valentina Kempf)

- **Nachfolgefahrplan – Transparenz durch Meilensteine**
  Ein abgestimmter Zeit- und Maßnahmenplan verdeutlicht für alle, wann welches Wissen übergeben wird, wann die Tochter formell welche Position einnimmt und zu welchem Zeitpunkt die operative Verantwortung übergeht. Der Fahrplan schafft Orientierung, beugt Missverständnissen vor und signalisiert den Mitarbeitenden, dass der Übergang souverän gemanagt wird. Dabei geht es vielmehr um Überblick und Orientierung, als um die akribische Einhaltung. Im Sinne der Glaubwürdigkeit und der Motivation, sollte bei Übergängen immer ein konkretes Ende benannt sein.[4]
- **Die eigene Rolle finden und kommunizieren**
  Für eine nachhaltige Übergabe ist es entscheidend, dass die Nachfolgerin eine Rolle einnimmt, die sowohl ihren eigenen Fähigkeiten als auch den strategischen Bedürfnissen des Unternehmens entspricht. Das setzt Selbstreflexion voraus: Sie muss klar benennen können, worin ihre Stärken liegen, welche Aufgaben andere besser übernehmen sollten und welchen konkreten Mehrwert ihr Profil im Führungsteam schafft. Hilfreich für die Akzeptanz sind sichtbare Ergebnisse, die den Führungsstil sowie den zukünftigen Beitrag für Mitarbeitende und Familie sichtbar machen.
- **Das Unternehmen erleben**
  Wer die zentralen Bereiche zumindest zeitweise durchläuft, versteht Zusammenhänge, entdeckt Optimierungspotenzial und kann Veränderungen planen. Die ‚Mitarbeit an der Basis' fördert zudem in einem hohen Maß die Akzeptanz der Mitarbeitenden.

[4] Das „Prinz-Charles-Prinzip" (auch „Prince Charles Syndrome" oder „Sticky Baton Syndrome") bezeichnet die Situation eines designierten Nachfolgers, der – ähnlich wie der britische Thronfolger Charles jahrzehntelang – zwar offiziell als Erbe feststeht, aber über lange Zeit keine reale Entscheidungs- oder Gestaltungsmacht erhält. Im Kontext von Familienunternehmen führt dieser Schwebezustand häufig zu Frustration, Motivationsverlust, Innovationsstau und dem Risiko, dass die dringend nötige Erneuerung des Betriebs hinausgezögert wird [7, 8].

„Für mich war es einfach wichtig, dass ich auch alle Seiten des Unternehmens kennenlerne. Und du musst auch wissen, was deine Leute machen und wie die Strukturen und Abläufe sind, um dann später mitreden zu können oder zu erkennen, was man besser machen kann.“ *(Laura Maria Schmidt)*

- **Ungewissheit aushalten – Resilienz in der Schwebephase**
  Mut ist der meistgenannte Begriff, fragt man Nachfolgerinnen nach Tipps und Ratschlägen. Angesichts der Herausforderungen zu Beginn einer Nachfolge könnte man es auch ‚Übermut‘ nennen. Ungewissheit, widersprüchliche Erwartungen, unbekannte Akteure und situative Planänderungen verlangen emotionale Stabilität. Und das in einem oft noch sehr jungen Alter und zum Anfang der Orientierungsphase. Das Ziel zu fokussieren und Schritt für Schritt zu gehen, ist die beste Strategie. Ein Unterstützersystem gibt zusätzliche Sicherheit.

„Wenn sich etwas unangenehm anfühlt, dann musst du das erst recht machen.“ (Gesa Marie Fischer)

- **Innovation statt Imitation**
  Neue Generationen sind wertvoll, weil sie Bestehendes weiterdenken. Mut bedeutet, Unterschiede zur Vorgängergeneration auszuhalten und bewusst zu gestalten – etwa durch Digitalisierung, neue Vertriebswege oder Führungskulturen. Nachfolge ist der Auftrag an die neue Generation, Zukunftsfähigkeit zu entwickeln. Das geht nicht ohne Veränderung.
- **Anteile einfordern und Sichtbarkeit schaffen**
  Juristische Beteiligung und öffentlich sichtbare Führungsaufgaben erhöhen die Akzeptanz der Tochter als zukünftige Unternehmerin und geben Planungssicherheit. Die Nachfolge sollte frühzeitig nicht nur symbolisch, sondern auch finanziell und operativ verankert sein.

„Wir haben den Anteilsübergabeprozess früh angestoßen, damit das steuerlich und organisatorisch klar ist.“ (Eva Valentina Kempf)

- **Unterstützer-Systeme aufbauen**
  Nachfolge ist (zeit)intensiv und oft nicht planbar. Ein tragfähiges Unterstützungsnetzwerk (Partner*in, Großeltern, professionelle Kinderbetreuung, Haushaltshilfen) ist wichtig, um die Rolle leben zu können.

„Diese Aufgabe kann man ohne ein verlässliches Netzwerk an Personen nicht stemmen. Es gibt einfach auch ein gutes Gefühl, wenn man weiß, dass alles seinen Gang geht und man nicht ständig auf die Uhr schauen muss.“ (Anonym)

Die genannten Faktoren greifen ineinander wie Zahnräder. Jede Komponente für sich hat Wirkung, doch ihr Zusammenspiel entfaltet volle Kraft: Persönliche Reife trifft auf strukturelle Klarheit, individueller Mut auf familiären Rückhalt. Wer als Tochter bewusst in diese Faktoren investiert, verwandelt die erste Phase der Nachfolge von einem diffusen Übergang in eine strategisch gestaltete Wachstums- und Lernkurve, zum Nutzen des Unternehmens, der Familie, der Gesundheit und der eigenen unternehmerischen Identität.

> **Coaching-Praxistipp: Nicht zu tief stapeln** Im Coaching begegnet mir immer wieder die Frage, unter welchen Bedingungen Frauen in das Familienunternehmen einsteigen: Wie weit oben starten sie? Was fordern sie ein? Häufig zeigen sich erlernte Verhaltensmuster, die dazu führen, dass Nachfolgerinnen sich zu zurückhaltend positionieren – sei es bei der Wahl ihrer Rolle, bei Gehaltsverhandlungen oder im Auftreten gegenüber Belegschaft und Familie.
>
> Das ist nicht folgenlos. Die Umgebung bewertet Frauen nach dem Bild, das sie zu Beginn vermitteln – der erste Eindruck zählt. Wer ‚erstmal im Keller Akten sortiert und Kaffee kocht', erschwert sich den Weg an die Spitze – weil Mitarbeitende Zuschreibungen schwer revidieren. Der Einstieg prägt automatisch das langfristige Standing im System.
>
> Tiefstapeln ist erlernt und riskant. Doch warum neigen Frauen dazu, sich kleiner zu machen als sie sind. Ein zentraler Erklärungsansatz ist das sogenannte Imposter-Phänomen [9]. Es beschreibt die tiefsitzende Überzeugung, Erfolge nicht verdient zu haben, trotz objektiv belegbarer Leistungen. Die eigene Kompetenz wird infrage gestellt, der Fokus auf Schwächen gelenkt. Erreichtes als ‚Glück' oder ‚Zufall' abgetan. In der Folge bewerben sich viele Frauen erst auf eine Position, wenn sie glauben, bereits beweisbar qualifiziert zu sein. Auch Gehaltsforderungen bleiben oft hinter den realen Marktwerten zurück.
>
> Verstärkt wird dieses Verhalten durch gesellschaftliche Zuschreibungen: Weiblichkeit wird noch immer mit Bescheidenheit, Rücksichtnahme und Fürsorge assoziiert. Dominanz, Durchsetzungskraft oder Entschlossenheit gelten dagegen als männlich konnotierte Führungseigenschaften und erzeugen bei Frauen Rollenkonflikte. „Weil sie bereits als Mädchen in Familie und Gesellschaft vorgelebt bekommen, dass Karriere und Macht eher männlich dominierte Bereiche sind, kommen sich Frauen in Machtpositionen oft wie ‚Fehlbesetzungen' vor" [3]. Als Konsequenz kompensieren Frauen ihre vermeintlichen Fehlleistungen, indem sie noch mehr leisten. So gab die Mehrheit der in der letzten Studie befragten Unternehmerinnen an, viel mehr leisten zu müssen als ihre männlichen ‚Konkurrenten' [3].

Vergleicht man die beiden Studien, erkennt man eine erhebliche Weiterentwicklung im Punkt Geschlecht und Führung. Die jungen Unternehmerinnen stehen klar zu ihrer ‚weiblichen Art der Führung' und benennen dies sogar als Vorteil. Auch das Bewusstsein über den Umgang mit Gleichstellung hat sich verändert. Lehnten in der Studie 2014 noch alle Unternehmerinnen eine Quote deutlich ab, gibt es heute eine differenziertere Wahrnehmung: die temporäre Quote wird als Instrument der Sichtbarmachung von erfolgreichen Modellen weiblicher Führung und als adäquates Mittel der ‚Normalisierung' befürwortet. Denn, Frauen an den Spitzen' ziehen Frauen nach.

Die sogenannte Theorie der Rollenkongruenz [10] erklärt, warum sich viele Frauen unwohl fühlen, wenn sie sich entgegen den Erwartungen durchsetzen. Dieses Unbehagen wird durch reale Erfahrungen im Umfeld oft bestätigt: Vermeintlich dominantes Verhalten wird bei Frauen nicht nur anders bewertet, sondern oft sanktioniert.

Ein Start unterhalb der Geschäftsführung ist nicht per se falsch. Je nach Biografie, Qualifikation und Unternehmenssituation kann ein gestaffelter Einstieg richtig sein. Entscheidend ist, dass dieser bewusst gewählt und strategisch begleitet wird und nicht auf inneren Zweifeln basiert. Wenn Nachfolgerinnen z. B. mit einem Praktikum beginnen, sollte von Beginn an klar kommuniziert werden, dass dies der Einstieg in eine Führungsrolle ist, mit definiertem Zeitplan und erkennbaren Entwicklungsschritten. Auch das Unternehmen sollte um diesen Weg wissen. Sichtbarkeit und Konsequenz fördern Vertrauen. Ein starkes Signal kann z. B. das Einfordern von Unternehmensanteilen sein. Es unterstreicht Verbindlichkeit und Führungsanspruch auch unabhängig von der operativen Rolle.

Wichtig ist außerdem: Unbegründete Unterschiede in der Behandlung von Geschwistern oder anderen potenziellen Nachfolger*innen (z. B. bei Gehalt, Titel oder Entscheidungsspielraum) haben eine hohe symbolische Wirkung. Selbst wenn keine Diskriminierung beabsichtigt ist – Mitarbeitende und Stakeholder interpretieren Differenzen als Hinweis auf Kompetenz oder Einfluss.

Nachfolgerinnen sollten ihr Ziel von Anfang an klar verfolgen und sich nicht mit ‚stillen Prüfungen' zufriedengeben. Bescheidenheit ist keine Tugend im Nachfolgeprozess. Im Gegenteil: Wer an die Spitze will, muss auch Kämpfe austragen. Der härteste davon ist oft der mit sich selbst.

2.8 Hindernisse und Herausforderungen

Neben den unterstützenden Faktoren zeigen sich bestimmte Bedingungen, die von Nachfolgerinnen als besonders herausfordernd beschrieben werden:

- **Externe Faktoren: Krisen und wirtschaftspolitische Bedingungen**
  Mittelständische Unternehmen sehen sich derzeit mit einer Vielzahl wirtschaftspolitischer Herausforderungen konfrontiert. Die zunehmende Bürokratie bindet wertvolle Ressourcen. Gleichzeitig sorgen weltpolitische Krisen – etwa Handelskonflikte, geopolitische Spannungen oder Lieferkettenprobleme – für hohe Unsicherheit und erschweren massiv die Planungssicherheit. Ein anhaltender Mangel an qualifizierten Arbeitskräften, hemmt das Wachstum und die Innovationsfähigkeit vieler Betriebe. Nicht zuletzt stellen sich mittelständische Unternehmen auf immer schneller und oft unvorhersehbar verändernde Marktbedingungen ein, die ein hohes Maß an Flexibilität und Anpassungsfähigkeit erfordern. Viele der hier abgebildeten Nachfolgeprozesse wurden durch die Auswirkungen der Corona-Krise geprägt.

Nachfolgerinnen sind in der heutigen Zeit verstärkt mit unvorhersehbaren Herausforderungen konfrontiert, welche sich außerhalb ihrer direkten Einflussmacht befinden. Die Notwendigkeit der andauernden Reaktion auf diese Krisenereignisse summiert sich zu den bestehenden ‚regulären' Anforderungen eines Übergabeprozesses hinzu. Für viele Nachfolgerinnen bedeutet der Einstieg inmitten permanenter Störungen, dass sie das Unternehmen von der ersten Minute an im ‚Krisentakt statt im Regelbetrieb' kennenlernen. Strategische Planung fühlt sich weniger als zielgerichtetes Gestalten, sondern eher wie das Jonglieren mit ständig auftretenden Unwägbarkeiten an. Diese Dynamik prägt das Selbstverständnis der neuen Unternehmerinnengeneration tief: Das Agieren im ‚Feuerwehr-Modus' wird für viele zur ‚neuen Normalität'. Um mit dieser Unsicherheit umzugehen, nutzen sie die kollektive Intelligenz sowie die Geschwindigkeit von Netzwerken und konzentrieren sich verstärkt auf bestehende Einflussräume, wie z. B. das Unternehmen und die Mitarbeitenden.

> „Ich versuche auch so ein bisschen Optimismus zu streuen. Wir haben halt viele Krisen, aber ich bin immer der Meinung wir haben es ja selbst in der Hand. Und wenn ich halt hier meine 50 Leute mitnehme, ist schon ein Schritt geschafft." (Milen Starke)

> „Also ich nehme schon wahr, dass die Notwendigkeit mit den Mitarbeitern zu kommunizieren, größer geworden ist in diesen Zeiten, einfach um Sicherheit zu geben. (Anonym)

"Ich beschäftige mich mit den schwierigen Themen, ich sehe, was passiert, aber ich versuche tatsächlich auf dem Weg zu bleiben und meinen Fokus zu behalten.“ (Linn Rose)

- **Ins Gespräch kommen**
  Bereits in der vorhergehenden Studie [3] nannten 53 % aller Befragten Emotionen und familiäre Dynamiken als größte Herausforderung. Emotionale Themen wie Gleichberechtigung, Loslassen, Ressourcenverteilung machen offene Gespräche zur Aufgabe. Die Systeme Familie und Unternehmen sind in Familienunternehmen eng miteinander verstrickt. Themen der Kindheit und Jugend wirken unbewusst auf die Nachfolge und erschweren auch eine offene Kommunikation. Hinzu kommen ‚starke‘ Emotionen, die Diskussionen auf der Sachebene zur Herausforderung machen. Geheimnisse und Unausgesprochenes wirken wie ein Brennglas auf Konflikte.

  Offene Kommunikation und die Fähigkeit der Rollendifferenzierung (Als wer agiere ich gerade?) sind grundlegende Instrumente einer gelingenden Nachfolge. Externe Moderator*innen in diesen sensiblen Prozess einzubinden, kann hilfreich sein.„Ich hatte immer die Aufgabe, die Elefanten im Raum anzusprechen, weil vieles gar nicht offen auf dem Tisch lag.“ (Gerda Söhngen)
- **Notfall-Nachfolgen**
  Plötzliche Krankheit oder der unerwartete Tod eines Elternteils zwingt manche Töchter, binnen Wochen die Verantwortung für das Familienunternehmen zu übernehmen. Während sie selbst trauern, müssen sie wirtschaftlich stabilisieren, Mitarbeitenden Sicherheit geben und Entscheidungsfähigkeit sichern. Der psychische und organisatorische Overload angesichts der Krise ist enorm. Als Stütze werden in diesen Fällen die Mitarbeitenden beschrieben, die mit ihren Erfahrungen das Unternehmen – oft auch über eine längere Zeit – am Laufen halten und die Nachfolgerin bei ihrer Einarbeitung unterstützen.

„Da ging eine Odyssee los. Ein Jahr mit Arztbesuchen. Schlussendlich stellte sich raus, der Vati, Mitte 50, hat Demenz. Ich habe dann parallel gearbeitet in beiden Unternehmen. Also das war einfach alles wirklich schlimm.“ (Diana Polster)

„Mein Vater war tatsächlich gesundheitlich von heute auf Morgen nicht mehr in der Lage, das Unternehmen zu führen. Ich bin an einem Freitag in den Urlaub geflogen und bin am Montag wieder zurückgeflogen und war dann tatsächlich Geschäftsführerin. Ich war damals 28, also auch noch sehr jung, hatte noch keine Geschäftsführungserfahrung. (…) Meine Nachfolge war erstmal kaltes Wasser.“ (Milen Starke)

- **Den eigenen Platz im bestehenden System finden**
  Ein Unternehmen ist ein funktionierendes, eingespieltes System. Alle relevanten Positionen sind bereits besetzt, ein Miteinander eingespielt. Auf der Suche nach einem geeigneten Platz, treffen Nachfolgerinnen teils auf Widerstand. In der Praxis gibt es

zahlreiche Konstellationen, die Blockaden auslösen: Sind zum Beispiel Geschwister oder Cousins schon früher eingestiegen und bereits etabliert, können sie sich gegen ‚den Neuankömmling' wehren. Angeheiratete Partner agieren verdeckt gegen die ‚neue Geschäftsführerin', ein Stamm entsendet eine Vertreterin aus den eigenen Reihen ohne operativen Rückhalt und Verbündete. Zumeist geht es dabei um die Frage nach Macht und Einfluss bzw. den offenen oder verdeckten Widerstand, genau diesen zu teilen. Vor allem wenn innerhalb der Familie die Kriterien einer operativen Teilhabe nicht transparent besprochen wurden, treten Ängste und damit Konflikte auf.

„Meine Schwester ist zehn Jahre älter als ich und schon lange in der Geschäftsführung. Obwohl meine Eltern uns beiden diese Position zugesagt haben, hat sie meinen Einstieg massiv blockiert und als Grund meine angeblich fehlende Reife vorgeschoben." (Anonym)

- **Bewusster Umgang mit den eigenen Ressourcen**
  Den Beginn der Nachfolge beschreiben viele Töchter als eine Belastungsphase. In dieser gehen viele permanent über ihre psychischen und körperlichen Grenzen, oft über eine lange Zeit. Auch hier werden die Konflikte innerhalb der Familie als besonders belastender Faktor beschrieben. Die Folgen sind Schlafstörungen, Autoimmunreaktionen oder Burn-out-ähnlichen Symptomen. Als Konsequenz erkennen sie die Wichtigkeit eigener Grenzen. Pausen, Ernährung und Sportroutinen werden aufgebaut.

„Ich habe einige Jahre Berufserfahrung. Und es gab auch die Zeiten mit 16 Stunden-Tagen. Ich habe dann auch gemerkt, so funktioniert es nicht, weil der Körper einem sagt, es ist genug! Letztendlich muss ich mir selbst gerecht werden. Aber ich habe sehr lange gebraucht, bis ich das verstanden habe." (Jeanette Spanier)

„Nach fünf Jahren habe ich mir ganz bewusst ein Sabbatical gegönnt, um zu testen, ob das System auch ohne mich läuft und um wieder mehr Zeit mit den Kindern zu haben." (Daniela Tigges)

- **Paarbeziehung und familiäre Rollenbilder**
  Nachfolge und Familiengründung fallen zeitlich oft zusammen. Für die gelingende Vereinbarkeit von Familie und Unternehmen ist es nicht nur wichtig, die Verantwortungsstrukturen im Unternehmen entsprechend auszurichten, auch in der Paarbeziehung muss geklärt sein, wer wieviel Beitrag zur Care-Arbeit leistet. Immerhin übernehmen auch heute noch viele Nachfolgerinnen mit 63 % den Hauptteil dieser Aufgaben [2]. Unausgesprochene Erwartungshaltungen sind auch hier ein Risikofaktor.

„Wir haben einen kompletten Rollentausch gemacht. Mein Mann hat 120% gearbeitet mit Nächten und Wochenenden, und ich habe 60% gearbeitet und mich den Rest des Tages um die Kinder gekümmert. Als ich in die Geschäftsführungsrolle gekommen bin, haben wir das umgedreht. Ich halte das für normal." (Linn Rose)

- **Rollenvielfalt und ihre Anforderungen**
  Tochter, Gesellschafterin, operative Chefin, Schwester, Freundin: Die plötzliche Gleichzeitigkeit mehrerer Rollen sorgt für die Wahrnehmung, vieler – teils widersprüchlicher – Erwartungshaltungen. Und dass in einer Phase, in der man sich selbst neu sortiert und die eigene Persönlichkeit angesichts der neuen Aufgaben erst herausbildet und entwickelt. Oft haben Nachfolgerinnen unbewusst den Anspruch, allen Erwartungen gerecht zu werden, keine Fehler zu machen. Der Stresspegel ist hoch. Hier ist es entscheidend die Rollen zu sortieren und einen guten Umgang mit den Erwartungen von außen zu finden. Diese dürfen auch zurückgewiesen werden!

  „Meine Rolle zu finden, war für mich ein großes Thema, weil ich immer verspürt habe, dass ich so viele Hüte aufhabe. Ich habe einfach sehr viel Erwartungen an mich verspürt. Das hat mich gerade am Anfang der Nachfolge sehr beschäftigt." (Karin Spaleck)

- **Einsame Spitze**
  Mit der finalen Unterschrift endet oft auch das ehrliche Feedback. Viele Töchter berichten, dass sich der Kreis an vertrauten Gesprächspartner*innen verkleinert hat. In einer Situation, in der Rückmeldungen und offene Gespräche dringend gebraucht werden, fühlen sich viele plötzlich isolierter. Neue Netzwerke aufzubauen, in denen Kommunikation offen möglich ist, ist eine wichtige Strategie in der ersten Phase.

  „Dieses komplette Umfeld und alles Private was sich mit ändert. Alles hat sich verändert, wirklich das komplette Leben. Für mich hat es sich angefühlt, als wäre alles einmal auf Links gedreht geworden. Nicht nur im Unternehmen, sondern alles was du unternimmst, redest, dein Freundeskreis, dein Alltag, was du täglich tust. Das war schwer." (Anna Meusert)

- **Geschlechterstereotype und Vorurteile**
  Besonders in traditionell männerdominierten Branchen wie dem Gerüstbau, der Metallverarbeitung oder dem Kfz-Handwerk begegnen weibliche Nachfolgerinnen weiterhin geschlechtsspezifischen Vorbehalten. Fachliche Entscheidungen oder technische Detailfragen werden eher an langjährige Mitarbeiter adressiert. Die Position der Chefin sowie die damit verbundenen Kompetenzen werden von außen hinterfragt. Viele Nachfolgerinnen stärken ihr Standing, indem sie sich aktiv in handwerkliche Kernprozesse einarbeiten, in Fachmedien, Verbänden und auf Messen Präsenz zeigen und so ihre fachliche Autorität sichtbar unterstreichen.

  „Es macht einen Unterschied, wenn man eine Frau im Handwerk ist. Sowohl in den eigenen Reihen als auch bei Kunden. Viele Kunden sind am Anfang sehr skeptisch. Und manche sind auch schwer belehrbar. Aber am Ende sagen die dann auch ehrlich, ‚am Anfang hatte ich wirklich Vorbehalte, aber sie haben mich überzeugt'. Das habe ich auch Respekt vor." (Anna Meusert)

▶ **Warum ein Abbruch kein Versagen ist – sondern Teil von Entwicklung**
Mit der gewachsenen Freiheit, die mit zunehmender Gleichstellung und der Auflösung tradierter Rollenbilder möglich wurde, muss auch die Entscheidung denkbar sein, eine Nachfolge bewusst zu verlassen. Denn Nachfolge ist kein Automatismus. Wenn die vereinbarten Einstiegsbedingungen nicht der Realität entsprechen, die Veränderungsbereitschaft im Unternehmen fehlt, wirtschaftliche Risiken überwiegen oder familiäre Konflikte unlösbar erscheinen, darf jede Nachfolgerin für sich entscheiden, einen anderen Weg einzuschlagen – ohne dass dies als persönliches Scheitern bewertet wird.

Und dennoch: In der öffentlichen Wahrnehmung wird ein Abbruch der Nachfolge häufig genau so gelesen: als Beweis vermeintlicher Schwäche oder Unfähigkeit. Vorurteile, die sich hartnäckig halten, bestätigen sich scheinbar. Doch dieser Blick greift zu kurz. Ein Rückzug ist in vielen Fällen kein Ausdruck mangelnder Kompetenz, sondern ein Hinweis auf strukturelle Hindernisse, ungeklärte Rollen oder fehlende Übergabereife des Unternehmens. Das Geschlecht der Nachfolgerin spielt dabei in den seltensten Fällen eine entscheidende Rolle.

Denn Nachfolge ist keine Einbahnstraße. Sie gelingt nur dann, wenn auf beiden Seiten – der übergebenden wie der nachfolgenden Generation – tragfähige Voraussetzungen geschaffen wurden. Dennoch wird in der medialen Darstellung häufig nur die Nachfolgerin in den Blick genommen: Hat sie „durchgehalten“? War sie „fähig genug“? Selten wird gefragt, ob die Übergabe gut vorbereitet, das Unternehmen übernahmefähig oder der Rahmen ausreichend klar war. Auch persönliche Lebenssituationen oder innere Überzeugungen fließen kaum in die Bewertung ein.

Dabei ist die Komplexität, mit der Nachfolgerinnen sich in der Übergangsphase auseinandersetzen müssen, enorm: Die Rolle als Nachfolgerin berührt nicht nur die berufliche Identität, sondern auch familiäre Beziehungen, biografische Entscheidungen und die Frage nach Selbstwirksamkeit. Wer sich in diesem Gefüge gegen die Fortführung der Nachfolge entscheidet, tut das nicht leichtfertig, sondern häufig mit großer Klarheit und Verantwortungsbewusstsein. Denn genau das ist gelebte Freiheit: Die eigenen Grenzen ernst zu nehmen, gerade in einem System, das Verantwortung fordert. Gute Führung braucht innere Überzeugung. Wenn diese fehlt, kann es nicht nur ehrlicher, sondern auch klüger sein, einen Kurs zu korrigieren, anstatt ihn um jeden Preis fortzusetzen.

Was es deshalb braucht, ist eine neue Erzählung über Nachfolge. Die nicht nur gelungene Übergaben in den Mittelpunkt stellt, sondern auch Brüche und Kurswechsel sichtbar macht. Eine Erzählung, die strukturellen Voraussetzungen stärker berücksichtigt und anerkennt, dass Klarheit, Passung und

Entscheidungsfreiheit grundlegende Bedingungen für tragfähige Nachfolgeprozesse sind. Eine, die anerkennt: Das Gelingen hängt nicht allein von einer Person ab, sondern ist ein Gemeinschaftsprojekt vieler Beteiligter.

Diese Offenheit schafft den Raum für eine narrative Fehlerkultur, aus der wir lernen können. Sie rückt die Frage nach Erfolg oder Scheitern in den Hintergrund und öffnet stattdessen den Blick für geteilte Erfahrungen, neue Impulse und die Weiterentwicklung des Konzepts Nachfolge. Denn dort, wo Wertung droht, verstummen persönliche Geschichten. Der Druck ist hoch und gerade deshalb braucht es Räume, in denen Echtheit mehr zählt als Image. Nur so entsteht ein Dialog, der Mut macht und wirklich weiterführt.

Kurz und bündig

- **Quereinstieg:** Die meisten Töchter planen die Übernahme nicht von Anfang an, sondern sammeln bewusst externe Erfahrungen – oft ohne familiäre Unterstützung.
- **Vielseitige Einstiegspfade:** Weibliche Nachfolge vollzieht sich in einem komplexen Geflecht aus Unternehmen, Familie und Akteuren. Dies prägt den Zeitpunkt und die Form des Einstiegs.
- **Zirkuläre Nachfolge:** Dynamische Übergänge mit temporären Unterbrechungen zeigt sich als neue Form weiblicher Übernahmen.
- **2. Generation:** die Übernahme aus ‚erster Hand' begünstigt weibliche Nachfolge in besonderer Weise.
- **Tradition als Hürde:** Je größer und traditionsreicher ein Unternehmen, desto weniger Frauen an der Spitze.
- **Akzeptanz durch Kompetenz:** Eine klar definierte Rolle, sichtbare Ergebnisse und ‚learning-by-doing' fördern Akzeptanz und Wirksamkeit.
- **Coaching zuerst:** Sind zentrale Fragen vor dem Einstieg geklärt, gelingt der erste Eindruck selbstsicherer und bewusster.
- **Starke Motive:** Die Verantwortung für das Lebenswerk der Eltern, Verbundenheit mit den Mitarbeitenden und Gestaltungsfreiheit motivieren die Töchter.
- **Familieninterne Nachfolge als Gleichstellungshebel:** Sie schafft Chancen für mehr Frauen in Führung.
- **Mut und Resilienz:** Die Fähigkeit, Unsicherheiten auszuhalten und aktiv zu gestalten, sind wichtige Ressourcen.

Literatur

1. Laozi. (ca. 6. Jh. v. Chr.). *Tao Te King. Sinnhaft übersetzt. Das Buch vom Sinn und Leben (Übers. Richard Wilhelm). Diederichs. Wörtlich: „Eine Reise von tausend Meilen beginnt unter den Füßen."*

2. Otten-Pappas, D., & Jäkel-Wurzer, D. (2017). *Weibliche Nachfolge – Ausnahme oder Regelfall? Eine Studie zur aktuellen Situation im Generationswechsel deutscher Familienunternehmen.* WIFU-Stiftung.
3. Jäkel-Wurzer, D., & Ott, K. (2014). *Töchter im Familienunternehmen: Wie weibliche Nachfolge gelingt und Familienunternehmen erfolgreich verändert.* Springer.
4. Pfannenschwarz, A. (2006). *Nachfolge und Nicht-Nachfolge im Familienunternehmen. Band 2: Fallstudien zum familieninternen Generationswechsel.* Carl-Auer-Systeme
5. AllBright Stiftung. (2020). *Die deutschen Familienunternehmen: Traditionsreich und frauenarm.* AllBright Stiftung.
6. AllBright Stiftung. (2025). *Zwischenstand: Stillstand beim Frauenanteil in Vorständen und Aufsichtsräten.* AllBright Stiftung.
7. Legler, S. (2019). *Sticky Baton Syndrome (Ask Prince Charles).* Whitepaper.
8. Rothwell, W. J. (2010). *Effective succession planning: Ensuring leadership continuity and building talent from within* (4. Aufl). AMACOM.
9. Clance, P. R., & Imes, S. A. (1978). The imposter phenomenon in high achieving women: Dynamics and therapeutic intervention. *Psychotherapy: Theory, Research & Practice, 15*(3), 241–247.
10. Eagly, A. H., & Karau, S. J. (2002). Role congruity theory of prejudice toward female leaders. *Psychological Review, 109*(3), 573–598.

Frauen führen anders! 3

Zusammenfassung

Wie führen Nachfolgerinnen – und was verändert sich dadurch? Dieses Kapitel gibt Einblick in eine neue Generation weiblicher Führung von Familienunternehmen: kooperativ, wertebasiert und zukunftsorientiert. Statt autoritärer Top-down-Ansätze setzen die Frauen auf Teamleistung, Beteiligung und Augenhöhe. Sie führen im Tandem, modernisieren Strukturen und leben eine neue Führungskultur, die sowohl psychologische Sicherheit als auch wirtschaftliche Stärke fördert. Dabei meistern sie den Balanceakt zwischen Festhalten und Loslassen, entwickeln individuelle Führungsstile und stellen sich mutig dem Wandel. Krisen-Resilienz, Netzwerke und ‚Selfcare' sind zentrale Ressourcen auf diesem Weg. Ein Kapitel über Führung mit Haltung und über Frauen, die unternehmerische Verantwortung neu definieren.

3.1 Führung ist eine Teamleistung

Im Rahmen von Interviews und Vorträgen wird mir eine Frage immer wieder gestellt: Führen Nachfolgerinnen eigentlich anders? Und die Antwort ist, ja! Ein prägnanter Faktor ist die Partizipation. Besonders ist die Art, wie Leistungen und Erfolge explizit als ‚Teamleistungen' herausgestellt werden. Sie verdeutlicht das hohe Maß an Kooperation innerhalb der weiblichen Nachfolge. Die Beteiligung der Teams an den Erfolgen wird benannt und sichtbar gemacht. Die Unternehmerinnen sind sich darüber bewusst, dass die Mitarbeitenden – egal auf welcher Ebene – die Bedingung für alles sind. Entsprechend räumen sie den Themen Führungskultur, Sichtbarkeit des Teams[1] und Mitarbeitenden-Entwicklung eine hohe Priorität ein.

[1] Gestützt wird diese Entwicklung durch den Fachkräftemangel, wodurch die Führungskultur als Instrument eine besondere Aufmerksamkeit in der öffentlichen Diskussion erfährt.

D. Jäkel-Wurzer, *Frauen in der Nachfolge*, https://doi.org/10.1007/978-3-662-72270-1_3

„Meine Handschrift allein ist es nicht. Das ist wirklich mein Team aus Führungskräften und Mitarbeitenden, die hier eine wichtige Rolle spielen. Sie tragen alle zur Handschrift des Unternehmens bei." (Anonym)

Die grundlegende Veränderung des Führungsbegriffs u. a. über die „New-Work-Bewegung" hat weibliche Nachfolge besonders gestärkt. Die Werte dieser Bewegung – Empathie, Wertschätzung, transparente Kommunikation, Beziehungsorientierung und Führung auf Augenhöhe – gelten durch diese längst nicht mehr nur als ‚typisch weibliche Eigenschaften', sondern haben sich übergreifend zu anerkannten Kriterien moderner Führungskultur entwickelt. Dadurch hat sich auch das Verständnis von Führung insgesamt grundlegend gewandelt und an Vielfalt gewonnen. Unabhängig von geschlechtsspezifischen Zuschreibungen steht heute im Vordergrund, wie Führung zur Erreichung zentraler Ziele und psychologischer Sicherheit beiträgt, etwa bei der Gewinnung und Bindung von Mitarbeitenden, der Erhaltung von Motivation oder der Stärkung eigenverantwortlichen Arbeitens.

Nachfolgerinnen erleben heute mehr Freiraum, ihre individuelle Art der Führung authentisch und selbstbewusst zu leben, ohne die Befürchtung, dass ihr Stil durch stereotype Vorstellungen von „männlich" oder „weiblich" abgewertet werden könnte. In ihrer kooperativen Führung spiegelt sich oft wider, wie sie selbst gerne geführt werden möchten. Die Werte, die sie nach außen vertreten – wie Augenhöhe, Vertrauen und Beteiligung – stehen im Einklang mit ihren inneren Überzeugungen. Diese Übereinstimmung zwischen persönlichem Bedürfnis und gelebter Führungspraxis bildet das Fundament für eine wertebasierte Führungskultur, die authentisch ist und von innen heraus wirkt.

3.2 Tandemnachfolge

Schon sehr früh in ihrer Planung der Nachfolge äußern viele Frauen den Wunsch, Verantwortung zu teilen und gemeinsam mit einer Person auf Augenhöhe zu führen. Es ist also kein Zufall, dass fast alle hier interviewten Unternehmerinnen im Tandemmodell leiten. Diese bewusste Entscheidung ermöglicht es ihnen, verschiedene Kompetenzen zu bündeln, insbesondere in Bereichen, in denen sie selbst nicht den ihren Schwerpunkt setzen, z. B. Produktion oder Technik. Ein weiterer Vorteil: Die geteilte Verantwortung schafft Raum für Work-Care-Integration und gibt wichtige Flexibilität , für Phasen der Abwesenheit. Mit der Doppelspitze begegnen Unternehmerinnen auch den gestiegenen Anforderungen eines dynamischen wirtschaftlichen Umfelds und setzen auf Perspektivenvielfalt als strategischen Erfolgsfaktor.

Dabei gibt es zahlreiche Varianten, wie Nachfolgerinnen eine Doppelspitze gestalten. Am häufigsten vertreten sind Konstellationen mit Geschwistern – Brüdern oder Schwestern – sowie mit Cousins, Cousinen oder externen Geschäftsführenden, die entweder gezielt gesucht oder aus dem eigenen Unternehmen heraus entwickelt wurden. Manchmal übernimmt auch ein internes Führungsgremium die Rolle des Sparringspartners.

Eine besondere Form stellt das Tandem mit den Übergebenden dar: In fast allen Fällen ist der Übergabeprozess geprägt von einer Tandemphase mit der übergebenden Generation, zum Beispiel mit dem Vater, bevor die Verantwortung vollständig übergeht – Notfälle ausgenommen.

Die Phase der gemeinsamen Verantwortung mit dem Vater oder den Eltern bietet den Vorteil, dass die Tochter schrittweise in ihre Rolle hineinwachsen kann. Sie übernimmt nach und nach zentrale Aufgaben, lernt wichtige interne und externe Akteur*innen im gemeinsamen Tun kennen und profitiert zugleich davon, dass es im Hintergrund noch eine erfahrene ‚Rückendeckung' gibt.

> „Im ersten halben Jahr war ich mit ihm (Vater) unterwegs und ich konnte alles beobachten. Ich konnte jede Frage stellen, ich konnte mich auch verstecken in Meetings und einfach sagen ich höre mir das jetzt mal an. Ich mach die Vorstellungsrunde mit und mehr nicht." (Anonym)

In der gemeinsamen Übergangsphase zwischen Vater und Tochter treten Unterschiede im Führungsstil besonders deutlich zutage. Während die Vorgängergeneration oft einen autoritären, entscheidungsstarken Stil lebt – mit Fokus auf Kontrolle und klaren Vorgaben –, bringen die Töchter einen kooperativen, partizipativen Führungsansatz mit. Für eine gewisse Zeit lassen sich beide Ansätze parallel leben. Doch dieser Spagat kostet Energie und birgt Konfliktpotenzial.

> "Mein Vater hatte noch diesen Neunziger-Jahre-Führungsstil: Alle Entscheidungen wurden von oben nach unten getroffen. Ich bin anders geprägt, habe einen anderen Führungsstil. Deswegen haben wir diese Kollaborative eingeführt, ein mittleres Management eingezogen, unsere Strategien und Visionen gemeinsam formuliert." (Anonym)

Nicht selten sind es die Töchter, die – aus Rücksicht auf die Beziehungsebene – bereitwillig zurückstecken und Kompromisse eingehen. Mit wachsender Sicherheit in ihrer Rolle wächst jedoch auch der Wunsch, eine eigene, zeitgemäße Führungskultur zu prägen. Damit dieser Wandel gelingt, braucht es ein klares Signal für das Ende der Übergabephase, ein Ausstiegsdatum – nicht zuletzt, um gegenüber den Mitarbeitenden Orientierung und Verbindlichkeit zu schaffen.

Gibt es Geschwister, ergänzen sie häufig das Tandem und führen das Unternehmen gemeinsam weiter. Dabei stehen sie vor der Herausforderung, sich von den vertrauten Rollenmustern und Kommunikationsgewohnheiten ihrer Kindheit zu lösen und ein neues, professionelles Miteinander als Geschäftsführung zu entwickeln.

Besonders sensibel ist in diesem Kontext die Frage nach Gerechtigkeit: Unterscheiden sich die Lebensrealitäten der Geschwister – etwa durch Elternschaft, unterschiedliche Arbeitszeitmodelle oder persönliche Prioritäten – birgt das erhebliches Konfliktpotenzial.

Beispiel

Ein häufiges Thema im Coaching ist zum Beispiel: Die Schwester hat Kinder und reduziert ihre Arbeitszeit. Ihren Beitrag empfindet sie dennoch als gleichwertig, weil sie neben der beruflichen Rolle auch familiäre Verantwortung für die nächste Generation trägt. Der Bruder hingegen fordert mehr zeitliche Präsenz oder stellt ihre Vergütung aufgrund der Arbeitszeit infrage. In solchen Konstellationen kann ein Ungleichgewicht entstehen – die Augenhöhe gerät ins Wanken, ein Machtgefälle baut sich auf.◄

Trotz dieser Spannungsfelder sind Geschwister-Tandems eine wirkungsvolle Form der gemeinsamen Führung, vorausgesetzt, Vertrauen und Beziehung stehen im Zentrum und Unterschiede können als Gewinn gesehen werden. Gerade wegen der potenziellen Reibungspunkte lohnt es sich, die Zusammenarbeit kontinuierlich durch Coaching oder Mediation begleiten zu lassen und regelmäßig an gemeinsamen Werten, Zielen und dem Führungsmodus zu arbeiten.

„Gemeinsam mit meinem Bruder zu führen, ist für mich ein Segen. Dennoch mussten wir vorher einige Spielregeln festlegen und wir schauen uns unsere Zusammenarbeit regelmäßig mit einer Mediatorin an. Anders ginge es nicht. Wir kennen uns einfach zu gut.“ (Anonym)

Die häufigste Form der Doppelspitze bildet das Tandem mit einem 2. Geschäftsführer*in. In der Regel sucht sich die Nachfolgerin diese Person selbst aus oder ‚begegnet‘ ihr irgendwann auf dem Weg ihrer Übernahme.

„Sebastian ist mein Co-Geschäftsführer. Er kam vor zwanzig Jahren zu uns ins Unternehmen und war damals mein erster Mitarbeiter. Eigentlich ist er mein bester Freund und so ist das auch entstanden. Wir haben irgendwann einen „Bierdeckel-Vertrag“ gemacht und gesagt, wenn mein Vater aufhört, machen wir zusammen weiter.“ (Jeanette Spanier-Stark)

In der Regel ergänzt die Tandemperson die Nachfolgerin in zentralen Kompetenzen und Persönlichkeitsaspekten. Dabei ist es weniger sinnvoll, sich bei der Auswahl an Ähnlichkeiten zu orientieren. Entscheidend sind vielmehr Passung in Persönlichkeit, Vertrauen und gegenseitiger Sympathie. Deshalb sollte die Entscheidung über die Tandempartner*innen unbedingt von der Nachfolgerin selbst getroffen werden. Auffällig ist: Alle befragten Nachfolgerinnen haben sich intensiv mit ihren eigenen Stärken und Entwicklungsfeldern auseinandergesetzt und konnten klar benennen, welche komplementären Fähigkeiten die Tandempartnerin oder der -partner im Sinne der Unternehmensentwicklung mitbringen sollte.

„Er macht den Maschinenbau und ich habe den wirtschaftlichen Hintergrund. Das war mir wichtig. Ich wollte definitiv jemanden mit einem technischen Background, der mich ergänzt.“ (Anonym)

3.3 Halten & (Los-) Lassen

Loslassen ist bekannterweise eine der größten Herausforderungen für die Übergebenden im Nachfolgeprozess. Das eigene Lebenswerk in guten Händen zu wissen, an einem Punkt, an dem das unternehmerische Vertrauen zur Nachfolgerin vielleicht gerade erst entsteht, ist herausfordernd für alle. Hier liegt auch ein erhöhtes Risiko für einen Abbruch der Nachfolge.

Die übergebende Generation merkt manchmal erst im Verlauf, dass der ‚Abschied' inneren Widerstand auslöst. Sie blockieren oder verzögern dann bewusst oder unbewusst den Prozess. Eine enorme Belastung für die Beziehungsebene und die Nachfolge allgemein. Die Übergabe wirkt auf besondere Weise in tief persönliche Themen wie die Identität (Wer bin ich, wenn ich keine Unternehmer*in mehr bin), Umgang mit der eigenen Endlichkeit, wirkungsvolles Sein und Partnerschaft ein. Diese Themen offen anzuschauen, fällt schwer. In jedem Fall braucht es offene Gespräche vor dem Beginn der Übergabe und einen daraus resultierenden, schriftlichen Fahrplan. Auch die Übergabe von Anteilen ist ein Signal der Ernsthaftigkeit und Entschlossenheit, genau wie die Kommunikation des Ausstiegs in Richtung Mitarbeitende. Genauso wichtig ist es, dass die Übergebenden einen ‚guten Platz' finden. Hier bieten sich Rollen wie Berater*in, Beirät*in, Mentor*in sowohl intern als auch extern an. Die Frage des wirkungsvollen Einsatzes ihres wertvollen Wissens und ihrer Erfahrungen geklärt zu haben, unterstützt das Loslassen.

> „Für mich sind es diese 3 neuralgischen Fragestellungen, die man sich als loslassende Generation stellen muss. Komme ich mit dem gesellschaftlichen Fall und dem Verlust meiner eigenen Rolle und Bedeutung in der Gesellschaft zurecht? Die zweite Frage ist, komme ich damit zurecht, wenn die nachfolgende Generation es anders macht? Und komme ich damit zurecht, wenn sie es besser macht?" (Christina Diem-Puello)

Auf der Seite der Nachfolgenden unterstützt Wertschätzung und Perspektivenwechsel den Prozess der Vertrauensbildung und damit des Loslassens. Es ist der Auftrag der Nachfolgenden, die Dinge zu verändern, zu modernisieren, zu reformieren. Schnell rutscht der Fokus vermeintlich auf ‚alles was verändert werden muss'. Im Sinne der Zukunftsfähigkeit und Augenhöhe ist das richtig und wichtig, aber die übergebende Generation kann dies leicht als ‚Abwertung ihrer Lebensleistung i.S. von Kritik' wahrnehmen. Für die Nachfolge ist es essenziell, Wertschätzung und Dank gegenüber den Eltern deutlich und auch mehrfach auszudrücken. Fehlende Wertschätzung begünstigt unbewusst das Gefühl, doch nicht übergeben zu wollen bzw. fördert den inneren Anspruch, noch mehr Dinge i.S. der Übergabefähigkeit erledigen zu müssen. Dieser Anspruch hat oft kein Ende und ist daher ein gefährlicher Trugschluss.

> „Dann hab ich mich mal auf den Stuhl meiner Eltern gesetzt und habe mir gedacht, wow, das ist schon wirklich schwer. Im Rückspiegel sage ich, Leute, setzt euch erstmal auf den Stuhl der

> vorangegangenen Generation. Stell dir einfach vor, das ist wie, wenn du dein Kind in andere Hände gibst." (Anonym)

Die Dauer des Übergabeprozesses ist individuell. In den Interviews sind von ‚Heute auf morgen' (Notfall) bis ‚11 Jahre plus' alle Varianten vertreten und haben ein ‚gutes Ende' gefunden. In einer komplexen und sensiblen Situation wie die der Übergabe des Familienunternehmens braucht es ein situatives Vorgehen mit einer offenen und anhaltenden kommunikativen Verbindung. Die Stärkung auf der Beziehungsebene ist zentral, weil Festhalten ein Ausdruck von Angst und Unsicherheit ist. Vertrauen stärkt den Prozess und wirkt wie ein doppelter Boden, in schwierigen Phasen.

> „Er weiß auch, dass es wichtig ist, die junge Generation wirklich machen zu lassen und loszulassen. Das ist für ihn glaube ich auch kein einfacher Prozess gewesen, weil er über 40 Jahre das Unternehmen erfolgreich geleitet hat – seitdem er 25 Jahre alt war. Er hat alle Entscheidungen getroffen und hat das konsequent gemacht. Und es ist jetzt Zeit, dass ich das Unternehmen operativ gestalte und führe." (Anonym)

Die Themen Festhalten und Loslassen betreffen in der Nachfolge nicht nur die übergebende Generation. Sie sind Teil einer wechselseitigen und fortlaufenden Dynamik, die sich durch alle Ebenen und Akteure eines Unternehmens zieht. Auch die Nachfolgerinnen erleben diesen Spannungsbogen: In der Anfangsphase ihres Einstiegs berichten sie häufig davon, wie wichtig es war, möglichst alles eng an sich zu binden und punktuell tief involviert zu sein, um Einblick in Strukturen, Prozesse und Entscheidungswege zu bekommen. Doch mit wachsendem Verständnis und zunehmender Sicherheit zeigt sich ein neues Thema: Kontrolle loslassen, Verantwortung teilen, delegieren. Das, was sie zuvor oft selbst eingefordert haben, wird zur eigenen Entwicklungsaufgabe.

> „Wenn man sich in eine neue Rolle einarbeitet, muss man sich unglaublich viel aneignen: ich muss wissen, ich muss verstehen, ich muss eintauchen. Man nimmt dann automatisch alles zu sich und schaut es sich an, macht es erstmal selbst. Und dann wieder loszulassen, ist irgendwie genau das Gegenteil davon. Ein ständiges Hin und Her zwischen ich kümmere mich darum und ich will, dass du es selbstständig machst. Damit nicht alles bei mir ist." (Anonym)

Loslassen ist kein einzelner Schritt, sondern ein fortlaufender Aushandlungsprozess, der sowohl die Übergebenden als auch die Nachfolgenden fordert und verändert. Es geht nicht nur um das Abgeben von Aufgaben oder Titeln, sondern um das Auflösen und Neugestalten von Rollen, Selbstbildern und Beziehungen. Wer loslässt, braucht Vertrauen in die nächste Generation, aber auch in den eigenen Beitrag, der bleibt. Wer übernimmt, braucht Einfühlungsvermögen in die Tiefe des Übergabeprozesses, aber auch Klarheit und Mut zur Gestaltung. Gerade weil dem Festhalten häufig das Gefühl der Angst zugrunde liegt, ist es wichtig, Räume für Austausch, Wertschätzung und gemeinsames Verständnis zu schaffen. Wenn es gelingt, die Beweglichkeit in diesem Wechselspiel zu kultivieren, wird Loslassen nicht zum Verlust, sondern zum nächsten Schritt in die Zukunft.

3.4 Auf Vertrauen bauen

Dialogkompetenz[2] [1] und Vertrauen sind zwei zentrale Fähigkeiten in Unternehmerfamilien. Sie bilden das Fundament für einen verlässlichen und tragfähigen Nachfolgeprozess. In herausfordernden Phasen helfen sie dabei, im Gespräch zu bleiben, Perspektiven zu wechseln und gegenseitiges Verständnis zu fördern. Damit diese Fähigkeiten im Familienalltag präsent sind, braucht es jedoch Zeit, Übung und bewusste Pflege.

Gerade Gespräche jenseits des operativen Geschäfts kommen im Alltag oft zu kurz – zumal nicht alle Familienmitglieder in gleicher Weise in die drei Systeme *Familie, Unternehmen und Vermögen* eingebunden sind – hier aktive Rollen übernehmen. Zeit ist knapp, dringliche Themen dominieren und so verschwinden schwierige Themen und Konflikte häufiger unter dem Radar. Sie werden nicht ausgesprochen, wirken aber dennoch: im Verborgenen entfalten sie ihre Kraft und mindern gegenseitiges Vertrauen oft unbewusst.

Verlässliche Rituale können helfen, Räume für Beziehungspflege zu schaffen, auch außerhalb der unternehmerischen Abläufe. Wiederkehrende Formate wie *Familientage* mit klaren Rahmenbedingungen (Ort, Zeit, Beteiligte) bieten Orientierung und sichern verlässlich gemeinsame Beziehungszeit. In Familienverfassungen[3] werden solche Rituale bewusst verankert, um Beziehung und Vertrauen langfristig zu stärken.

Die Beziehungsebene entsteht allerdings nicht von heute auf morgen. Sie aufzubauen und zu stärken, braucht Zeit und Praxis. Fast man den Plan einer Nachfolge ist es spätestens Zeit, Bilanz über das Miteinander innerhalb der Familie zu ziehen und aktiv in dieses zu investieren.

3.5 Führen...

Zwei Aspekte prägen die grundlegende Veränderung in der Führungskultur, die viele Töchter mit ihrer Nachfolge anstoßen. Zum einen können sie den Führungsstil ihrer Väter nicht einfach übernehmen/kopieren. Er entspricht weder ihrem Selbstverständnis noch ihrer Persönlichkeit. Zum anderen wollen sie das auch nicht. Ein neues Verständnis von Führung – weg von Hierarchie und Kontrolle, hin zu Beteiligung, Kooperation und Augenhöhe – ist für viele Nachfolgerinnen dieser Generation ein zentraler Leitgedanke. Dabei geht es nicht um Anpassung an einen Trend, sondern um authentisches Handeln und Zukunftsfähigkeit für die nächsten Jahrzehnte.

[2] Die Dialogkompetenz beschreibt die aktive Auseinandersetzung mit dem Gegenüber. Das bewusste sich zuhören sowie die Herstellung einer Anschlussfähigkeit.

[3] Eine Familienverfassung ist ein schriftlich fixiertes Regelwerk, das von Mitgliedern einer Unternehmerfamilie gemeinsam erarbeitet wird. Sie legt die Grundwerte, Ziele und Spielregeln für den Umgang miteinander und mit dem Familienunternehmen fest.

„Ich bin überhaupt nicht hierarchisch in meiner Führung. Ich bespreche Entscheidungen mit dem Team, ich sehe mich da wirklich auf Augenhöhe, auch wenn ich die Verantwortung trage.“ (Anonym)

Der Wandel ist dabei nicht nur Ausdruck persönlicher Haltung, sondern strategisch notwendig. Um als Unternehmen attraktiv für neue Mitarbeitenden-Generationen zu sein, Innovationskraft zu entfalten und anpassungsfähig zu bleiben, braucht es ein Führungsmodell, das Vertrauen, Eigenverantwortung und Entwicklung in den Mittelpunkt stellt.

So ist es nicht verwunderlich, dass in der letzten Studie 64 % der Nachfolgerinnen angaben, eine neue Führungskultur bereits im ersten Jahr umgesetzt zu haben [2]. Auch in dieser Studie sieht man den Wandel bereits kurz nach Beginn der Nachfolgeprozesse. Keines der befragten Unternehmen hat an der Führungskultur der Vorgängergeneration festgehalten.

Die Töchter beschreiben ihre Art zu Führen übereinstimmend mit Begriffen wie *kooperativ, situativ, vertrauensbasiert, kommunikativ, auf Eigenständigkeit ausgerichtet und auf Augenhöhe.* Gleichzeitig zeigt sich: Der Kulturwandel in Richtung Selbstverantwortung ist eine der größten Herausforderungen im Generationenübergang.

„Es ist eine der größten Herausforderungen, Menschen, die gewohnt sind, dass Entscheidungen immer von der Führungskraft getroffen werden, in eine selbstverantwortliche Rolle zu bringen. Oft haben sie schon gute Ansätze, aber es ist nicht einfach, diese aus ihnen herauszukitzeln. Man muss sie immer wieder ermutigen, den Schritt zu gehen.“ (Anonym)

Gerade langjährige Mitarbeitende sind oft ein anderes Führungsverständnis gewohnt: Entscheidungen wurden drop down getroffen, das Unternehmen wie ein Schiff von einem Kapitän allein gesteuert. Dieses Denken zu verändern, braucht Zeit und erzeugt nicht selten Widerstand oder Angst. Selbstverantwortung ist keine Maßnahme, sondern eine neue Haltung, die nach und nach die gesamte Organisation durchdringen muss. Dafür braucht es Vertrauen, eine lebendige Fehlerkultur und Geduld. Der Wandel gelingt nur, wenn alle Beteiligten aktiv mitgenommen werden und Führungskräfte die neue Realität aktiv vorleben.

Nicht alle Mitarbeitenden können sich auf diese einlassen. So kommt es auch vor, dass einzelne Mitarbeitende das Unternehmen während des Führungswechsels verlassen oder auch aktiv verabschiedet werden. Was für das ‚Große Ganze‘ im Sinne des Gesamtziels richtig und wichtig ist, kann im Einzelfall schmerzhaft und schwer sein. Vor allem für die Nachfolgerin ist es eine Herausforderung, Mitarbeitende gehen zu lassen. Oft führen sie zum ersten Mal in ihrer Berufslaufbahn ein Trennungsgespräch. Mit Blick auf das Motiv ‚Ich folge nach, weil mir die Mitarbeitenden am Herzen liegen‘, wird die emotionale Tragweite einer solchen Entscheidung deutlich. Dennoch ist sie richtig. Als Inhaberinnen müssen die Frauen im Sinne des Unternehmenswohls handeln. Dieses kooperiert nicht immer mit dem Interesse Einzelner. Ein Widerspruch, der viele Unternehmerinnen dauerhaft begleitet, mit dem sie aber angesichts einer wachsenden Rollenklarheit umzugehen lernen.

Frauen haben bereits früh verinnerlicht, dem Umfeld gefallen zu müssen – ein ‚gutes Mädchen zu sein‘ [3]. Das und ein tiefes Verantwortungsgefühl gegenüber den Menschen im Unternehmen macht es den Nachfolgerinnen besonders schwer, notwendige Entscheidungen dieser Art zu treffen.

3.6 ...und verändern

Im Zuge der weiblichen Nachfolge gehen Führung und Veränderung untrennbar Hand in Hand. Die Bereitschaft zur Erneuerung ist keine Option, sondern eine zentrale Aufgabe im Generationenwechsel. Es gleicht dem Öffnen eines Fensters, um frischen Wind hereinzulassen. Das Öffnen dieses Fensters liegt in der Verantwortung der neuen Generation. „Nachfolger haben die Aufgabe, die Veränderungen der letzten Jahrzehnte strategisch aufzugreifen und Strukturen dahingehend anzupassen, das Unternehmen fit für die nächste – die eigene – Runde im Karussell der Generationen zu machen“ [4].

Was schon immer zur Zukunftssicherung eines Unternehmens gehörte, wird unter den heutigen Bedingungen noch drängender: Digitalisierung, wachsender Wettbewerbsdruck, Überbürokratisierung und rasante Veränderungen am Markt setzen mittelständische Unternehmen unter Zugzwang. Wer den bestehenden Investitions- und Innovationsstau nicht auflöst, gefährdet das Fortbestehen. Nachfolgerinnen bringen nicht nur neue Führungsstile ein, sondern übernehmen auch Verantwortung dafür, dass das ‚Fenster geöffnet ist‘.

Jede Nachfolgerin bringt ihre ganz eigene Handschrift ins Unternehmen ein – spürbar anhand der Veränderungen, die von innen und außen wahrgenommen werden und die ihrer Person zugeschrieben werden.

Auf die Frage, woran sich ‚diese Handschrift‘ konkret ablesen lässt, benannten die interviewten Unternehmerinnen vor allem folgende Bereiche: *Führungskultur und Zusammenarbeit, Digitalisierung, Nachhaltigkeit, Markenbildung, Sichtbarkeit, Modernisierung und Erweiterung sowie die Gründung neuer Geschäftsfelder.*

Besonders häufig wurde der Bereich ‚Digitalisierung‘ als sichtbare Veränderung hervorgehoben. Nicht zuletzt deshalb, weil die Corona-Pandemie für viele Unternehmen einen zusätzlichen Impuls – teils auch einen regelrechten Zwang – zur digitalen Transformation ausgelöst hat. Für viele Nachfolgerinnen standen daher die ersten Projekte, die sie in eigener Verantwortung angestoßen oder umgesetzt haben, unter der Überschrift ‚digitale Transformation‘. Die damit verbundene Beschleunigung von Prozessen, die gewonnene Transparenz und die Reduktion von Fehlerquellen sind für sie nicht nur Ausdruck zeitgemäßer Arbeitsweise, sondern auch ein wesentlicher Schritt in Richtung Professionalisierung des Unternehmens.

„Die Digitalisierungsprojekte und Mitarbeitersteuerung sind meine Handschrift.“ (Anonym)

„Ja, also die Digitalisierung bei uns ist sehr, sehr weit vorangeschritten, das ist ein großer Punkt, und ich habe dafür auch viel investiert.“ (Anonym)

Ein weiteres zentrales Veränderungsfeld ist das Thema ‚Nachhaltigkeit‘. Viele Nachfolgerinnen vertreten ökologische Verantwortung nicht nur als Haltung, sondern verankern sie als strategischen Schwerpunkt im Unternehmen. Sie initiieren Projekte zur CO_2-Reduktion, initiieren nachhaltige Lieferketten oder entwickeln klimafreundliche Produkte und Produktionsprozesse. Dabei geht es ihnen nicht nur um gesellschaftliche Erwartungen oder regulatorische Anforderungen, sondern um die Verantwortung für die nächsten Generationen.

„Wo man meine Handschrift sieht, ist, dass wir uns mehr mit dem Thema Nachhaltigkeit auseinandersetzen. Wir nutzen nachhaltigere Rohstoffe und reduzieren den Einsatz von Chemikalien.“ (Anonym)

Alle interviewten Unternehmerinnen richten in ihrer Nachfolge den Fokus auf die ‚Marke und eine neue Sichtbarkeit‘ nach außen. Nicht zuletzt, um Fachkräfte zu gewinnen und langfristig zu binden. Dabei spielt die bewusste Verknüpfung der Unternehmensmarke mit der eigenen Person genauso eine wichtige Rolle, wie die klare Kommunikation der Wertekultur des Familienunternehmens als maßgeblichen Wettbewerbsvorteil.

Häufig gehen diese strategischen Neuausrichtungen mit sichtbaren Veränderungen einher: ein neues Logo, angepasste CIs – sowohl im digitalen Auftritt als auch in der räumlichen Gestaltung – und eine Sprache, die Produkte und Wertekultur klar nach außen präsentieren.

„Wir haben die Marke überhaupt erst mal definiert [...] geformt und mit der Belegschaft geteilt.“ (Anonym)

„Es ist einfach alles jünger und bunter, es ist alles offener und lockerer. Wir sind von der Sie-Kultur in die Du-Kultur gewechselt und von Grau – das alte CI – zu bunt. Die ganze Markenkommunikation ist auf mich abgestimmt.“ (Anonym)

„Wir haben ein neues CI, wir haben ein neues Logo, wir haben neue Farben. Wir haben Werte, die wir repräsentieren – und die nicht aus einer Marketingfeder kommen, sondern aus einer anonymen Umfrage unter den Mitarbeitenden.“ (Anonym)

Ein zentraler Aspekt weiblicher Führung ist der Fokus auf ‚psychologische Sicherheit und Entwicklung‘. Mitarbeitende sollen Zufriedenheit im Unternehmen erleben, gerne dort arbeiten, sich verbunden fühlen und Entwicklungsmöglichkeiten vorfinden. Die Basis dafür ist eine Führungskultur, die auf Beteiligung, Kooperation und Augenhöhe setzt. Sie schafft Vertrauen, stärkt die Identifikation mit dem Unternehmen und legt den Grundstein für langfristige Bindung sowie gemeinsames Wachstum.

> „Meine Handschrift ist, dass ich versuche, eine Familie zu bilden in diesem Unternehmen. Neben unserer eigenen Familie verbringen wir dort die meiste Zeit. Ich möchte, dass die Menschen, wenn sie hierherkommen, gerne da sind.“ (Anonym)

Aktuelle Studien zeigen deutlich: Für den deutschen Mittelstand sind Digitalisierung, Innovation, die Anpassung an den Fachkräftemangel sowie eine klare Wettbewerbsstrategie entscheidende Stellschrauben, um auch künftig wettbewerbsfähig zu bleiben. Die damit verbundenen Veränderungen sind weniger ein Spezifikum weiblicher Nachfolge als vielmehr Ausdruck unternehmerischer Notwendigkeiten der heutigen Zeit. Doch in der Art und Weise, *wie* diese Veränderungen umgesetzt werden – mit welcher Haltung, welchem Stil und welchem Fokus –, wird die individuelle Handschrift der Nachfolgerinnen sichtbar.

3.7 Krisenfest führen

Gerade aktuell ist das Thema Krise fester Bestandteil im Alltag der Nachfolgenden. Politische und wirtschaftliche Entwicklungen in Deutschland und der Welt verändern die Rahmenbedingungen unternehmerischen Handelns grundlegend. Viele Nachfolgerinnen erleben einen dauerhaften Anpassungsdruck. Verlässliche Planungssicherheit ist kaum noch gegeben. Situatives, schnelles Handeln wird zur neuen Normalität.

Angesichts der großen Verantwortung für Unternehmen und Mitarbeitende entwickeln die Frauen individuelle Strategien des Umgangs und der Resilienz. Ein zentrales Gefühl, das viele beschreiben, ist die permanente Wachsamkeit, die notwendig ist, um flexibel und zielgerichtet reagieren zu können. Um mit dieser neuen Qualität unternehmerischer Realität dauerhaft gut umgehen zu können, braucht es individuelle, innere Ressourcen und Strategien:

> „Man darf sich natürlich nie auf irgendwas ausruhen, man muss immer wachsam bleiben und sich immer weiter gut in die Zukunft entwickeln.“ (Anonym)

Ein wichtiger Schlüssel liegt im Bereich Wissen und Verstehen. Die interviewten Nachfolgerinnen bauen sich verlässliche Informationsquellen auf, aus denen sie relevante Inhalte gezielt filtern. Nicht nur für sich selbst, sondern auch, um dieses Wissen im Sinne der Selbstwirksamkeit weiterzugeben.

> „Ich bin in unterschiedlichen Netzwerken und Verbänden aktiv und positioniere mich auch öffentlich klar z. B. gegen die AfD. Ich gebe mein politisches Wissen auch an meine Mitarbeitenden weiter, stelle z. B. in Betriebsversammlungen den Wahl-O-Mat vor und mache einen kleinen Exkurs zur Landtagswahl.“ (Anonym)

„Ich fahre auch gezielt in Krisenländer und unterhalte mich mit den Menschen dort vor Ort. Das hilft mir alle Perspektiven zu verstehen und ein Gesamtbild zu bekommen. Wir sehen von hier ja immer nur einen kleinen Ausschnitt." (Anonym)

Neben dem Wissen ist gezielte Vernetzung ein weiterer zentraler Wirksamkeits-Anker im Umgang mit den Krisen. Unternehmerinnen nutzen Netzwerke gezielt als ‚Pool' für Informationen, Reflexion und Rückmeldung. Die daraus entstehende Vielfalt an Perspektiven unterstützt dabei, komplexe Situationen besser einordnen zu können:

„Ich habe mir ein kleines regionales Netzwerk aufgebaut, eine vertrauliche Runde mit Unternehmer*innen aus dem Umkreis. Wir treffen uns seit 5 Jahren einmal im Quartal und tauschen uns aus. Das würde ich jedem empfehlen. Es ist besser als jeder Beirat und kostet nichts, weil ja jeder dabei gewinnt." (Anonym)

Selbstwirksame Menschen erleben sich auch in Krisenzeiten als handlungsfähig. Sie sind überzeugt, etwas tun zu können. Dieses Gefühl öffnet Spielräume gerade unter unsicheren Bedingungen. Unternehmerinnen nutzen ihren Gestaltungsspielraum aktiv, setzen klare Prioritäten und verknüpfen persönliche Anliegen mit ihrer Führungsrolle und Unternehmenskultur.

„Ich verantworte die Themen Organisationsentwicklung, Vielfalt, Inklusion und Chancengleichheit. Schlüsselbereiche, die mir immer schon sehr wichtig waren und die ich entwickeln will im positiven Sinne." (Anonym)

Doch um andere gut durch bewegte Zeiten führen zu können, braucht es vor allem Achtsamkeit für sich selbst. Mentale Gesundheit und persönliche Kraftressourcen sind die Grundbedingung für langfristige Steuerungsfähigkeit. Viele Nachfolgerinnen haben ihre individuellen Strategien entwickelt, um mit sich selbst in Verbindung zu bleiben:

„Ich bin auch Yogalehrerin und das hilft mir einfach, nicht auszurasten. [...] Die Mitarbeiter sagen immer: Du strahlst so einen Frieden, so eine Ruhe aus." (Anonym)

In einem Umfeld, das sich ständig verändert, ist es entscheidend, das große Ziel im Blick zu behalten. Ein klares Zielbild, eine Vision, dient als Anker und Orientierungspunkt, um auch bei kurzfristigen Schwankungen nicht die Richtung zu verlieren. Der Blick auf das große Ganze relativiert die momenthafte Bedrohlichkeit einzelner Situationen.

„Ich versuche, den Fokus zu behalten – was ist in 5 oder 10 Jahren unser Weg. Man muss entscheiden, ob ein Thema wirklich priorisiert werden soll oder nicht." (Anonym)

Letztendlich ist es immer wieder die gelebte Selbstwirksamkeit, die den Unterschied macht zwischen Reagieren und Gestalten, zwischen Überforderung und Klarheit:

„Konzentrier dich auf das Hier und Jetzt. Auf das, was vor unserer Haustür passiert. Kümmert euch um eure Mitarbeitenden. Wir kümmern uns hier zumindest mal um uns. Dann haben wir schon einigen Leuten geholfen." (Anonym)

Dauer-Krisen gehören zur neuen Realität unternehmerischer Führung. Umso wichtiger ist es, die eigene Wirksamkeit nicht aus den Augen zu verlieren. Nachfolgerinnen zeigen, dass innere Stabilität, Klarheit im Handeln und vertrauensvolle Netzwerke entscheidende Ressourcen sind. Wer gut für sich sorgt, kann auch andere durch unsichere Zeiten führen.

3.8 Selfcare first!

Die eigene Gesundheit ist kein Thema, über das Unternehmerinnen öffentlich gern sprechen – vor allem dann nicht, wenn die eigene Belastbarkeit eingeschränkt ist. Begriffe wie *Pause, Grenzen* oder *Krankheit* scheinen mit dem traditionellen Bild von Unternehmertum kaum vereinbar. Dieses wird eher assoziiert mit Stärke, Ausdauer und unermüdlicher Energie. Und doch gab es in mehreren Interviews sehr persönliche Momente, in denen Unternehmerinnen offen über ihre physischen und mentalen Grenzen sprachen.

Deshalb darf ein Kapitel über ‚Selfcare' hier nicht fehlen. Die Frauen, die sich dazu äußern, tun das nicht nur für sich – sie wollen ein Vorbild sein. Ihre Botschaft lautet: *Achte auf dich!* Das ist auch eine veränderte Haltung, die die weibliche Nachfolge mit sich bringt. Die Offenheit über eigene Grenzen zu sprechen, Pause und Entlastung als Priorität zu begreifen und ‚Schwächen' nicht zu überdecken, sondern bewusst zu benennen. Wir leben alle endlich und unser Leben ist unendlich wertvoll!

Kraft und Gesundheit sind keine unerschöpflichen Quellen, sondern zentrale Voraussetzungen für Handlungs- und Gestaltungskraft. Viele junge Nachfolgerinnen realisieren das erst an einem vorangeschrittenen Punkt ihrer Nachfolge. Gerade in den ersten Jahren dominiert angesichts der Masse an Neuem das Gefühl, *leisten, gestalten* und *erfüllen* zu müssen. Für innere Reflexion und Innehalten ist wenig Zeit. Aufgewachsen als „Leistungstöchter"[4] in leistungsorientierten Systemen, werden viele Muster schlicht übernommen – ohne sie zu hinterfragen. Risiken bleiben unsichtbar.

---

[4] Der Begriff „Leistungstochter" beschreibt ein kulturell geprägtes Rollenbild, in dem Töchter durch Anpassung, Perfektionismus und hohe Leistungsbereitschaft versuchen, Anerkennung und Zugehörigkeit zu sichern. Er umfasst die Erkenntnis, dass Frauen angesichts einer Chancenungleichheit in der Geschlechterverteilung häufig ungleich mehr Leistungen bringen müssen, um vor allem berufliche Ziele zu erreichen. Dieses Phänomen wird vor allem im Kontext familiärer und gesellschaftlicher Erwartungen sowie geschlechtsspezifischer Sozialisation diskutiert [5].

Unter Stress[5] kann unser Körper erstaunlich funktionieren. Stresshormone wie Adrenalin und Cortisol mobilisieren Energie, schieben Erschöpfung beiseite und überdecken Warnsignale wie Kopfschmerzen, Verspannungen oder Schlafstörungen. Was evolutionär als kurzfristiger Schutzmechanismus gedacht war, wird in der heutigen (digitalen) Zeit zur ‚Dauerschleife' – und damit zur Gefahr. Wer die Signale des Körpers ignoriert, wird irgendwann nicht mehr überhören können, was er mitteilen will: Die Symptome werden ‚lauter'.

So erzählen einige der Unternehmerinnen, wie sie erst lernen mussten, mit sich selbst achtsam umzugehen: Pausen aktiv einzuplanen, Stress abzubauen und Grenzen zu setzen. In ihren persönlichen *‚Selfcare-Kits'* finden sich unterschiedliche, aber zentrale Routinen: Nein sagen, regelmäßige Auszeiten (auch offline), Delegieren, Bewegung, gute Gespräche mit Gleichgesinnten, erholsamer Schlaf, gesunde Ernährung, therapeutische Begleitung, ebenso wie verlässliche Rituale – etwa Spaziergänge im Wald, Meditation oder Yoga.

Ein Familienunternehmen zu führen, bleibt eine anspruchsvolle Aufgabe – emotional, strategisch und menschlich. Der Anspruch verändert sich, aber er verschwindet nicht. Was immer bleibt, ist die Notwendigkeit, gut für sich selbst zu sorgen. Eine Ressource sollte daher ganz oben im Selfcare-Kit stehen: *Selbstliebe*[6]. Wir wissen nie genau, was auf uns zukommt. Doch wer früh lernt, achtsam hinzuhören, Hilfe anzunehmen und Gesundheit zur Priorität zu machen, kann diesen Weg kraftvoll, gesund und wirksam gehen. Wie auch immer er sich gestaltet.

3.9 Manches muss unausgesprochen bleiben

Im Zuge dieses Buches und der zahlreichen Gespräche vorab, wurde vieles gesagt, aber lang nicht alles aufgeschrieben. Nachfolge findet heute zunehmend im öffentlichen Raum statt. Nachfolgerinnen bewegen sich in einem Spannungsfeld zwischen persönlicher Integrität und gesellschaftlicher Projektionsfläche. Was sie äußern, wird selten nur als private Meinung verstanden – es ‚wird übertragen …': auf das Unternehmen, auf die Familie, auf die Marke, auf die Person selbst.

Gerade deshalb ist es entscheidend, sich das Recht auf eine private, geschützte Sphäre aktiv zu sichern. Einen Raum, in dem nicht alles sichtbar sein muss und in dem man ohne den Schutz der Rolle einfach sein darf. Nachfolgerinnen sind durch Social

5 Die menschliche Stressreaktion ist evolutionär tief verankert. Sie basiert noch immer auf denselben biologischen Mechanismen wie in der Steinzeit – als akute Gefahr, etwa durch einen Säbelzahntiger, Flucht oder Kampf verlangte. Auch wenn die Bedrohungen heute anders aussehen, reagiert unser Körper in Stresssituationen weiterhin mit denselben physiologischen Mustern.

6 Selbstliebe oder auch Selbstmitgefühl beschreiben die Fähigkeit, sich selbst mit Wohlwollen, Achtsamkeit und Akzeptanz zu begegnen – unabhängig von Leistung oder äußerer Anerkennung. In der Führungspraxis bildet Selbstliebe die Grundlage für empathisches Handeln, klare Entscheidungen und einen achtsamen Umgang mit sich selbst und anderen.

Media, Ehrenämter, öffentliche Auftritte und die gezielte Positionierung des Unternehmens längst zu Personen öffentlichen Interesses geworden. Die ‚Neugier' gilt nicht nur dem Geschäftsmodell, sondern auch dem Lebensstil, den Ansichten, der Familie.

Diese Sichtbarkeit ist Chance und Risiko zugleich. Sie fördert Bekanntheit, Vorbildwirkung und Meinungsbildung, aber sie macht auch angreifbar. Auf Podien, in Interviews und digitalen Debatten werden Aussagen kontextualisiert, gewertet, weitergetragen und oft auch missverstanden. In einer solchen Öffentlichkeit zu stehen, bedeutet permanente Auseinandersetzung mit Erwartungen, Zuschreibungen und Reaktionen, bis hin zu persönlichen Angriffen.

Doch jeder Mensch hat ein Recht auf Privatheit. Und gerade im Familienunternehmen gilt: Es gibt keine klare Trennung zwischen Geschäftsführung, Gesellschaftern, Familie und individueller Person. Nachfolgerinnen erleben diesen ‚Role Spillover'[7] als Dauerzustand. Jede ihrer Aussagen, jede kommunizierte Haltung wird auf das Unternehmen und die Familie zurückprojiziert. Umso wichtiger wird die bewusste Entscheidung: Was teile ich? Wann, wo und mit wem? Und was bleibt bei mir?

Diese Fragen berühren nicht nur das Bedürfnis nach Rückzug, sondern auch Fragen des Selbstschutzes – wenn es z. B. um die eigene psychische Gesundheit geht oder um den Schutz von Kindern und Angehörigen. Wer sichtbar ist, wird gelesen. Und nicht immer wohlwollend.

Nachfolge bedeutet heute auch, mit diesem Spannungsverhältnis umgehen zu lernen: zwischen Sichtbarkeit und Rückzug, zwischen Transparenz und Schutz, zwischen Authentizität und professioneller Distanz. Es braucht Medienkompetenz, Rollenbewusstsein – und innere Klarheit über das, was gesagt werden soll, und das, was bewusst unausgesprochen bleibt. Was im Sinne des Vorbildlernens wichtig ist, sollte nach außen gebracht werden. Laut und deutlich. Was darüber hinaus geht, darf gerne unausgesprochen bleiben.

Denn: Das eigene Herz auf der Zunge zu tragen, ist nicht immer eine gute Idee. Und Selfcare heißt auch, sich Inseln zu schaffen, die nur ausgewählte Personen betreten dürfen.

Kurz und bündig

- Führung ist Teamarbeit: Nachfolgerinnen betonen bewusst die Leistung des Teams, leben partizipative Führung und stellen Augenhöhe, Vertrauen und psychologische Sicherheit ins Zentrum.
- Tandemmodelle sind strategische Stärke: Geteilte Verantwortung – z. B. mit Geschwistern, externen Geschäftsführer*innen oder Eltern – schafft Sicherheit, ergänzt Kompetenzen und steht für eine moderne Führungskultur.

[7] Der Begriff *Role Spillover* beschreibt das Phänomen, dass Erfahrungen, Erwartungen oder Verhaltensmuster aus einer sozialen Rolle (z. B. Unternehmerin) unbeabsichtigt in eine andere (z. B. Privatperson, Familienmitglied) übergreifen. Besonders in Konstellationen mit hoher öffentlicher Sichtbarkeit kann dies zu Rollenkonflikten führen, etwa wenn persönliche Aussagen oder Haltungen auf das Unternehmen übertragen werden [6].

- Übergabe erfordert Loslassen auf beiden Seiten: Loslassen ist kein einmaliger Akt, sondern ein emotionaler und struktureller Prozess für Übergebende und Nachfolgende, der durch Wertschätzung und klare Rollen erleichtert wird.
- Vertrauen und Dialogkompetenz sind Grundpfeiler: Funktionierende Nachfolge braucht gepflegte Beziehungen, regelmäßige Kommunikation jenseits des Tagesgeschäfts und gemeinsame Rituale.
- Führungskultur im Wandel: kooperative und sinnstiftende Führung ersetzt traditionelle Top-down-Modelle. Selbstverantwortung ist ein zentrales Führungsziel.
- Veränderung als Kernaufgabe: Nachfolgerinnen bringen bewusst ihre Handschrift ein – sichtbar etwa in Digitalisierung, Nachhaltigkeit, Markenführung oder der Öffnung für neue Geschäftsfelder.
- Krisenfest und resilient führen: Unternehmerinnen entwickeln Strategien für unsichere Zeiten durch Netzwerke, klare Haltung, Selbstwirksamkeit und das bewusste Setzen langfristiger Ziele.
- Selfcare als Führungsressource: Mentale und körperliche Gesundheit ist Grundvoraussetzung für Steuerungsfähigkeit.
- ‚Role Spillover' reflektieren: zwischen Recht auf Privatheit und sicherer Schutzräume.
- Sichtbarkeit braucht klare Grenzen: Selbstschutz und eine bewusst selektive Öffentlichkeit sind wichtig.

Literatur

1. Jäkel-Wurzer, D., Dahncke, S., & Megerle, M. (Hrsg.). (2022). *Familienstrategie erleben und gestalten: Wie Unternehmerfamilien im Dialog mit der Vielfalt neue Kompetenzen entwickeln.* Springer Gabler.
2. Jäkel-Wurzer, D., & Ott, K. (2014). *Töchter im Familienunternehmen: Wie weibliche Nachfolge gelingt und Familienunternehmen erfolgreich verändert*. Springer.
3. Fritz, S. (2024). *Toxische Weiblichkeit*. Hanser Berlin.
4. Lehmann-Tolkmitt, A., Jeschke, D., & May, P. (Hrsg.). (2013). *Governance im Familienunternehmen: Das Handbuch für die erfolgreiche Führung von Familienunternehmen und Unternehmerfamilien*. Schäffer-Poeschel.
5. Rühl, P. (2022). *Die Leistungstochter. Wie wir wurden, wer wir sind – und wie wir uns befreien.* Kailash Verlag.
6. Greenhaus, J. H., & Beutell, N. J. (1985). Sources of conflict between work and family roles. *Academy of Management Review, 10*(1), 76–88.
7. Müller, T. (2012). Zitiert in: Bund, K., & Heuser, U. J. (2012). Frauen führen anders. Die Zeit, Nr. 49, 29. November 2012.

4 Freiräume – „Lasst es weit werden!"

Zusammenfassung

Ein Familienunternehmen zu übernehmen war für Frauen in der Vergangenheit häufig an Bedingungen geknüpft: Rollenzuschreibungen, Work-Care-Dilemma und tradierte Muster, durch die sie mit dem Prädikat ‚Ausnahme' belegt wurden. Die Möglichkeiten zur freien Gestaltung blieben dadurch begrenzter. Dieses Kapitel zeigt, welche Freiräume heute für Unternehmerinnen entstanden sind und wie diese genutzt werden. Verbindung von Familie und Unternehmen sowie Sichtbarkeit durch Netzwerke nehmen eine Schlüsselfunktion ein. Immer mehr Frauen gestalten ihr unternehmerisches Leben so, dass Work-Care-Integration gelingt. Sie erschaffen Strukturen, in denen Care-Arbeit und Führungsverantwortung nicht im Widerspruch stehen. Im Sinne der Erkenntnis von Mary Beard: „Wenn Frauen nicht innerhalb der Machtstrukturen wahrgenommen werden, müsste dann nicht statt der Frauen die Macht neu definiert werden?" (Beard in Frauen und Macht. Ein Manifest (Übers. Ursula Blank-Sangmeister). S. Fischer, 2018), gestalten sie Macht neu – als Prinzip geteilter Verantwortung. Gleichzeitig gewinnen sie durch eine neue Form des Netzwerkens an Sichtbarkeit, Einfluss und Selbstwirksamkeit. Diese Netzwerke sind mehr als Kontaktpflege. Sie sind Resonanzraum, strategisches Werkzeug und Schlüssel zur Positionierung in Wirtschaft und Gesellschaft. Sichtbarkeit wird dabei zur entscheidenden Ressource: Wer gesehen wird, wird gehört und kann gestalten. Ein Kapitel über strukturelle Veränderungen, persönliche Spielräume und das, was möglich wird, wenn Unternehmerinnen sich vernetzen, unterstützen und gegenseitig stärken.

D. Jäkel-Wurzer, *Frauen in der Nachfolge*, https://doi.org/10.1007/978-3-662-72270-1_4

4.1 Freiraum Familie

Die Freiheit, Familiengründung und Paarmodelle individuell zu gestalten, zählt zu den größten Errungenschaften der letzten Jahrzehnte für Nachfolgerinnen. Strukturell hat dieser Fortschritt jedoch eine Kehrseite: Trifft ein selbstbestimmter Lebensplan, in dem Unternehmertum ein fester Bestandteil ist, auf fehlende Unterstützungsstrukturen, wird die praktische Vereinbarkeit zum Risiko. Vor allem für die Machbarkeit, die mentale Gesundheit und die Zufriedenheit.

Tatsächlich gilt die Kombination aus Familie und Beruf weiterhin als größtes Karrierehindernis für Frauen. Fehlende Betreuungsangebote, tradierte Rollenmuster[1] sowie der Gender-Pay-Gap und steuerliche Regelungen mit geringen Erwerbsanreizen führen dazu, dass viele Frauen nach der Geburt des ersten Kindes ihre Arbeitszeit reduzieren (müssen) und beruflich zurückfallen.[2]

In der Unternehmensnachfolge haben viele dieser strukturellen Barrieren verminderte Wirkkraft, doch die Machbarkeitsfrage bleibt dennoch bestehen. Sie verlagert ihren Fokus in den familiären Raum: auf die Definition der Rollenbilder in der Familie und die Frage nach funktionalen Unterstützungsnetzwerken im innen und außen.

Wichtig ist, dass Töchter heute echte Entscheidungsfreiheit genießen. Der einst gängige Satz ‚Du musst dich entscheiden – Familie oder Unternehmen, beides geht nicht!' ist kaum noch präsent. Die Frage lautet nicht mehr *ob,* sondern *wie* Familie und Firma parallel funktionieren können. Die klassische Arbeitsteilung – sie managt Kinder und Haushalt, er das Unternehmen – greift nicht mehr, wenn die Nachfolgerin zugleich Unternehmerin, Mutter und Tochter ist. Gefragt sind neue, vielfältige Rollenkonzepte und Vereinbarkeitsstrategien, um dem Rollenkonflikt zu begegnen.

Damit rückt die Organisation des gesamten Bereich der Care-Arbeit ins Zentrum. Nicht nur für Eltern, da viele Nachfolgerinnen zusätzlich Pflege- und Unterstützungsaufgaben für ihre eigenen Eltern übernehmen. Ein Engagement, das ebenso Zeit und Ressourcen bindet und damit familiäre Konzepte braucht.

► **Mutterbilder**
Für die meisten Nachfolgerinnen ist es heute selbstverständlich, Unternehmensführung und Mutterschaft zu verbinden, wenn sie es wollen. Hier hat sich in den vergangenen 15 Jahren viel bewegt. Dennoch ziehen zwei beständige ‚Gummibänder' den Fortschritt immer wieder zurück: Erstens eine unzureichende Infrastruktur – etwa fehlende Betreuungsplätze – und zweitens überhöhte Erwartungen an die Mutterrolle, die das Gefühl nähren, ‚nicht

[1] „Traditionelle Rollenbilder halten sich deutlich in der Kernfamilie. Nachfolgerinnen übernehmen 63 % der Familienaufgaben. Nachfolger schätzen ihren Anteil der Familienaufgaben hingegen auf lediglich 32 % [2]".

[2] ‚Motherhood Penalty': beschreibt die nachhaltigen ökonomischen und statusbezogenen Nachteile, die Frauen im Arbeitsleben erfahren, sobald sie (erstmals) Mutter werden.

genug zu sein‘. Daraus entsteht eine permanente Zerrissenheit zwischen beruflichen Ansprüchen und familiären Idealen.

Im europäischen Vergleich erscheint das deutsche Mutterideal besonders stark in traditionellen Vorstellungen verankert. Ein ganzes Bündel begrenzender Faktoren – die bürgerlichen Leitbilder der 1960er-Jahre, hartnäckige Rollenmuster, die moralische Überhöhung von Mutterschaft und eine bis heute eher konservative Familienpolitik – stützen eine gefährliche Scheinfreiheit: Frauen übernehmen Führungsaufgaben, doch wenn die umgebenden Strukturen – von der Partnerschaft bis zum Betreuungssystem – nicht mitziehen, wird die Verantwortung rasch zur überfordernden Doppelbelastung. Hier liegt die Achillesferse vieler Nachfolgeprozesse: Erschöpfte Unternehmerinnen ziehen irgendwann die Reißleine.

In den Interviews taucht zudem immer wieder das Thema gesellschaftlich vorgenommene Bewertungen auf. Nicht nur gegenüber den Frauen, sondern auch gegenüber Partnern, die Care Aufgaben hauptverantwortlich übernehmen. Geschlecht und Familienrolle polarisieren, weil jeder von uns mit begrenzten Ressourcen, tradierten Vorbildern und moralischen Zuschreibungen ringt. Wenn es die vorhandenen Ressourcen unmöglich machen, Job und Familie zu vereinbaren, muss jede*r von uns Entscheidungen treffen und dabei Kompromisse eingehen. Weil diese Kompromisse oft mit inneren Zweifeln verbunden sind, neigen wir dazu, unser eigenes Modell nach außen zu verteidigen und andere Modelle abzuwerten. Das nennt die Psychologie kognitive Dissonanz-Reduktion: Wir reden uns und anderen ein, dass unser Weg der richtige ist, um unsere inneren Spannungen zu verringern. Genau hier wird ein Perspektivwechsel und Vorbildlernen verhindert. Um Gesellschaftlichen Wandel voranzubringen, sollten wir nicht werten, sondern fragen: Wieso lehne ich Verschiedenheit ab? Was davon könnte ich für mich übernehmen, lernen, abschauen? Das wäre der Punkt, ab dem Entwicklung beginnen könnte.

4.2 Die Wirkkraft eines veränderten Machtverständnisses

Die wirksamste Antwort auf den Rollenkonflikt liegt in der Handlungsmacht an der Unternehmensspitze. Viele Nachfolgerinnen nutzen den Moment der Übernahme, um Führungsstrukturen zu etablieren, in denen Entscheidung und Verantwortung bewusst auf mehrere Schultern verteilt sind. Das Spektrum reicht vom Geschäftsführungs-Tandem über eine entscheidungsstarke zweite Managementebene bis hin zu klaren Team- und Bereichsleitungen. Eine Kultur gelebter Eigenverantwortung macht dieses Konstrukt erst tragfähig.

> „Ich habe die Aufgaben auf verschiedene Schultern verteilt; so nimmt das viel Last von meinen eigenen Schultern." (Anonym)

Ein veränderter Machtbegriff wird hier deutlich: Nachfolgerinnen verstehen Macht nicht nur als etwas, was konzentriert, gesichert und vergrößert werden muss (Power-over)[3], sondern als Ressource, die man teilt, um Handlungsspielräume für Viele zu öffnen (Power-to/with). Die Nutzenperspektive verschiebt sich vom Individuum auf das Kollektiv: Mitarbeitende, die Region, die Gesellschaft insgesamt.

Gleichzeitig erzeugen sie so einen Lösungsraum angesichts des bestehenden Rollenkonflikts. Lebensbereiche wie Mutterschaft, Pflege, Partnerschaft, Ehrenamt, Engagement und Me-Time können gelebt werden, wenn man im Unternehmen nicht unersetzlich, sondern vertretbar ist.[4]

> „Wenn ich vier Wochen weg bin, vertraue ich 100 % darauf, dass alles vernünftig gemacht wird; das braucht man – und das habe ich hier." (Anonym)

Was einfach und schlüssig klingt, ist eine umfassende Veränderung: Von einer ‚Ein-Kopf-Verantwortung' auf einen partizipativen Modus umzustellen, ist ein längerer Prozess. Die meisten Nachfolgerinnen gehen diesen jedoch gezielt strategisch an. Sie wissen, dass ‚power-with' die Bedingung für eine Lebensgestaltung ist, die vielfältige Rollen und Aufgaben (multiple roles) ermöglicht und gestalten bewusst Strukturen und Abläufe der Partizipation.

> „Wenn die Mannschaft steht und die Strategie klar ist, kann man sich Freiräume schaffen." (Anonym)

Zwei Faktoren wirken auf der Unternehmensseite unterstützend: die Macht an der Spitze und die Freiheit, diese im eigenen Sinne zu gestalten und zum zentralen Teil einer strukturellen Lösung zu machen.

---

[3] Mary Parker Follett prägt die Unterscheidung zwischen »power-over« (herrschaftliche Dominanz) und »power-to/with« (kollektives Ermöglichen). Sie beschreibt damit die unterschiedlichen Formen des Umgangs mit Macht [3].

[4] Hier minimiert sich gleichzeitig auch das Risiko fehlender Notfallpläne, wie es bei vielen Unternehmern noch immer besteht.

4.3 Partnerschaft und Parität

Platz eins unter den verfügbaren Unterstützungssystemen belegt nach wie vor der/die eigene Partner*in[5]. Gerade bei den unbezahlten Care-Aufgaben erweist sich eine partnerschaftliche Aufteilung[6] als wesentliche Ressource.[7] Weil sich im Familiensystem jedoch noch immer klassische Rollenbilder verstärkt halten, ist es für Nachfolgerinnen entscheidend, die Verteilung dieser Pflichten frühzeitig und offen anzusprechen. Nach Zahlen des Statistischen Bundesamts arbeiten 91,4 % der Väter von Kindern unter sechs Jahren in Vollzeit, während bei den Müttern das Verhältnis nahezu gespiegelt ist: Nur 27 % sind Vollzeit-, 73 % Teilzeitbeschäftigt [5].

Aus diesen Werten lassen sich zwei Fakten ablesen: Erstens liegt die Verantwortung der Kinderbetreuung in Deutschland weiterhin primär bei den Müttern. Zweitens geht diese Verantwortung fast immer mit einer Reduzierung der weiblichen Arbeitszeit einher. Die klassische Ein-Verdiener-Familie ist zwar seltener geworden, doch das zweieinhalbteilige Modell – Vollzeit-Vater, Teilzeit-Mutter – prägt nach wie vor deutlich den Erwerbsalltag deutscher Familien [6].

Diese Norm wirkt sich auch auf Vereinbarkeitsmodelle in der Nachfolge aus. Zum einen sind viele Partner*innen selbst in einem solchen klassischem Rollenverständnis sozialisiert, was ihre Bereitschaft zur gleichberechtigten Verantwortungsübernahme beeinflusst. Zum anderen erscheinen alternative Arbeits- und Sorgearrangements schnell als Abweichung von der gesellschaftlichen Erwartung. Alternative Vorbilder sind rar. In den Interviews der vorliegenden Studie[8] zeigt sich dennoch ein breites Spektrum an individuell entwickelten Lösungen:

Nach wie vor anzutreffen, wenn auch selten, ist das traditionelle Modell, in dem die Nachfolgerin neben der unternehmerischen Verantwortung den Großteil der Care-Aufgaben übernimmt – ein Arrangement, das fast immer mit hoher mentaler Belastung einhergeht.

> „Dieses gleichberechtigte Modell, das auch der Papa erzieht, das hat bei uns nicht so gut funktioniert. Das ist bei uns jetzt klar Mama-Sache.“ (Anonym)

Häufiger ist heute eine duale Konstellation, in der beide Partner voll erwerbstätig bleiben – jeder in seinem Feld – und externe Unterstützung – Ganztagsschule, Kinderfrau, Pflegedienst – hinzuziehen.

---

[5] Vgl. dazu auch [2].

[6] Insofern es eine bestehende Partnerschaft gibt, was nicht immer der Fall ist.

[7] Der Spagat gelingt vor allem mit einem Partner (oder einer Partnerin), der ein Familienmodell mit partnerschaftlicher Aufgabenverteilung akzeptiert [4].

[8] Bezüglich der Varianten der Vereinbarkeit bilden die vorliegenden Daten kein umfassendes Bild ab, da ein Großteil der befragten Frauen noch vor der Phase der Familiengründung steht und sich die Frage der Gestaltung noch nicht umfassend stellt.

„Mein Mann und ich sind beide voll berufstätig. Wir haben eine Kinderfrau, die sich um die Kinder kümmert, wenn wir nicht da sind.“ (Anonym)

Das Modell des ‚Rollentausches‘[9] ist in dieser Studie erstmalig häufiger vertreten. An diesem zeigt sich auch der stetig wachsende Gestaltungsfreiraum für Frauen. Der Partner tritt zugunsten der Nachfolge für eine gewisse Zeit beruflich zurück und übernimmt die Aufgaben der Kinderbetreuung und Haushaltsorganisation:

„Zu Hause sind mein Mann, ein Au-pair, eine Nanny – so schaffen wir's.“ (Anonym)

Bezüglich der Vereinbarkeit gibt es viele Wege, die ans Ziel führen. Und das ist der Vorteil eines Rollenverständnisses, dass schon lange überholt scheint und das alles andere als vielfältig ist. Frau (bzw. Eltern) MUSS, DARF und KANN es anders machen.

Der eigene Weg muss individuell sein, da das Thema Mutterrolle/ Vaterrolle/ Elternsein ein höchstpersönliches ist.

Wie auch immer Nachfolgerinnen die zahlreichen Aufgaben gemanagte bekommen und wie viele Akteure auch eingebunden sind, schlussendlich muss es funktionieren und sich stimmig anfühlen. Aus eigener Erfahrung weiß ich: Der Moment, in dem Routine entsteht, ist oft der, in dem sich bereits alles wieder ändert – Kindergarten, Grundschule, Schule.... Gerade angekommen, geht es schon wieder weiter. Flexibilität und Kreativität sind dauerhaft gefragt und Bewertungen von außen nicht hilfreich.

Was wir brauchen, sind praktisch lebbare, sichtbare Variationen. Modelle und Ideen, wie es gehen kann. Offenheit, dass jede*r das für sich passende Modell leben darf, ohne eine Bewertung von außen. Gegenseitige Unterstützung. Und viel inneren Gleichmut gegenüber dem Gefühl, es immer perfekt machen zu müssen.

„Unternehmerin zu sein, ist ein Full-Time-Job. Wirklich auch anstrengend. Vereinbarkeit mit Familie ist nicht einfacher oder leichter, es ist machbar, das kann man sagen.“ (Anonym)

▶ **Fabel**

Der Vater, der Sohn und der Esel

Ein Vater zog mit seinem Sohn und ihrem Esel in ein Dorf. Zuerst gingen beide neben dem Esel her. Die Leute im Dorf lachten: „Wie dumm, dass keiner von euch den Esel reitet!“ Also setzte sich der Vater auf den Esel, während der Sohn nebenher ging. Doch die Leute im nächsten Dorf tuschelten: „Was

[9] Der Begriff ‚Rollentausch‘ ist dem bestehenden Normalmodell geschuldet. Ausgehend von der Elternschaft, in der Mutter und Vater zu gleichen Teilen die Verantwortung tragen sollten, wirkt er wie eine ‚Umkehrung des Bestehenden‘. Ziel wäre hier eine Gesellschaft, die ausreichend Unterstützungssysteme und ein paritätisches Verständnis der Verteilung von Erwerbs- und Care-Arbeit zwischen den Geschlechtern lebt, damit ein selbstbestimmter Umgang mit den Thema Familie und Beruf möglich ist.

für ein hartherziger Vater, der seinen Sohn laufen lässt!“ Daraufhin stieg der Vater ab und ließ den Sohn reiten. Im nächsten Ort riefen die Leute: „So ein fauler Junge, lässt seinen alten Vater laufen!“ Also setzten sich schließlich beide auf den Esel. Doch nun empörten sich die Leute: „Wie grausam, das arme Tier so zu überladen!“

Da stiegen beide ab und trugen schließlich selbst den Esel. Die Leute lachten sie aus, und auf einer Brücke fiel der Esel ins Wasser und ertrank.

Moral

Man kann es niemals allen recht machen. Wer nur auf die Meinung anderer hört, verliert am Ende das Ziel aus den Augen [7].

4.4 Nachahmer*innen erwünscht

Die gelebte Vereinbarkeit von Familienleben[10] und der Führung eines Familienunternehmens, hat eine tiefgreifende Wirkung auf die Kultur des Unternehmens selbst. Allein die Tatsache, dass die Chefin eine Frau ist, ermutigt andere Frauen dazu, sich zu bewerben. Auch auf Positionen oder in Branchen, in denen Frauen noch in der Minderheit sind. Mitarbeiter*innen kehren schneller aus der Elternzeit zurück bzw. teilen sich diese gerechter mit ihren Partnern. Alternative, flexible Arbeitszeitmodelle und wichtige Modelle der Teilhabe wie ‚shared leadership‘ werden eher ermöglicht, wenn die Entscheiderin den Bedarf aus eigener Erfahrung kennt und lebt. Viele der Inhaberinnengeführten Unternehmen unterstützen auch ihre Mitarbeitenden aktiv bei der Lösungsfindung des Kinder-Betreuungsproblems.

Die Frage nach Vereinbarkeit ist eine gesellschaftsrelevante. Jede Mutter, jede Familie ist hier nahezu dauerhaft auf Ideen- und Lösungssuche, muss zahlreiche Kompromisse eingehen. Angesichts des Fachkräftemangels, der in den nächsten Jahrzehnten drastisch zunimmt, werden nicht nur Frauen in Vollzeit eine relevante Zielgruppe auf dem Arbeitsmarkt sein, auch strukturelle Lösungen für Pflege und Betreuung, mehr Qualität und Verlässlichkeit in diesen Systemen und eine nachhaltige Flexibilisierung der Angebote werden darüber entscheiden, ob Fachkräfte gewonnen und gehalten werden können. Hier sitzen wir als Gesellschaft ‚alle in einem Boot‘.

Mit der Sichtbarkeit gelebter Vereinbarung an der Unternehmensspitze sind Nachfolgerinnen Vorbilder, Ideengeberinnen und treiben den Wandel.

[10] In den Interviews finden sich eine Vielfalt unterschiedlicher Familienformen.

4.5 Freiraum Netzwerke

Als das erste Buch ‚Töchter im Familienunternehmen' entstand, begann gerade erst die übergreifende Nutzung der sozialen Medien (LinkedIn, XING, Instagram, YouTube) im beruflichen und unternehmerischen Kontext. Entsprechend waren Nutzen und Wirkung dieser Plattformen für die Nachfolge noch nicht in dem heutigen Ausmaß sichtbar und thematisiert. Gleichsam wirkt diese Technologie wie ein ‚Game-Changer' auf die weibliche Nachfolge, da sie nicht nur Marketing und Sichtbarkeit, sondern auch die Vernetzung und Teilhabe auf ein neues Niveau hebt.

Diese Netzwerke relativieren vor allem den oft empfundenen ‚Exoten'- Status. Nachfolgerinnen sind in der Minderheit und waren lange zudem weniger präsent. Sie haben sich die Bühnen in der Vergangenheit nicht genommen und sich eher vorsichtiger öffentlich positioniert.[11] Durch die Nutzung sozialer Netzwerke, sind sie auf einmal ‚Viele'. Eine Gruppe mit gemeinsamen Themen, Zielen, Erfahrungen. Diese Vernetzung zieht sich in die ‚echte Welt' hinein. Es entstehen neue Begegnungsformate, Zusammenhalt, Unterstützung und ein kollektives Bewusstsein weiblicher Nachfolge. Diese Kraft wird auch die Zahlen drehen, weil sie das Bild der weiblichen Nachfolge in der Öffentlichkeit nachhaltig verändert – aus Exotinnen werden Familienunternehmerinnen, die ihre Rolle zukünftig weder rechtfertigen, noch erklären müssen.

> „Und über diese Sichtbarkeit schaffen wir ja auch ein neues Normal – dass es normal ist, Nachfolgerin zu sein." (Anonym)

Netzwerke (digital und echt) gelten heute als einer der wirksamsten Hebel für unternehmerischen Erfolg: Sie öffnen Türen zu Kapital, Fachwissen und Kooperationspartner*innen. Empirische Studien zeigen, dass gerade Frauen in Führung überproportional profitieren, wenn sie sich strategisch vernetzen. Durch aktives Networking erweitern sie ihre Reichweite, erschließen neue Märkte und sichern sich den Zugang zu relevanten Ressourcen.

> „Alles, was in meinem Netzwerk aufgebaut ist, habe ich strategisch kuratiert – das war ein großes Erfolgsrezept." (Anonym)

Über viele Jahrzehnte wurden Business-Netzwerke allerdings von Männern geprägt und gestaltet. Diese informellen ‚Männerbünde' fungierten als Gatekeeper: Wer dem vertrauten Kreis glich[12], erhielt Empfehlungen, Aufträge oder Posten. Wer nicht, blieb außen vor [8]. Frauen schrieb man, ausgehend von einem traditionellen Rollenverständnis, eher die

---

[11] Als wir die Interviews für das erste Buch ‚Töchter im Familienunternehmen' führten und um die Möglichkeit eines veröffentlichten Portraits baten, fragte uns fast jede zweite Nachfolgerin: *„Warum ich? Ich bin doch nichts Besonderes."* Kaum zu glauben, betrachtet man die unternehmerischen Erfolgsgeschichten, die dank ihnen entstanden sind.

[12] Siehe auch den Begriff der „homosozialen Reproduktion".

Teilhabe an sozialen und familiären Netzwerken zu. So benennen auch einige Frauen in den Interviews, begrenzende Erfahrungen mit Netzwerken gemacht zu haben. Diese wurden als wenig Vielfältig beschrieben oder sogar ausgrenzend gegenüber dem weiblichen Geschlecht.

Mit der fortschreitenden Emanzipation und dem Wandel gesellschaftlicher Leitbilder verändert sich jedoch auch dieser Möglichkeitsraum: Frauen erhalten mehr und mehr Zugang zu etablierten, berufsrelevanten Netzwerken oder gründen eigene Formate und Gruppen, die ihre Interessen gezielt adressieren und abbilden.

> „Dann schaffst du halt dein eigenes Netzwerk, wenn du in das andere nicht reinkommst. Und irgendwann, wenn du die Schlagkraft hast, wird sich auch diese Tür öffnen." (Anonym)

4.6 Gemeinschaft als Gewinn

Ausgehend von der Art, wie Frauen Familienunternehmertum begreifen und leben – Teilhabe, Kommunikation, Augenhöhe und geteilte Verantwortung – ist es nur sinnlogisch, dass zu netzwerken eine authentische Ausdrucksform und Ressource ist. Auch hier nutzen Frauen ihre ganz eigenen Formen des Austausches. Oft müssen sie diese selbst aufbauen und gestalten. Wenn das gelungen ist, ist die Wirkkraft enorm.

> „Netzwerke schätze ich, weil dort nicht nur Business gemacht wird, sondern auch persönliche Freundschaften und Bünde entstehen, wenn man sich gegenseitig hilft." (Anonym)

Der Austausch in Netzwerken entfaltet für Nachfolger*innen eine ganze Palette positiver Effekte. Zunächst stärkt er die psychologische Sicherheit: In gleichgeschlechtlichen Gruppen empfinden Frauen ihre Erfahrungen, Kommunikationsstile und Entscheidungswege als ‚normal' i.S. der Ähnlichkeit und werden so in ihrer Selbstsicherheit bestärkt. Gerade durch den Vergleich ähnlicher Lebensmodelle – etwa der Vereinbarkeit von Familie und Unternehmen oder dem Umgang mit Gender Bias – entsteht Vertrauen, Vorbildlernen und damit mehr Nutzbarkeit beobachteter Modelle.

Darüber hinaus liefern Netzwerke Legitimation und Rückhalt bei der Navigation zwischen traditionellen Rollenerwartungen und modernem Führungsanspruch. Wer sich mit Peers austauscht, entwickelt ein selbstverständliches „Ich darf", unabhängig vom Faktor Geschlecht. Parallel wirken sich Netzwerke auf den Unternehmenserfolg aus: Sie ebnen den Weg zu Geschäftsbeziehungen, fördern Kooperationen, vermitteln Empfehlungen und fungieren als Türöffner für Vorträge, Gremienposten oder mediale Präsenz.

Besonders in der sensiblen Phase der Nachfolge unterstützen Netzwerke auch die Identitätsfindung. Der Austausch mit anderen Unternehmensnachfolgerinnen trägt dazu bei, eine authentische Rolle und den eigenen Führungsstil zu entwickeln. Gleichzeitig enthalten Netzwerke ein kollektives Wissen, das in einer immer komplexeren und schnelllebigen

Wirtschaftswelt unverzichtbar ist. Sie helfen, Trends früh zu erkennen, Innovationsprozesse zu beschleunigen und strategische Entscheidungen auf eine breitere Erfahrungsbasis zu stellen.

Schließlich bieten Netzwerke Kanäle der Einflussnahme bis in politische und wirtschaftliche Entscheidungszirkel und dienen als Plattform für Markenbildung. Durch gezieltes Personal Branding lassen sich Person und Unternehmen eng verknüpfen, Werte kommunizieren und die Unternehmensmarke stärken. Zusammengefasst sind Netzwerke damit nicht nur hilfreiches Werkzeug, sondern eine strategische Ressource für nachhaltigen Erfolg und langfristige Wettbewerbsfähigkeit.

Die Entwicklungen der letzten Jahre zeigen deutlich: Netzwerke sind eine zentrale Ressource für weibliche Nachfolge. Sie ermöglichen nicht nur Wissensaustausch, sondern schaffen auch Zugang zu Kontakten, Kapital und unternehmerischen Chancen. Darüber hinaus stärken sie Sichtbarkeit und Positionierung – unabhängig von Branche oder Region.

4.7 Peer-Gruppen: Austausch mit allen Facetten

Mit dem letzten Buch entstanden auch eine Reihe deutschlandweiter Nachfolgerinnen Peer-Gruppenformate. Vor allem, weil die Unternehmerinnen erzählten, dass für sie Mitgliedschaften in organisationalen Gruppen (Mitgliedsbeiträge, Ämter und feste Termine) keine Option sind, sie aber dennoch einen großen Bedarf an Austausch und Vernetzung in vertrauensvollen Gruppen haben. Seit über 10 Jahren moderiere, organisiere und leite ich diese Peer-Gruppenformate und weiß um ihren Wert. Sie zeichnen sich durch ein einzigartiges Maß an Vertrauen und Unterstützung, aber auch durch Erfahrungslernen aus. Geschäftsbeziehungen entstehen genauso wie Freundschaften.

> „Ein Netzwerk an Unternehmerinnen – das ist super wichtig. Leute, die dich verstehen, die genau wissen, was das bedeutet, weil niemand, der es nicht selbst macht, weiß, wie das ist.“ (Anonym)

Außergewöhnlich ist die Möglichkeit, mit allen seinen Facetten dort zu sein. Was heißt das? Nachfolgerinnen erleben häufig, ihre Erfahrungen nicht ungefiltert teilen zu können. Und wenn sie es tun, dann sind diese so ‚besonders‘, dass das Gegenüber sie nicht ohne weiteres versteht. Um sich zu schützen, bauen Nachfolgerinnen Rollen-Identitäten auf und lassen viele Dinge ungesagt.

In vertrauten Peer-Gruppen können sie mit allen Facetten und Themen auftreten, weil die anderen Teilnehmerinnen ähnliche Erfahrungen gemacht haben und eine große Schnittmenge geteilter Lebens- und Erfahrungswelt besteht.

Mit der zunehmenden Zahl weiblicher Nachfolgerinnen entstehen immer mehr dieser Peer-Gruppen, die gezielt Vernetzung und gegenseitige Unterstützung fördern. Anders als klassische Verbandsnetzwerke begrenzen sie ihre ‚Mitgliederzahl‘ bewusst auf einen kleinen Kreis. Nicht immer sind diese Formate extern organisiert und moderiert, sondern zum Teil aus Begegnungen entstanden und selbstorganisiert.

> „Wir sind jetzt sechs Unternehmer*innen, treffen uns einmal im Quartal und tauschen uns in vertraulicher Runde aus – und das machen wir schon seit fünf Jahren.“ (Anonym)

Gerade wenn der Kreis an vertrauenswürdigen Gesprächspartner*innen beim Übergang in die Führungsrolle kleiner wird, wirken Peer-Gruppen dem Gefühl der ‚Isolation‘ entgegen. Da jede Teilnehmerin vor ähnlichen Herausforderungen steht, ist der Lern- und Wissenstransfer besonders hoch, und die unterschiedlichen Perspektiven liefern wertvolle Impulse für persönliches Wachstum und unternehmerische Entscheidungen.

4.8 Gestaltungsraum Verbandsarbeit

Immer mehr Nachfolgerinnen nutzen heute die Verbands- und Gremienarbeit als strategische Bühne, um wirtschaftliche Rahmenbedingungen mitzugestalten, ihre Unternehmen sichtbar zu machen und das eigene Netzwerk auszubauen.

Ein großer Teil der Nachfolgerinnen engagiert sich in Wirtschaftsverbänden und Politik – zum Teil auch in führenden Positionen. Mit Blick in die Profile: Christina Diem-Puello (Präsidentin des Verbands der Unternehmerinnen Deutschlands), Marie-Christine Ostermann (Präsidentin des Verbands DIE FAMILIENUNTERNEHMER), Milen Starke (Staatssekretärin für Digitales und Chief Information Officer (CIO) im Thüringer Ministerium für Digitales und Infrastruktur, Anna Meusert (Kreissprecherin der Wirtschaftsjunioren Schweinfurt), Christine Sparvoli-Frank (stellvertretende Vorsitzende des IHK-Gremiums Stadt Nürnberg). Viele andere sind Netzwerkgründerinnen oder aktiv an Netzwerken wie FBN (Family Business Network), YPO (Young Presidents Organization) und regionalen Branchenverbänden wie der Wirtschaftsförderung beteiligt.

Verbände wie der VDU oder die ASU stärken den Netzwerkaufbau – regional wie international. Sie erfassen die Bedarfe ihrer Mitgliederinnen, bieten vielfältige Austauschformate und fungieren als wichtige Schnittstelle zur Politik. Als Sprachrohr mittelständischer Familienunternehmen vertreten sie wirtschaftspolitische Anliegen in relevanten Gremien und gegenüber politischen Entscheidungsträger*innen. Damit übernehmen sie eine zentrale Rolle in der Verständigung zwischen Unternehmertum und Politik, sowohl auf regionaler als auch auf überregionaler Ebene.

Zugleich dienen sie als Trendradar: Themen wie ESG-Reporting, Künstliche Intelligenz oder Fachkräftemangel werden aufgegriffen, gebündelt und positioniert. Sie verbinden regionale Verwurzelung mit globaler Perspektive und machen Entwicklungen frühzeitig sichtbar. Für Nachfolgerinnen bieten Verbände einen Raum für Sichtbarkeit und Professionalisierung. Die aktive Mitarbeit in Ausschüssen fördert Diskussions-, Moderations- und Verhandlungskompetenz und stärkt das Selbstverständnis weiblicher

Führung. Frauen in Verbandsämtern werden so zu Role-Models – für andere Unternehmerinnen und für eine diversere Wirtschaft.

Ein weiterer Vorteil: Die hohe Mitgliederzahl verleiht Verbänden auch digitale Schlagkraft. Gemeinsame Ziele, Interessen und Positionen können über soziale Medien als kollektive Stimme eines modernen, vielfältigen Unternehmertums gezielt gebündelt und öffentlichkeitswirksam verbreitet werden.

4.9 Sichtbare, neue Welten: LinkedIn und Co

Soziale Medien – allen voran LinkedIn – eröffnen Nachfolgerinnen heute einen Möglichkeitsraum, den klassische Verbands- oder Präsenzformate kaum bieten. Sie verbinden Menschen über Branchen- und Ländergrenzen hinweg, haben einen leichten Zugang und erlauben auch passive Teilhabe an den Geschichten anderer: Wer zunächst nur ‚mitliest', profitiert dennoch von den Erfahrungen etablierter Unternehmerinnen, ohne sich selbst sofort exponieren zu müssen. Gerade in der sensiblen Phase vor oder unmittelbar nach der Übernahme ist dieser geschützte Modus ein wertvoller Einstieg ins Erfahrungslernen.

> „LinkedIn hat bei mir wahnsinnig an Bedeutung gewonnen – vor allem für das persönliche Marketing." (Anonym)

Nachfolgerinnen nutzen die sozialen Netzwerke gezielt für ihr Personal Branding: Sie präsentieren sich und ihr Unternehmen, teilen Auszeichnungen, Erfolge oder innovative Projekte und stärken damit nicht nur die Sichtbarkeit des oftmals regional verankerten Familienbetriebs, sondern auch die eigene Expertise. Diese öffentliche Präsenz wirkt doppelt: Sie flankiert die Gewinnung von Fachkräften und Kund*innen und schafft zugleich Role-Models, die – durch gelebte Erfolgsgeschichten – gesellschaftliche Vorbehalte gegenüber weiblicher Führung entkräften.

> „Wir nutzen LinkedIn, um attraktiv für zukünftige Mitarbeiter*innen zu sein, gerade für die Jugend, damit du Lehrlinge generierst." (Anonym)

Jenseits der Markenbildung fungieren digitale Plattformen als Türöffner für Geschäftsanbahnung und Wissensaustausch. In Echtzeit lassen sich potenzielle Partner*innen, Investor*innen oder Kund*innen kontaktieren; Diskussionen in Fachgruppen liefern wichtige Impulse, Best Practices und Markttrends, die ohne geografische Barrieren verfügbar sind. Geschlossene Foren oder „Invite-only"-Gruppen bieten zusätzlich einen geschützten Raum, um sensible Themen wie Nachfolgekonflikte oder strategische Weichenstellungen zu platzieren.

Schließlich ermöglicht die Präsenz in sozialen Medien eine aktive Teilhabe an wirtschafts- und gesellschaftspolitischen Debatten. Nachfolgerinnen können Position beziehen, Feedback zu Gesetzesvorhaben geben und sich als Expertinnen zu relevanten

Branchenthemen profilieren. Diese Sichtbarkeit in digitalen Arenen stärkt den Einfluss auf Rahmenbedingungen, die für die Zukunft ihrer Unternehmen entscheidend sind und macht soziale Netzwerke zu einem strategischen Instrument, das weit über reines „Kontakteknüpfen" hinausgeht.

Soziale Netzwerke sind weit mehr als Orte des informellen Austauschs. Sie sind ein wichtiger Teil der Erfolgsstrategie einer gelingenden Nachfolge. In einer Zeit, in der die familieninterne Nachfolge hoch relevant für den Fortbestand mittelständischer Betriebe ist, eröffnen Netzwerke neue Perspektiven und Möglichkeiten. Sie fördern die Professionalisierung, stärken die Sichtbarkeit und unterstützen Frauen dabei, ihre Rolle als Nachfolgerinnen selbstbewusst und strategisch zu entwickeln. Ob auf persönlicher, politischer oder wirtschaftlicher Ebene – Netzwerke verbinden Menschen, Ideen und Chancen.

Für Entscheider*innen in der Wirtschaft sind sie ein kraftvolles Werkzeug, um sich zu positionieren, zu wachsen und die Zukunft aktiv mitzugestalten. Darüber hinaus leisten Netzwerke einen wesentlichen Beitrag zum Abbau von Vorurteilen und Gender-Bias: Netzwerke schaffen vor allem über das Moment der Sichtbarkeit neue Rollenvorbilder, hinterfragen bestehende Stereotype und fördern eine Kultur der Vielfalt in der Wirtschaft. Damit treiben sie auch den gesellschaftlichen Wandel voran – hin zu mehr gleichberechtigter Partizipation von Frauen in Wirtschaft und Unternehmertum.

Kurz und bündig

- **Familie und Unternehmertum – kein Widerspruch:** Vereinbarkeit bleibt weiter eine Herausforderung – trotz gestiegener individueller Gestaltungsmöglichkeiten.
- **Führung teilen heißt entlasten:** Partizipative Modelle und geteilte Verantwortung schaffen Handlungsspielräume – und ermöglichen Vereinbarkeit durch Vertretbarkeit.
- **Partnerschaftlich statt klassisch:** Gleichberechtigung in der Care-Verteilung ist eine zentrale Ressource – der Rollentausch ist eine Option, erfordert aber Offenheit und Umdenken im System Familie.
- **Vereinbarkeit wirkt nach innen und außen:** Nachfolgerinnen sind Vorbilder – sie gestalten flexible Strukturen und erkennen die Notwendigkeit aus eigenen Erfahrungen.
- **Netzwerke als strategisches Werkzeug:** Vernetzung stärkt Sichtbarkeit, Zugang zu Ressourcen und unternehmerischen Erfolg – offline wie online.
- **Vertrauensräume durch Peer-Gruppen:** Austausch auf Augenhöhe wirkt entlastend, stärkt Identität und liefert Impulse für persönliches und unternehmerisches Wachstum.
- **Verbandsarbeit als Bühne:** Nachfolgerinnen nutzen Gremienarbeit strategisch – für Sichtbarkeit, Einfluss und politische Mitgestaltung.

- **LinkedIn & Co – Sichtbarkeit digital gedacht:** Social Media ist Chance für die Bildung einer kollektiven Identität, Personal Branding, Wissens- und Erfahrungstransfer und gezielte Positionierung.
- **Gemeinschaft statt Einzelkampf:** Netzwerke schaffen psychologische Sicherheit, stärken Rollenidentität und positionieren weibliche Nachfolge als ‚Normalmodell'.

Literatur

1. Beard, M. (2018). *Frauen und Macht. Ein Manifest (Übers. Ursula Blank-Sangmeister).* S. Fischer.
2. Otten-Pappas, D., & Jäkel-Wurzer, D. (2017). *Weibliche Nachfolge – Ausnahme oder Regelfall? Eine Studie zur aktuellen Situation im Generationswechsel deutscher Familienunternehmen.* WIFU.
3. Follett, M. P. (1924). *Creative experience.* Longmans, Green and Co.
4. Wilmes, R., & Kammerlander, N. (2024). *Untersuchung zu den Chancen und Herausforderungen für Nachfolgerinnen in Familienunternehmen. Analyse Nachfolgerinnen in Familienunternehmen.* Friedrich-Naumann-Stiftung für die Freiheit.
5. Statistisches Bundesamt (Destatis). (2023). Erwerbstätige Eltern mit Kindern unter sechs Jahren nach Erwerbsumfang und Geschlecht. Wiesbaden. https://www.destatis.de. Zugegriffen: 6. Juni 2025.
6. Statistisches Bundesamt. (2025). Eltern, die Teilzeit arbeiten. https://www.destatis.de/DE/Themen/Arbeit/Arbeitsmarkt/Qualitaet-Arbeit/Dimension-3/eltern-teilzeitarbeit.html. Zugegriffen: 31. Mai 2025.
7. Lessing, G. E. (1759). Fabeln. In *Gotthold Ephraim Lessing: Fabeln und Erzählungen* (S. 41 f). Reclam.
8. Bahns, M. (2017). Homosoziale Reproduktion. In *Jahrbuch Sexualitäten 2017* (S. 187–200). Nomos.

Parität in Sicht? Ein Blick nach vorn 5

Zusammenfassung

In diesem Buch wird ein erheblicher Gestaltungsfreiraum sichtbar, den Nachfolgerinnen für sich in den letzten Jahren ausbauen konnten und der eine deutlich positive Prognose in Richtung zukünftiger Parität erlaubt. Auch wenn die erhobenen Zahlen diesen Fortschritt noch nicht abbilden: Zwischen 25 und 30 % der Familienunternehmen werden aktuell von Frauen übernommen. Das ist zu wenig – gemessen am Potenzial weiblicher Führung, gemessen am wirtschaftlichen Bedarf und gemessen an dem, was möglich ist. Es kann nicht deutlich genug herausgehoben werden, dass: „der Kampf um Gleichberechtigung kein Frauenthema ist, sondern ein Wirtschaftsthema (Kühne in Was Männer nie gefragt werden: Ich frage trotzdem mal. S. Fischer Verlag, 2021)." Klares Ziel ist es, dass Familienunternehmen jeder Größe, Branche und Generation weibliche Nachfolge nicht als Ausnahme, sondern als selbstverständlichen Teil des unternehmerischen Wandels begreifen. Parität in der Nachfolge ist lange nicht mehr ein ‚nice to have', sondern ein realistisches und notwendiges Ziel mit klaren Handlungsfeldern. Die Forderungen, die sich daraus ergeben, bedingen sich gegenseitig: Mehr Sichtbarkeit schafft Normalität. Mehr Beteiligung bringt mehr Einfluss. Mehr strukturelle Gerechtigkeit ermöglicht mehr Umsetzbarkeit und weniger Kompromisse. In all diesen Bereichen haben Frauen in den vergangenen Jahren eindrucksvoll gezeigt, wie Hindernisse zu Ausgangspunkten des Wandels umgestaltet werden können.

5.1 Sichtbarkeit und Vorbilder

Sichtbarkeit ist einer der stärksten Hebel für den weiteren Fortschritt weiblicher Nachfolge. Denn was sichtbar ist, wird möglich. Solange weibliche Nachfolge vor allem mit dem Narrativ der Einzelfälle oder der „außergewöhnlichen Erfolge" erzählt wird, bleibt

D. Jäkel-Wurzer, *Frauen in der Nachfolge*, https://doi.org/10.1007/978-3-662-72270-1_5

sie in der öffentlichen Wahrnehmung ein ‚Sonderfall' und es entsteht keine unternehmerische Selbstverständlichkeit. Es braucht ein neues, verändertes Narrativ: eines, das weibliche Nachfolge nicht als Ausnahme, sondern als gegebene Realität erzählt. Die Praxis unternehmerisch führender Frauen muss präsenter werden. Nicht spektakulär, sondern selbstverständlich. Die Historikerin Mary Beard beschreibt Macht symbolisch als ein Haus, in dem Frauen bislang nur zu Gast sind [2]. Unser aller Ziel muss es sein, dieses Haus für jede und jeden gleichermaßen bewohnbar, Vielfalt und Gleichstellung zum unverrückbaren Inventar zu machen.

Politische Teilhabe ist dabei ein zentraler Schlüssel. Frauen müssen in gleichberechtigter Weise in Entscheidungs- und Gestaltungsgremien vertreten sein. Nicht nur, um Strukturen mitzugestalten, sondern um spezifisch weibliche Perspektiven und Bedarfe geltend zu machen. Erst wenn weibliche Führung systematisch mitgedacht wird und reale Erfahrungswerte einfließen, entsteht strukturelle Wirksamkeit.

Um das Nischenimage weiblicher Nachfolge weiter aufzubrechen, braucht es auch auf wissenschaftlicher Ebene mehr Aufmerksamkeit: Studien, Datenerhebungen, Begriffsdifferenzierung und eine Breite an Forschungsprojekten. Der Blick auf Frauen in deutschen Familienunternehmen darf kein Randthema (‚nice to have') bleiben, sondern muss integraler Bestandteil betriebswirtschaftlicher Forschung, Innovationsförderung und wirtschaftspolitischer Entwicklung sein. Nur so entsteht, was zählt: Normalität im Diskurs und neue Ansätze für eine diverse und gerechte Nachfolgepraxis.

Sichtbarkeit bedeutet auch, bestehende Ungleichheiten klar und öffentlich zu benennen. Ein Beispiel dafür ist die AllBright Stiftung [3], die mit ihrem jährlich erscheinenden ‚Ampelsystem' zur Repräsentanz von Frauen in den Vorständen der größten börsennotierten Unternehmen Deutschlands ein einfaches, aber wirksames Instrument geschaffen hat. Es ermöglicht Transparenz nach außen und innen, schärft Bewusstsein – und macht Fortschritte wie Rückschritte öffentlich nachvollziehbar.

Gleichzeitig verdient es der ökonomische Mehrwert von Vielfalt noch klarer ins Zentrum gerückt zu werden: Diverse Führungsteams sind nachweislich erfolgreicher, innovativer und krisenfester. Parität ist deshalb kein rein politisches Ziel, sondern ein wirtschaftlicher Erfolgsfaktor und Bedingung für unsere gesellschaftliche und wirtschaftliche Zukunftsfähigkeit. Trotz kontroverser Diskussionen haben Maßnahmen wie z. B. gesetzlich verankerte Quoten gezeigt, dass sie bestehende Ungleichheiten aufbrechen können, wenn man sie konsequent anwendet. Fortschritt braucht Werkzeuge. Vor allem um Hürden wie ‚gläserne Decken & Co' konsequent zu überwinden, damit Veränderung entstehen kann und muss.

5.2 Strukturelle Bedingungen

Dass Frauen bei der Gestaltung struktureller Rahmenbedingungen selbstverständlich mitgedacht werden – als Geschäftsführerinnen, Inhaberinnen, Gründerinnen – ist eine zentrale Voraussetzung für Gleichstellung und echte Partizipation.[1] Solange Nachfolgerinnen, Unternehmerinnen sowie Frauen in Vollzeit und Führungspositionen als Minderheit gelten und die Gestaltung relevanter Rahmenbedingungen überwiegend in männlich besetzten Entscheidungs-Gremien erfolgt, bleibt tiefgreifender Wandel aus. Es ist ein klassisches Henne-Ei-Problem: Es braucht Strukturen, die weibliche Realität abbilden, damit Chancengleichheit möglich wird. Doch das Fehlen dieser Strukturen führt dazu, dass weniger Frauen in Spitzenpositionen vertreten sind, was wiederum den Eindruck verfestigt, dass z. B. weibliche Nachfolge ein Randphänomen sei, für das es keinen besonderen Handlungsbedarf gibt.

Besonders augenfällig werden diese strukturellen Defizite dort, wo die Vereinbarkeit ins Spiel kommt: bei der Kinderbetreuung, der Pflege von Angehörigen und der Zuteilung unbezahlter Care-Arbeit im familiären Feld. Während das Narrativ von Gleichberechtigung voranschreitet, wirken bestehende Rahmenbedingungen wie ein Flaschenhals: Sie verengen die Spielräume und verzehren die Kräfte derer, die eigentlich gestalten wollen.

Ein zentrales Beispiel: die Betreuungssituation in Deutschland. Qualitativ hochwertige, bezahlbare und flexibel anpassbare Betreuungsangebote sind eine Grundvoraussetzung dafür, dass beide Elternteile im gleichen Umfang erwerbstätig sein können. Damit das gelingen kann, müssen Betreuungs- und Pflegeberufe dringend aufgewertet werden, sowohl finanziell als auch gesellschaftlich. Gleichzeitig müssen die hohen zeitlichen Anforderungen unbezahlter Sorgearbeit endlich entkoppelt werden vom tradierten Bild weiblicher Hauptverantwortlichkeit. Damit Frauen vollumfänglich am Erwerbsleben teilhaben können, muss die Gesellschaft hierfür verlässliche Rahmenbedingungen schaffen. Es braucht ein tragfähiges Konzept von Work-Care-Balance in unserer Gesellschaft.

Zahlreiche gesetzliche Regelungen verfestigen jedoch bis heute tradierte Rollenmuster und schreiben diese symbolisch in unser kollektives Bewusstsein ein. Die weiterhin ungleiche Verteilung der Elternzeit nach Geschlecht ist ein Beispiel dafür: Sie transportiert die Erwartung, dass Kinderbetreuung in erster Linie Frauensache sei und führt oft zur Reduzierung der weiblichen Arbeitszeit oder sogar zum zeitweisen Ausstieg aus der Erwerbstätigkeit.

Für Geschäftsführerinnen wurde mit dem Führungspositionen-Gesetz II (FüPoG II) erstmals 2021 eine Mandatspause im Rahmen des Mutterschutzes ermöglicht. Doch auch diese Verbesserung hat Grenzen: Sie gilt nur für bis zu drei Monate und setzt voraus, dass ein weiterer Geschäftsführer die Vertretung übernimmt. Vor dieser Änderung gab

[1] Einen Überblick über zentrale Forderungen liefern hier z. B. die Positionspapiere des Verbands der Unternehmerinnen in Deutschland: Online verfügbar unter: https://www.vdu.de/aktuelles/publikationen/positionspapiere/10-thesen-fuer-mehr-gleichstellung-in-der-wirtschaft-und-mehr-wirtschaft-in-der-gleichstellung [letzter Zugriff: 5. Juni 2025].

es schlicht keine Regelung. Entweder Unternehmensführung oder Familie lautete die Devise. Zwar markiert das FüPoG II einen Fortschritt, doch besteht weiterhin erheblicher Aufklärungs- und Erweiterungsbedarf[2].

Die ungleiche Bezahlung – Gender-Pay-Gap – ist ein weiterer relevanter Stützpfeiler der bestehenden Ungleichheits-Dynamik. Frauen haben im Jahr 2024 pro Stunde durchschnittlich 16 % weniger verdient als Männer [4]. Auch wenn Nachfolgerinnen nicht direkt von dieser ungleichen Vergütung betroffen sind, prägt sie doch das bestehende Ungleichheitsnarrativ: die Arbeitsleitung von Frauen muss nicht im gleichen Umfang honoriert werden, wie die der Männer, auch wenn sie zu den gleichen oder besseren Ergebnissen führt.

Ein weiterer Stützpfeiler struktureller Ungleichheit ist das steuerliche Ehegattensplitting. Es belohnt das Ein-Verdiener-Modell – meist zulasten der Frau – als gesellschaftlich bevorzugte Konstellation und benachteiligt gleichzeitig alternative Familien- und Erwerbsformen. Der Erwerbsumfang von Frauen wird dadurch faktisch deutlich gehemmt. Denn durch die steuerliche Begünstigung des Alleinverdiener-Modells entsteht ein handfester ökonomischer Anreiz dafür, dass ein Elternteil in Teilzeit arbeitet oder ganz aus dem Erwerbsleben aussteigt.

Um mehr Sichtbarkeit einer Gleichverteilung der Geschlechter im Bereich Unternehmensgründung, Unternehmensleitung und Unternehmensfinanzierung zu erreichen, müssen dringend finanzielle Nachteile bereinigt werden. Durch einen Gender Bias in Investmentprozessen entfielen nur zwei Prozent der eingeworbenen Mittel im Jahr 2022 auf die von Frauen gegründeten Unternehmen (vgl. dazu: [5]). „Um diesen zu überwinden, sind deutliche Veränderungen bei Venture Capital, staatlichen Förderungen, der Förderung von weiblichen Business Angels und dem Zugang zu klassischen Bankkrediten für Unternehmerinnen notwendig. Denn durch einen verbesserten Zugang zu Kapital für frauengeführte Start-ups und Unternehmen in der Gründungs- und Wachstumsphase kann die Zahl der Unternehmerinnen gesteigert und damit mehr Vielfalt im Unternehmertum erreicht werden [5]."

Diese strukturellen Benachteiligungen sind keine isolierten Effekte, sondern Teil eines zirkulären Systems: Weil Frauen seltener in Führungsrollen sichtbar sind, fehlen gesellschaftliche Vorbilder und die Legitimation für Veränderung. Diese Unsichtbarkeit

[2] § 38 Abs. 3 GmbHG: „Der Geschäftsführer hat das Recht, um den Widerruf seiner Bestellung zu ersuchen, wenn er wegen Mutterschutz, Elternzeit, der Pflege eines Familienangehörigen oder Krankheit seinen mit der Bestellung verbundenen Pflichten vorübergehend nicht nachkommen kann und mindestens ein weiterer Geschäftsführer bestellt ist." Mutterschutz: Bei Widerruf, während der gesetzlich festgelegten Schutzfristen (6 Wochen vor der Geburt, 8 Wochen danach), ist die Wiederbestellung zwingend – ohne Ermessensspielraum.

Elternzeit, Pflege oder Krankheit: Geschäftsführer*innen können eine Mandatspause von bis zu drei Monaten verlangen; eine Verlängerung auf bis zu zwölf Monate ist möglich, bedarf aber des Konsenses des Aufsichtsrats oder der Gesellschafterversammlung. Diese Regelung ist aus dem Zweiten Führungspositionen-Gesetz (FüPoG II) hervorgegangen und stärkt damit insbesondere die rechtliche Position von Frauen in Führungsrollen deutlich.

wiederum hemmt die politische und institutionelle Bereitschaft, bestehende Systeme infrage zu stellen. Es entsteht ein Kreislauf der Reproduktion, in dem die geringe Repräsentanz weiblicher Führung als Beleg für die Irrelevanz ihrer Perspektiven missverstanden wird. Das hat gravierende Folgen für Gleichstellung und Innovation.

Nachfolgerinnen bewegen sich angesichts dieser Vorgaben in einem strukturellen Spannungsfeld. Einerseits wird von ihnen erwartet, sich als Führungskraft zu beweisen, das Unternehmen zukunftsfähig aufzustellen und neue Akzente zu setzen. Andererseits operieren sie in einem gesellschaftlichen Rahmen, der ihre Erwerbsarbeit als „zweitrangig" kennzeichnet, sobald Care-Themen dazukommen. Was es braucht, ist ein koordinierter, mehrdimensionaler Ansatz, der rechtliche, politische, wirtschaftliche und kulturelle Stellschrauben gleichzeitig adressiert. Vor allem aber braucht es ein neues gesellschaftliches Verständnis: Frauen in Führung und Nachfolge sind kein Sonderfall – sie sind die Bedingung für die stabile Zukunftsfähigkeit unserer Wirtschaft.

5.3 Flexible Rollenbildern

Ein zukunftsfähiger Blick auf Führung und Nachfolge verlangt nach der konsequenten Auflösung tradierter Rollenbilder. Die Vorstellung, dass bestimmte Eigenschaften geschlechtstypisch seien, hält sich hartnäckig: Empathie, Kommunikationsstärke und Kooperationsfähigkeit gelten als ‚weiblich', während Rationalität, Analytik und Durchsetzungsstärke dem ‚Männlichen' zugeschrieben werden. In dem Maß, wie Führung und Wirtschaft weiterhin mit vermeintlich männlichen Attributen verknüpft wird, entstehen subtile Ausschlussmechanismen, die zulasten der Vielfalt gehen.

Diese Zuschreibungen sind nicht nur überholt, sondern wirken auch strukturell benachteiligend. Denn was als weiblich gilt, wird im wirtschaftlichen Leistungskontext häufig unterbewertet oder als ‚Soft Skill' konnotiert. Dabei sind es genau diese Qualitäten – Dialogfähigkeit, systemisches Denken, emotionale Intelligenz –, die in einem modernen Führungsverständnis essenziell sind. Sie sind keine Geschlechtermerkmale, sondern Kompetenzen ‚einer neuen Zeit' und klare Wettbewerbsvorteile vor allem in gemischten Tandems und Teams.

Die Wirtschaft braucht mehr gelebte Diversität und zwar in allen Dimensionen: Geschlecht, Herkunft, Alter, Bildung, sozialer Hintergrund. Unterschiedliche Perspektiven, Erfahrungen und Biografien fördern Innovation, Kreativität und nachhaltige Problemlösungen. Studien belegen [6]: Unternehmen mit vielfältigen Führungsteams treffen bessere Entscheidungen und agieren wirtschaftlich erfolgreicher. Aber Diversität ist mehr als ein Effizienzversprechen. Sie ist ein demokratisches Prinzip und eine Frage von Gerechtigkeit. Eine vielfältige Gesellschaft ist anpassungsfähiger, empathischer, resilienter und nutzt das gesamte Potenzial ihrer Mitglieder. Gerade in Zeiten gesellschaftlicher Polarisierung ist es zentral, Vielfalt nicht nur zu tolerieren, sondern aktiv zu fördern und zu sichern. In einem Klima, das aktuell wieder stärker Ausgrenzung betont, braucht es bewusste Gegenbewegungen, auch und gerade in der Wirtschaft.

Nicht zuletzt ist Flexibilität ein weiterer Schlüssel für Gleichstellung. Frauen können nur dann gleichberechtigt teilhaben, wenn die Arbeits- und Unternehmenswelt ihnen gezielt Gestaltungsspielräume bietet: je nach Lebensphase, familiärer Situation oder individueller Biografie. Teilhabe bedeutet nicht, sich anzupassen, sondern zu gestalten. Stärke entsteht dann, wenn Menschen ihr Berufsleben mit ihrem Lebensentwurf in Einklang bringen können. Diese Möglichkeit zur Selbstbestimmung muss strukturell verankert sein durch flexible Modelle, geteilte Verantwortung und eine Unternehmenskultur, die nicht fragt, wann oder wieviel jemand arbeitet, sondern was er oder sie beiträgt.

5.4 Die Unternehmerfamilie – zwischen Tradition und Fortschritt

Die Herausforderungen einer Nachfolge lassen sich am besten in einem unterstützenden und stabilen Umfeld bewältigen. Eine dialogfähige Familie bildet dabei die Grundlage für einen gelingenden Generationenübergang. Unternehmerfamilien bewegen sich dauerhaft im Spannungsfeld unterschiedlicher Logiken[3]: Die emotionale Dynamik der Familie trifft auf die sachlich-rationale Welt des Unternehmens und auf die strategischen Anforderungen des Eigentums. Diese Systeme folgen jeweils eigenen Regeln – diese stehen im Widerspruch zueinander. Gerade deshalb ist ein stabiles Familiensystem, das über eine ausgeprägte Dialogkompetenz [8] verfügt, die zentrale Voraussetzung für gelingende Generationenübergänge. Systemisch verankert, lassen sich die Widersprüche zwar nicht auflösen, aber durchaus regeln.

Ein aktives Familienmanagement unterstützt diesen Prozess gezielt, durch Strukturen und Aktivitäten, die das Zusammenspiel zwischen Familie und Unternehmen bewusst, stabil und zugleich flexibel gestalten. Es geht dabei um weit mehr als Organisation: Es geht um die Gestaltung von Beziehungen, Rollen und Erwartungen innerhalb der Unternehmerfamilie. Zentrale Aufgaben sind das Ausbalancieren unterschiedlicher Bedürfnisse und Interessen zwischen familiären, unternehmerischen und eigentumsbezogenen Rollen, der Aufbau von Zusammenhalt durch eine gemeinsame Identität sowie die gezielte Förderung von Gesellschafter- und Familienkompetenzen.

---

[3] Das Drei-Kreise-Modell nach Arist von Schlippe beschreibt die Unternehmerfamilie als Schnittmenge von drei sozialen Systemen: Familie, Unternehmen und Eigentum. Jede Person kann gleichzeitig mehreren dieser Kreise angehören, etwa als Tochter (Familie), Geschäftsführerin (Unternehmen) und Gesellschafterin (Eigentum). Daraus entstehen paradoxe Anforderungen, da die Erwartungen und Logiken der einzelnen Systeme widersprüchlich sind. So kann zum Beispiel das Prinzip der Gleichbehandlung in der Familie mit dem Leistungsprinzip im Unternehmen kollidieren. Diese Überlagerungen führen zu Spannungen und Paradoxien, die das Handeln und Entscheiden in Unternehmerfamilien prägen und besondere Herausforderungen auch für die Nachfolge mit sich bringen [7].

Besonders im Kontext weiblicher Nachfolge kann eine abgestimmte Familienstrategie zum Schlüsselfaktor werden. In den meisten Familienunternehmen markiert die Übernahme durch eine Frau einen Bruch mit gewohnten Traditionslinien und eröffnet zugleich die Chance, bestehende Regeln zu hinterfragen und gemeinsam neue Formen des Miteinanders von Familie und Unternehmen zu gestalten. Gerade wenn grundlegende Haltungen – wie eine geschlechterunabhängige Führungskultur – in die familiäre DNA integriert werden sollen, braucht es Klarheit, Offenheit und echte Gesprächsbereitschaft.

Die frühzeitige Entwicklung von Kompetenz für die Gesellschafter*innen-Rolle kann dazu beitragen. Denn eine gute Gesellschafter*in wird man nicht per Geburt, sondern durch bewusste Beteiligung, Bildung und praktische Erfahrungen. Handlungsfähige Gesellschafter*innen entfalten ihre Rolle durch frühe Teilhabe und Wissensvermittlung – besonders mit Blick auf die familiären Werte.

Instrumente wie Familienverfassungen geben dabei Orientierung und schaffen transparente, verbindliche Rahmenbedingungen. Sie machen das Zusammenspiel von Familie und Unternehmen nachvollziehbar, sichern Beteiligung ab und sorgen für faire Chancen, auch im Hinblick auf eine inklusive Nachfolgegestaltung. Zwischen den Zeilen erkennen Töchter hier bereits die symbolische Einladung (Möglichkeit), zukünftiger Teil der Führung des Familienunternehmens zu sein, oder eben auch nicht. Die Symbol-Wirkung einer gemeinsamen Wertekultur ist hoch, wenn auch oft zwischen den Zeilen.

Gutes Familienmanagement braucht mehr als Regeln. Es braucht Räume für Beziehungspflege, jenseits von Businessplänen und Gesellschafterversammlungen. Gemeinsame Zeit und Erlebnisse, in denen das Unternehmen keine Rolle spielt, stärken Vertrauen, Verbundenheit und die emotionale Basis der Zusammenarbeit, besonders zwischen den Generationen.

Familien, die ihre Tradition als Wurzel begreifen, aber zugleich bereit sind, Strukturen zu hinterfragen und Neues kreieren, schaffen die notwendige Balance zwischen Herkunft und Zukunft. Sie haben den Mut, Gleichstellung nicht nur als Ideal zu benennen, sondern als konkrete Bedingung für zukunftsfähiges Wirtschaften zu leben. Sie erkennen die Chance, in der Etablierung neuer Traditionen wirksam zu sein und sind bereit, auch individuelle Glaubenssätze zu reflektieren: Welche Vorstellungen prägen mein Bild von Familie, Führung und Verantwortung wirklich? Und was davon darf sich verändern? Familienmanagement ist damit weit mehr als ein unterstützendes Element. Es sind wirksame Instrumente unternehmerischer Zukunftsgestaltung und eine tragfähige Grundlage, auf der weibliche Nachfolge bewusst gestaltet werden kann.

5.5 Neue Führungsmodelle: Diversität, Kompetenz und Vertretbarkeit

Die Zukunft der Unternehmensführung in Familienunternehmen wird nicht mehr nur durch die Frage *wer* führt bestimmt, sondern zunehmend durch die Frage *wie* geführt wird. Mit der Betrachtung weiblicher Nachfolge zeigt sich ein klarer Trend: Klassische, singulär ausgerichtete Führungsmodelle werden erweitert und hinterfragt. Neue Formen der Unternehmenssteuerung, die auf Vielfalt, geteilte Verantwortung und strukturelle Flexibilität setzen, sind nicht nur notwendig, sie sind Ausdruck einer gelebten Transformation und ein entscheidender Baustein zukunftsfähiger Unternehmensführung.

Ein zentrales Modell in diesem Wandel ist die Tandemführung. Sie zielt darauf ab, unterschiedliche Kompetenzen, Perspektiven und Persönlichkeiten bewusst zusammenzuführen. Nicht *entweder-oder,* sondern *sowohl-als-auch:* weiblich und männlich, strategisch und operativ, erfahrungsbasiert und innovativ. Die Führung des Unternehmens wird auf mehrere Köpfe verteilt und dadurch tragfähiger, agiler und werteorientierter. Entscheidungen werden kommunikativ und mindestens im Vier-Augen-Prinzip getroffen, Risiken besser eingeschätzt, blinde Flecken reduziert. Das Führungsverständnis wird dadurch kollektiver, reflektierter und entlastet die Einzelperson von der alleinigen Verantwortung und unbedingter Anwesenheit.

Ein zweiter zentraler Aspekt ist die Vertretbarkeit – eine strukturelle Voraussetzung, die insbesondere Frauen in der Unternehmensführung neue Handlungsfreiheit ermöglicht. Wer ein Unternehmen führt, muss auch vertreten werden können. Nicht nur in Urlaubszeiten oder bei Krankheit, sondern auch in Phasen familiärer oder ehrenamtlicher Verantwortung. Frauen wählen längst nicht mehr zwischen Familie und Unternehmen. Damit dies möglich wird, braucht es flexible Strukturen, die Führung als teilbares Modell denken. Vertretbarkeit ist Ausdruck eines modernen, systemisch gedachten Führungsverständnisses: Führung ist kein Status, sondern ein gemeinsam gestalteter Prozess. Viele der hier interviewten Unternehmerinnen messen die Professionalität und Reife ihres Unternehmens daran, wie stabil und störungsfrei es auch in ihrer persönlichen Abwesenheit – unabhängig von Einzelpersonen – weiterläuft.

Diese neuen Modelle stellen auch Anforderungen an das Selbstverständnis des Gesamtsystems. Der lange gültige Grundsatz „Die Familie führt“ muss erweitert – und an vielen Stellen neu gedacht – werden. Ein zeitgemäßer Machtbegriff sollte Grundlage für eine professionalisierte Besetzungslogik sein. Führung in der nächsten Generation kann nur dann zukunftsfähig gestaltet werden, wenn sie sich von rein genealogischer Legitimation und dem Anspruch auf Alleinverantwortung löst.[4] Zwar ist die Integration externer

[4] Die besondere Stärke (Langlebigkeit) von familiengeführten Unternehmen resultiert aus dem Anspruch, das Unternehmen über Generationen im Eigentümerkreis zu erhalten. Dies ist jedoch nicht unbedingt an die familiäre Besetzung der operativen Funktionen gebunden. Wenn die Familie die Entscheidungen strategisch prägt, z. B. über Beirat oder ihre Gesellschafterrolle, kann die Langlebigkeit auch ohne operative Verantwortung erzeugt werden [9].

Geschäftsführer*innen längst gängige Praxis, doch häufig wirken auch hier noch unbewusste Ähnlichkeitsprinzipien, welche die Entwicklung heterogener Führungsstrukturen begrenzen.

Um das volle Potenzial dieses erweiterten Führungsverständnisses zu nutzen, müssen Tandemmodelle und geteilte Verantwortung auch innerhalb des Gesellschafterkreises stärker verankert werden. Es braucht ein überzeugtes Umdenken in den Entscheidungslogiken: weg vom Leitbild der Einzelperson, hin zu einem geteilten Kompetenzraum, der Führung als kollektive Aufgabe und als gezielte Rekrutierung unterschiedlicher Kompetenzen, Stärken und Perspektiven begreift.

Weibliche Nachfolge macht diesen Wandel sichtbar. Sie verschiebt den Fokus. Weg von der Person als Trägerin einer Rolle, hin zu den strukturellen Voraussetzungen, die zukunftsfähige Führung ermöglichen. Sie fordert nicht weniger Verantwortung, sondern ein neues Verständnis davon, wie Verantwortung geteilt, gestaltet und weiterentwickelt werden kann.

5.6 Ohne (Familien-)Unternehmerinnen geht es nicht

Die deutsche Wirtschaft steht vor einer massiven Herausforderung: Demografischer Wandel und Generationenwechsel führen zu einem akuten Nachfolger*innenmangel im Mittelstand. Eine besonders dringliche Entwicklung, wenn man bedenkt, dass rund 90 % aller Unternehmen in Deutschland familiengeführt sind [10]. Sie bilden das Rückgrat der deutschen Wirtschaft und beschäftigen etwa 60 % aller Arbeitnehmerinnen und Arbeitnehmer.

Laut KfW-Nachfolge-Monitoring planen bis Ende 2028 jährlich rund 106.000 Inhaber*innen kleiner und mittlerer Unternehmen (KMU) ihren Rückzug – das heißt: mehr als eine halbe Millionen Unternehmen müssen bis dahin den Generationenübergang bewältigen. Für 231.000 Unternehmen stellt sich laut Prognose sogar die Frage einer Stilllegung, sollte keine Person gefunden werden [11].

Angesichts dieses dringlichen Bedarfs ist weibliche Nachfolge keine Option, sondern eine ökonomische Notwendigkeit. Frauen (und Männer) sind eine zentrale Ressource für die Zukunftsfähigkeit des unternehmerischen Erbes in Deutschland. Denn während Frauen in klassischen Karriereverläufen häufig an Barrieren wie gläsernen Decken, informellen Männernetzwerken oder strukturellen Teilzeitfallen scheitern, eröffnet die Nachfolge in Familienunternehmen einen direkten Zugang zur Unternehmensspitze – und damit zur Gestaltungs- und Entscheidungsmacht. Diese Position ermöglicht es, strukturelle Bedingungen aktiv zu verändern und Führungsverantwortung neu zu denken.

Frauen, die diesen Weg gehen, gestalten nicht nur das operative Geschäft, sondern prägen Unternehmenskultur, Zusammenarbeit und Führungsverständnis auf eine neue Weise. Sie bringen häufig ein inklusiveres Führungsmodell mit, das Mitarbeitende stärker einbindet, die Anpassungsfähigkeit erhöht und langfristig die Bindung ans Unternehmen stärkt.

Die weibliche Nachfolge steht damit exemplarisch für ein modernes, kooperatives und resilient ausgerichtetes Wirtschaftsverständnis.

Der Schlüssel ist Bildung: Wenn wir wollen, dass zukünftig Frauen und Männer gleichermaßen in die Unternehmensnachfolge gehen, müssen wir früher ansetzen: Geschlechterneutrale Darstellung von Berufsbildern, Entkopplung von Geschlecht und Branche, Faire Entlohnung über alle Branchen hinweg und frühzeitiger Zugang zu unternehmerischem Denken[5] Das Signal muss sein: Mädchen und Jungen stehen alle Berufsbilder gleichermaßen offen – Geschlecht ist kein relevantes Begrenzungsmerkmal. Ein Fokus sollte hier auch auf den MINT-Berufen liegen, in denen der Frauenanteil mit ca. 32 % immer noch zu gering ist – wenn die Tendenz auch steigt [12].

Weibliche Nachfolge beginnt nicht erst mit dem Einstieg ins Unternehmen, sondern viel früher: In der Schule, der Berufswahl, der innerfamiliären Kommunikation, aber auch im gesellschaftlichen Bewusstsein darüber, wer ‚Führung' kann und darf. Noch immer fehlen Inhalte zu Unternehmertum, finanzieller Bildung und Nachfolgeprozessen im deutschen Bildungssystem. Zukunftskompetenzen, wie unternehmerisches Denken, Entscheidungsfreude, Konfliktfähigkeit, Leadership oder Selbstreflexion, müssten gezielt früher entwickelt werden. Nicht zuletzt, um auch junge Frauen zu bestärken, diesen Weg überhaupt in Betracht zu ziehen.

Bildung in den Fokus zu nehmen, wird um so wichtiger, wenn man bedenkt, dass die Arbeitswelt durch Künstliche Intelligenz (KI) vor einer tiefgreifenden Transformation steht. Viele neue Berufe entstehen, für die es bislang noch keine (bekannten) Ausbildungswege gibt [13]. Auch hier ist ein neues Verständnis von Berufssozialisation essenziell – eines, das Vielfalt als Stärke begreift und Kreativität, vernetztes Denken und ethische Steuerung in den Mittelpunkt rückt.

5.7 Netzwerke als Möglichkeitsräume

Die Entwicklungen der letzten Jahre zeigen deutlich: Netzwerkstrukturen sind eine zentrale Ressource für weibliche Nachfolge. Es braucht tragfähige Verbindungen, die als strategische Unterstützung wirken. Netzwerke ermöglichen nicht nur Wissensaustausch, sondern auch Zugang zu Kontakten, Kapital und Chancen und stärken Positionierung und Sichtbarkeit, unabhängig von regionalen Grenzen.

Ausgehend von der Art, wie Frauen Unternehmertum in Familienunternehmen leben, erscheint es konsequent, dass Netzwerken für sie weit mehr ist als nur Kontaktpflege: Es ist Ausdrucksform, Resonanzraum und strategisches Werkzeug zugleich. Sie suchen Verbindungen, statt Konkurrenz, sie reflektieren gemeinsam, teilen Erfolge und Learnings.

[5] Ein grundlegendes Verständnis für wirtschaftliche Zusammenhänge und unternehmerisches Denken sollte bereits im schulischen Bildungssystem verankert sein. Es befähigt junge Menschen dazu, ökonomische Entscheidungen reflektiert zu treffen, gesellschaftliche Zusammenhänge besser zu verstehen und unternehmerische Verantwortung zu übernehmen.

Umso bedeutsamer ist es, dass diese Unterstützungslandschaft rund um die weibliche Nachfolge vielfältiger wird.

Neben den klassischen Beratungsfunktionen – wie Steuerberatung oder juristischer Unterstützung – braucht es Expert*innen, die die Dynamiken weiblicher Nachfolge systemisch verstehen. Coaches, die nicht nur wirtschaftlich denken, sondern auch einen Blick für geschlechtsspezifische Muster und die Komplexität des Systems haben. Es braucht Mentoring-Programme, die Wissen und Erfahrung zwischen den Generationen vermitteln.

Ein zentrales Element dieser Entwicklung ist Sichtbarkeit. Denn von sichtbaren Vorbildern kann man lernen – vor allem im Netzwerkraum. Rollenvorbilder, die mutig und erfolgreich vorangehen, wirken als Katalysatoren: Sie ermutigen, inspirieren und stärken das Vertrauen junger Frauen in ihre eigene Gestaltungsfähigkeit. Sichtbarkeit und Repräsentation sind daher nicht nur Symbole des Fortschritts, sie sind wirksame Instrumente der Befähigung und eines wachsenden Selbstverständnisses.

Auch in der Weiterbildung ist noch Bedarf: Die strukturellen Herausforderungen weiblicher Nachfolge – von mangelnder Akzeptanz über Vereinbarkeitsdruck bis hin zu impliziten Benachteiligungsmechanismen – werden tendenziell seltener explizit thematisiert. Doch genau das wäre notwendig: Formate, die nicht nur Wissen vermitteln, sondern auch Räume eröffnen, um mit diesen Unterschieden praxisnah umzugehen und konkrete Lösungsansätze zu entwickeln.

Die Unterstützungslandschaft rund um die weibliche Nachfolge hat noch Potenzial. Erste Angebote entstehen, Netzwerke wachsen, Aufmerksamkeit steigt. Doch das reicht nicht. Wenn weibliche Nachfolge als Zukunftsmodell etabliert werden soll, muss dieses Feld systematisch ausgebaut werden – vielfältig, professionell und sichtbar. Denn starke Nachfolgerinnen brauchen starke Strukturen. Und starke Strukturen entstehen nur durch bewusste Gestaltung.

5.8 Den Weg gemeinsam und konsequent weitergehen

Am Ende dieser Betrachtung bleibt ein scheinbares Paradox: Die Sichtbarkeit weiblicher Nachfolge nimmt zu, inspirierende Porträts füllen Fachmedien, es gibt Förderprogramme, Auszeichnungen und sichtbare Role-Models. Gleichzeitig verharren die Zahlen seit Jahren auf einem Niveau, das keinen Durchbruch markiert: Nach wie vor werden nur rund 25 bis 30 % der Familienunternehmen in Deutschland von Frauen übernommen. Wie lässt sich dieses widersprüchliche Bild erklären?

Die Antwort liegt im Zusammenspiel zweier Kräfte: dem kulturellen Wandel auf der einen Seite – und der strukturellen Trägheit auf der anderen. Sichtbarkeit und Aufmerksamkeit für das Thema ‚Frauen in der Nachfolge' wachsen. Es wird erzählt, geschrieben, gewürdigt. Narrative verändern sich schneller als Systeme. Doch eben diese Systeme – bestehend aus rechtlichen Rahmenbedingungen, gefestigten Machtstrukturen, wirtschaftlicher Verteilung und tradierten Geschlechterbildern – sind zäh, langsam und oft resistent gegenüber nachhaltigem Wandel.

Einzelne Fortschritte werden betont, manchmal auch überhöht. Die Geschichte einer erfolgreichen Nachfolgerin steht dann sinnbildlich für viele, obwohl sie nicht das ‚Big Picture' abbildet. Dieses Hervorheben erzeugt ein positives Bild der Bewegung und wägt uns in Fortschritt und Sicherheit. Wichtige Handlungsfelder werden so ein stückweit beschattet. Der Eindruck eines nachhaltigen gesellschaftlichen Fortschritts wird symbolisch genährt, während die reale Umsetzbarkeit – vor allem die Geschwindigkeit des Wandels – an strukturellen Hürden scheitert.

Am Beispiel der Unterstützungsinitiativen zeigt sich mitunter, ‚gut gemeint ist noch nicht wirksam': Programme, Förderungen und Netzwerke richten sich häufig an die Frauen selbst: an die Nachfolgerinnen, Gründerinnen, Führungskräfte. Doch die tatsächliche Entscheidungsmacht über Nachfolgeprozesse liegt oftmals bei anderen. Bei der Elterngeneration, in Beiräten oder Geschäftsführungsstrukturen. Wenn dort kein Perspektivwechsel stattgefunden hat, verfehlen die Angebote ihre Wirkkraft.

Hinzu kommt ein weiterer Aspekt: die sozial erwünschte Kommunikation. Viele Unternehmer*innen wissen um die öffentliche Relevanz der Themen Diversität, Geschlechtergerechtigkeit, Nachfolge für Banken, bei Partnern, Mitarbeitenden. Es wird bewusst ein positives Bild nach außen gegeben. Außenbild und Innenrealität stimmen jedoch nicht immer überein. Die faktische Umsetzung bleibt hinter der Symbolik zurück. Sichtbarkeit ersetzt keine Veränderung.

Die Kluft zwischen medialem Fortschritt und statistischer Stagnation ist kein Widerspruch – sie ist Ausdruck eines tiefgreifenden gesellschaftlichen Wandels, der noch mitten im Prozess steckt. Jetzt braucht es Konsequenz, systemisches Verständnis und Ansetzen an den richtigen Hebeln. Die bisherigen Fortschritte müssen verteidigt und in die Tiefe getragen werden: in die Strukturen, in die Entscheidungsprozesse, in die Normen des Unternehmertums selbst. Es reicht nicht mehr, Frauen als potenzielle Nachfolgerinnen zu sehen. Sie müssen als selbstverständlicher Teil einer zukunftsfähigen Wirtschaft gedacht und integriert werden.

5.9 Wir müssen fordern statt gefallen

Von oben – gesellschaftlich – betrachtet ist weibliche Nachfolge absolut kein Randgebiet, sondern ein sichtbarer Ausschnitt eines Big-Picture. Die Ausschluss-Mechanismen, die durch die weibliche Nachfolge sichtbar gemacht werden, wirken auf uns alle – in Gründerinnenbiografien, in Führungskarrieren, im Erwerbs- und Alltagsleben jeder Frau. Sie sind Teil eines gelebten Machtverständnisses, das Vielfalt einschränkt, den Ruf zur Veränderung dämpft und Umsetzungsgeschwindigkeit drosselt.

Hier geht es um mehr als um Einzelgeschichten. Es geht darum, die Strukturen zu erkennen, die immer noch dafür sorgen, dass Frauen sich anpassen müssen, statt dass sich

Systeme bewegen. Wir alle sollten unsere Wahrnehmung für die Ungleichheiten schärfen. Wir sollten deutlich NEIN sagen zu Entscheidungen, die uns benachteiligen. Wir sollten uns nicht mehr für Regelungen bedanken, die uns nur ein Stück weit entgegenkommen, statt echte Fortschritte zu erzielen. Wir sollten beginnen, unsere Perspektive als Maßstab zu setzen. Nicht als Ausnahme, sondern als Selbstverständlichkeit.

Es betrifft nicht nur uns Frauen. Es betrifft die deutsche Wirtschaft, unsere Gesellschaft, unser aller Zukunft. Es muss uns ein zentrales Anliegen sein, Frauen vollumfänglich ins Wirtschafts- und Erwerbsleben zu integrieren und Fortschritt mit Vielfalt zu sichern. Nicht zu ihren Lasten, sondern zu fairen Bedingungen. Es muss uns ein Anliegen sein, den Work-Care-Gap uneingeschränkt und gerecht zu lösen – nicht auf Kosten der Arbeitsleistung und Entlohnung eines Geschlechts.

Die Praxisbeispiele in diesem Buch zeigen es deutlich: Unternehmerinnen bringen kluge Ideen, Mut und neue Perspektiven in festgefahrene Strukturen. Sie denken unternehmerisches Handeln weiter – mit Blick auf Menschen, Umwelt und Verantwortung. Und genau das brauchen wir: eine Wirtschaft, die Vielfalt nicht nur duldet, sondern durchsetzt. Die sich öffnet für Neues, statt an Gewohnheiten festzuhalten.

Weil es uns alle betrifft. Weil jede Entscheidung, jede Reform, jede Nachfolge Teil des größeren, des gemeinsamen Zukunftsbildes ist. Und weil wir dieses Bild mitgestalten können und müssen!

Ich wünsche mir, ich fordere für mein nächstes Buch über die weibliche Nachfolge ein anderes Ende. Ein Ende mit Zahlen, Daten und Nachfolgegeschichten, die Vielfalt und Parität unmissverständlich abbilden. Rückblickend auf die letzten 10 Jahre, hat sich viel bewegt. Jetzt ist es entscheidend, gemeinsam diesen Weg konsequent zu Ende zu gehen.

Literatur

1. Kühne, F. (2021). *Was Männer nie gefragt werden: Ich frage trotzdem mal.* S. Fischer Verlag.
2. Beard, M. (2018). *Frauen und Macht. Ein Manifest.* S. Fischer. (Original: Mary Beard, Women & Power. A Manifesto, 2017).
3. AllBright Stiftung. (2024). Frauen in den Vorständen – Die AllBright-Ampel 2024. https://www.allbright-stiftung.de/ampel. Zugegriffen: 10. Juni 2025.
4. Statistisches Bundesamt. (2025). Gender Pay Gap im EU-Vergleich – Deutschland bleibt eines der EU-Schlusslichter. https://www.destatis.de/Europa/DE/Thema/Bevoelkerung-Arbeit-Soziales/Arbeitsmarkt/GenderPayGap.html. Zugegriffen: 7. Juni 2025.
5. Verband deutscher Unternehmerinnen (VDU). (2024). 10 Thesen für mehr Gleichstellung in der Wirtschaft und mehr Wirtschaft in der Gleichstellung, Positionspapier. https://www.vdu.de/aktuelles/publikationen/positionspapiere/10-thesen-fuer-mehr-gleichstellung-in-der-wirtschaft-und-mehr-wirtschaft-in-der-gleichstellung. Zugegriffen: 5. Juni 2025.
6. McKinsey & Company: Diversity wins – How inclusion matters. Mai 2020. https://www.mckinsey.com/featured-insights/diversity-and-inclusion/diversity-wins-how-inclusion-matters. Zugegriffen: 10. Juni 2025.

7. von Schlippe, A. (2011). Paradoxien der Unternehmerfamilie. In A. Von Schlippe & K. A. Schneewind (Hrsg.), *Familienunternehmen verstehen. Grundlagen, Perspektiven und Herausforderungen* (S. 19–27). Vandenhoeck & Ruprecht.
8. Jäkel-Wurzer, D., Dahncke, S., & Megerle, M. (Hrsg.). (2022). *Familienstrategie erleben und gestalten: Wie Unternehmerfamilien im Dialog mit der Vielfalt neue Kompetenzen entwickeln.* Springer.
9. Barth, B. B., & Rau, S. B. (Hrsg.). (2020). *Handbuch Familienunternehmen und Unternehmerfamilien. Gestaltungspraxis in Zivil-, Gesellschafts- und Steuerrecht* (2. Aufl.). Schäffer-Poeschel.
10. Institut für Mittelstandsforschung Bonn (IfM). (2023). Familienunternehmen in Deutschland – Zahlen, Fakten, Perspektiven. https://www.ifm-bonn.org/familienunternehmen/. Zugegriffen: 15. Juni 2025.
11. KfW Research. (2025). Nachfolge-Monitoring Mittelstand 2024. Fokus Volkswirtschaft Nr. 481, Januar 2025, S. 2. https://www.kfw.de/PDF/Download-Center/Konzernthemen/Research/PDF-Dokumente-Fokus-Volkswirtschaft/Fokus-2025/Fokus-Nr.-481-Januar-2025-Nachfolge.pdf. Zugegriffen: 15. Juni 2025.
12. IQB. (2025). Frauen in MINT Berufen und Studiengängen – Statistik. https://iqb.de/karrieremagazin/mint/frauen-in-mint-berufen-und-studiengaengen/. Zugegriffen: 15. Juni 2025.
13. Weiß, Y. (2025). Künstliche Intelligenz verändert die Arbeitswelt grundlegend. in *Handelsblatt*, 12. März 2025. https://www.handelsblatt.com/technik/it-internet/kuenstliche-intelligenz-veraendert-die-arbeitswelt-grundlegend/. Zugegriffen: 15. Juni 2025.

6 Porträts

Zusammenfassung

Hinter jeder weiblichen Nachfolge steht eine persönliche Geschichte. Die Entscheidung, ein Familienunternehmen weiterzuführen, ist selten geradlinig. Sie führt über biografische Umwege, innere Auseinandersetzungen und strategische Weichenstellungen. In diesem Abschnitt werden 17 Familienunternehmerinnen porträtiert, die diesen Schritt erfolgreich gegangen sind. Ihre Profile zeigen die Vielfalt an Entscheidungswegen, Branchen, Unternehmensgrößen und Übergabemodellen. Sie spiegeln individuelle Motive, Herausforderungen und Gestaltungsansätze wider. Die Porträts laden ein zum Vorbildlernen, sie machen Mut und eröffnen neue Perspektiven für alle Frauen, die selbst vor der Frage einer Nachfolge stehen.

D. Jäkel-Wurzer, *Frauen in der Nachfolge*, https://doi.org/10.1007/978-3-662-72270-1_6

6.1 Christina Diem-Puello: „Ich nenne uns immer liebevoll das einhundertjährige Startup."

Steckbrief

Name:
Christina Diem-Puello
Alter:
37 Jahre
Nachfolge:
2020 Gründung des Start Up DD Deutsche Dienstrad GmbH gemeinsam mit Ehemann Maximilian Diem
Position:
Geschäftsführende Gesellschafterin DD Deutsche Dienstrad GmbH, Schweinfurt

DD Deutsche Dienstrad GmbH

Die DD Deutsche Dienstrad GmbH, gegründet 2020 vom Unternehmerpaar Christina Diem-Puello und ihrem Ehemann Maximilian Diem, verkörpert die Fortsetzung einer über 100-jährigen Familientradition in der Fahrradbranche. Das Unternehmen, mit Sitz in Schweinfurt, hat sich als innovative Kraft im Bereich der betrieblichen Mobilität etabliert und beschäftigt heute rund 125 Mitarbeitende.

Die Wurzeln des Unternehmens reichen bis ins Jahr 1921 zurück, als Christinas Ururgroßvater, der Radrennfahrer Engelbert Wiener, in Schweinfurt die E. Wiener Einzelhandelsfirma gründete. Das Unternehmen entwickelte sich später zur bekannten Marke Winora.

In den 1990er Jahren führt Susanne Puello die Winora Gruppe zum Weltmarktführer im Bereich E-Mountainbikes und E-Fahrräder mit 600 Mitarbeitenden.

Nach dem Verkauf von Winora an die niederländische Accell-Gruppe im Jahr 2002 und dem späteren Ausscheiden der Familie aus dem Unternehmen gründet die Familie Puello 2017 das Unternehmen PEXCO GmbH.

2020 eröffnet Christina Diem-Puello mit der DD Deutsche Dienstrad GmbH ein neues Kapitel der Familientradition. Die Geschäftsidee basiert auf dem ehemaligen Dienstradleasingprojekt von PEXCO und bietet digitale Lösungen für die betriebliche Mobilität.

DD Deutsche Dienstrad ermöglicht heute Zugang zu über 250.000 verschiedenen Fahrrädern und E-Bikes, die bei mehr als 6.000 Fachhändler*innen deutschlandweit verfügbar sind. Als führende Mobility Technology Company, verbindet das Unternehmen Arbeitgeber*innen, Mitarbeitende und Fachhändler über eine vollständig digitale Infrastruktur, trägt aktiv zur Mobilitätswende bei und setzt neue Maßstäbe in der Branche.

Profil

Christina Diem-Puello führt eine Tradition weiter, die seit über 100 Jahren tief in ihrer Familie verwurzelt ist. Ihre Familie hat die deutsche Fahrradbranche maßgeblich mitgeprägt. 1921 legt ihr Urgroßvater, der leidenschaftliche Radrennfahrer Engelbert Wiener, mit einem kleinen Fahrradgeschäft den Grundstein für die Winora-Gruppe. Christinas Mutter, Susanne Puello, baut diese zu einem Weltmarktführer aus, der auf nachhaltige Mobilität und E-Mountainbikes spezialisiert ist. „Ich bin Teil einer Fahrrad-Dynastie und führe dieses Erbe in die vierte Generation“, sagt Christina stolz. Doch der Weg dorthin war alles andere als gradlinig.

Christina wollte schon immer die Familientradition fortführen. Nach ihrem Studium sammelt sie zunächst umfangreiche Erfahrungen in verschiedenen Bereichen des Familienunternehmens, von HR über Finanzen bis hin zum internationalen Vertrieb, den sie eigenverantwortlich in den USA aufbaut. Sie lernt das Geschäft von der Pike auf und entwickelt ihre heutige Leidenschaft für innovative Geschäftsmodelle. Doch die Nachfolge verläuft nicht wie geplant. 2017 treffen ihre Eltern die Entscheidung, das Unternehmen zu verkaufen. „Das war einer der schmerzhaftesten Momente meines Lebens“, erinnert sich die Unternehmerin. „Ich hatte so viele Pläne, so viel Herzblut – und plötzlich war alles weg.“

Christina ist schnell klar, dass das nicht der familienunternehmerische Endpunkt für sie sein kann. Sie eröffnet ein neues Kapitel, nimmt ihr bestehendes Team mit, gründet gemeinsam mit Maximilian Diem die DD Deutsche Dienstrad GmbH und setzt „all in“ auf eine innovative Nische: Dienstradleasing und digitale Mobilitätslösungen. „Es fühlte sich an, als würde ich mein Leben über Nacht neu erfinden“, beschreibt sie die turbulente Gründungszeit, die während der Corona-Pandemie beginnt. Trotz anfänglicher Schwierigkeiten – geschlossene Fachhändler*innen, verschobene Umsätze – hält sie an ihrer Vision fest. „Es war ein Kraftakt, aber ich wusste, dass wir auf dem richtigen Weg waren.“

Heute ist die DD Deutsche Dienstrad GmbH ein Vorreiter in der betrieblichen Mobilität – mit über 125 Mitarbeitenden und einem Jahresumsatz von 280 Mio. € im Jahr

2024. Christina und ihr Mann haben es geschafft, aus der Krise heraus ein erfolgreiches Unternehmen aufzubauen. Sie lernt durch das wertvolle Wissen und die Methoden der Eltern, sich weiterzuentwickeln und einen eigenen Weg einzuschlagen. Die Führungsphilosophie von Christina gründet auf Kollaborationen und Verantwortungsübergabe sowie -übernahme, sodass aktive Mitgestaltung durch alle Mitarbeitenden gemeinsam gelebt wird.

Heute schließt sich der Kreis der Unternehmensgeschichte. Mutter Susanne und ihr Mann Felix Raymundo haben Anfang 2025 die Fahrradmarke Raymon Bicycles zu 100 % in die eigenen Hände zurück erworben. Die vergangenen Prozesse sind für Christina wichtige Lernerfahrungen, aus denen sie ihre heutige Klarheit gewinnt: sie versteht, dass Nachfolge auch bedeutet, die Perspektive der Eltern zu sehen – insbesondere, dass ‚Loslassen' eine der emotionalsten Herausforderungen für die Übergebergeneration ist: „Ich habe mich dann auf ihren Stuhl gesetzt und habe mir gedacht, wow, das ist schon wirklich schwer. Wie wenn du dein Kind in andere Hände gibst. Und ich glaube, ihre Entscheidung war tatsächlich auch ein Stück weit, uns zu schützen."

Beide Generationen unterstützen sich gegenseitig und profitieren vom Wissen und den Netzwerken der jeweils anderen: „Meine Mutter hat verstanden, dass mein ganzes Knowhow in den Bereichen der Technologie sowie des (digitalen) Netzwerkens die Währung für Erfolg ist, und nimmt sich in diesen Themen auch meiner Ratschläge an. Ich nutze wiederum ebenso ihr Netzwerk."

Angesichts ihrer Erfahrungen richtet die Nachfolgerin ein klares Statement an alle Familien in Nachfolgesituationen: „Liebe loslassende Generation, vermeidet, dass es einen kompletten Cut gibt. Lasst los, aber fordert auch die Rücksicht der nachfolgenden Generation ein."

Als Präsidentin des ‚Verbands der Unternehmerinnen' (VDU) ist Christina eine starke Stimme an der Schnittstelle zwischen Politik und Wirtschaft. Den Freiraum dafür hat sie sich selbst geschaffen – zum Beispiel durch die Tandem-Führung gemeinsam mit ihrem Mann Maximilian, kombiniert mit klaren Rollenverteilungen und einer starken Führungsmannschaft. Ihre hohe Reichweite in den sozialen Medien hat sie sich strategisch aufgebaut und nutzt ihre Präsenz auch, um andere Unternehmerinnen zu inspirieren und zu stärken. „Wir dürfen heute anders führen, weiblicher und empathischer. Das ist unsere Stärke, und ich möchte andere Frauen ermutigen, diesen Weg zu gehen."

Trotz aller Erfolge bleibt Christina sensibel gegenüber den Herausforderungen der Nachfolge. „Das Loslassen fällt vielen Eltern schwer, und ich habe erlebt, wie wichtig Kommunikation und Transparenz sind." Mit großem Herz und scharfem Verstand: Christina Diem-Puello ist eine Unternehmerin, die Tradition und Innovation auf beeindruckende Weise verbindet und die ihre Ziele konsequent verfolgt. Mit einer klaren Vision, großer Offenheit und ihrem Engagement für Nachhaltigkeit und Gleichstellung ist sie ein Vorbild für viele Nachfolgerinnen und ein Beweis dafür, dass mutige Entscheidungen große Erfolge bringen. „Unternehmerin zu sein, ist herausfordernd, aber es ist das Beste, was ich mir vorstellen kann. Es gibt nichts Schöneres für mich, als Dinge gestalten und bewegen zu können."

Auf einen Wunsch – eine Sache die du verändern würdest? „Ich glaube, dass wir als Unternehmerinnen gemeinsam für uns alle jetzt einstehen und unseren Wirtschaftsstandort erst mal wieder zur Leistungsbereitschaft bewegen müssen.

Es braucht einen konstruktiven Dialog mit der Politik, um den Scheinwerfer auf die Unternehmerinnen des Landes zu lenken. Wir sind Macherinnen, wir sind Gestalterinnen, wir sind Zukunftsmacherinnen, und es ist wichtig, dass wir auch mal in die Richtung der Politik ein paar wichtige Beispiele aufzeigen. Unternehmerinnen haben sich viel zu lange aus der Politik rausgezogen. Wir haben großes Potenzial. Wir haben ganz viele Möglichkeiten. Und die müssen wir gemeinsam mobilisieren."

In 10 Jahren – wo bist du mit deinem Unternehmen? „In zehn Jahren wird Deutsche Dienstrad die führende Plattform für nachhaltige und intelligente Mobilitätslösungen in Europa sein. Als Pionier einer vernetzten Mobilitätswelt integrieren wir nahtlos Fahrradleasing in Unternehmensprozesse – mit minimalem administrativem Aufwand. Unsere innovative Plug-and-Play-Technologie wird Branchenstandard sein und ermöglicht es Unternehmen jeder Größe, nachhaltige Mobilität einfach und wirtschaftlich umzusetzen. Mit modernster KI und Automatisierung revolutionieren wir den Mobilitätsmarkt, verbinden Arbeitgeber, Mitarbeitende und Fachhändler noch smarter. Unser Anspruch: Die Zukunft der Dienstradmobilität aktiv formen – mit höchsten Datenschutzstandards."

Was gibst du anderen jungen Nachfolgerinnen mit? „Nehmt eure Nachfolge ernst. Seid mutig und geht wesentlich früher in die Gespräche mit den Übergebenden. Ohne Vorwürfe, sondern sehr offen mit dem Mindset, auch die Gegenüber zu verstehen und mit viel Respekt vor dem Lebenswerk der vorangegangenen Generation. Aber habt Lust auf Nachfolge und Unternehmertum! Das kann ich heute mit Blick in den Rückspiegel sagen: Ich kann mir nichts anderes vorstellen!"

6.2 Gesa Marie Fischer: „Ich will die Strukturen schaffen, in denen Menschen sich entfalten können."

Steckbrief

Name:
Gesa Marie Fischer
Alter:
32 Jahre
Nachfolge:
Geplante Übernahme in Tandem-Führung mit Vater
Position:
Geschäftsführende Gesellschafterin PETROFER Chemie H. R. Fischer GmbH & Co. KG

PETROFER Chemie H. R. Fischer GmbH & Co. KG

Die PETROFER Chemie H. R. Fischer GmbH & Co. KG ist ein traditionsreiches Familienunternehmen mit einer beeindruckenden Geschichte. Gegründet 1948 in Empelde bei Hannover, verlegte das Unternehmen 1956 seinen Sitz nach Hildesheim. Heute zählt PETROFER zu den führenden Anbietern von industriellen Schmierstoffen, Spezialflüssigkeiten und verfahrenstechnischen Lösungen. Das Unternehmen befindet sich aktuell in der zweiten und dritten Generation der Inhaberinnenführung. Gesa-Marie Fischer, die seit Februar 2023 als Geschäftsführerin tätig ist, repräsentiert die dritte Generation. Ihr Vater, Constantin M. Fischer, ist als CEO und geschäftsführender Gesellschafter ebenfalls in der Unternehmensleitung aktiv. PETROFER beschäftigt 320 Mitarbeiter*innen in Deutschland und über 1200 Mitarbeiter*innen weltweit.

Das Unternehmen ist global präsent mit 14 Tochtergesellschaften/Joint Ventures, 10 Produktionsstätten und vier Lizenznehmern in über 70 Ländern. Besondere Meilensteine in der Unternehmensgeschichte sind die Gründung der ersten Tochtergesellschaft in Österreich im Jahr 1974 und die kontinuierliche Expansion mit Produktionsstätten in Mexiko, Brasilien, Indien, China, der Türkei und Südafrika.

Zu den Kernkompetenzen von PETROFER gehören die Entwicklung und Produktion von mehr als 600 hochentwickelten chemischen Produkten. Das Unternehmen legt großen Wert auf Nachhaltigkeit und unterstützt die Kund*innen, den CO2-Fußabdruck zu minimieren und ihre Leistungen zu maximieren.

Profil

Gesa-Marie Fischer wächst in einer Unternehmerfamilie auf, die seit Generationen fest in der Industrie verankert ist. Dennoch ist ihr Weg ins Familienunternehmen nicht ohne Hindernisse. Auch wenn sie als Kind schon weiß, dass sie den Job später einmal machen möchte, folgen auf die ersten operativen Erfahrungen zunächst Schwierigkeiten, den eigenen Weg zu finden. Heute hat sie als Geschäftsführerin ihre Rolle gefunden und hat vor allem mit der Entwicklung des internationalen Geschäfts „einfach unheimlich viel Spaß".

Ihr Großvater gründet das Unternehmen 1948 nach dem zweiten Weltkrieg. Bereits zuvor ist er als Geschäftsführer in der Branche tätig, doch die Kriegszeit stellt ihn vor existenzielle Herausforderungen. Die Werte Loyalität und gegenseitiger Respekt prägen die Familie seitdem nachhaltig und werden auch von Gesa-Marie weitergetragen: „Das Humanitäre steckt tief in meiner Familiengeschichte."

Aufgewachsen in einer Kleinstadt, merkt Gesa-Marie früh, dass sie in ihrer Umgebung mit vielen Vorurteilen konfrontiert ist – nicht akzeptiert wird. Mit 16 Jahren geht sie auf ein Internat in England. Sie ist begeistert von der Vielfalt der Bildungsangebote: „An deren Schulsystem ist toll, was für extra curriculare Aktivitäten es gibt: Kadett-Forces, Chapel Service, Chor und Basketball – ich konnte mich ausprobieren und entwickeln."

Sie studiert Business Management in England, Australien und den USA, kehrt nach ihrem Abschluss ins Familienunternehmen zurück und arbeitet in den Bereichen Finanzen, Vertrieb, Unternehmensstrategie. Die Chance, eine neue Produktionsstätte in China aufzubauen, bietet ihr schließlich die Möglichkeit, das chinesische Geschäft kennenzulernen. Innerhalb weniger Monate muss eine neue Fabrik errichtet werden – eine Notwendigkeit, da die bestehende Anlage in Shanghai für Wohnbebauung weichen muss.

Nach Abschluss des Projekts beschließt Gesa-Marie, extern zu arbeiten. Aus ihren Netzwerken weiß sie, dass die Unternehmensberatung ein Tätigkeitsfeld ist, in welchem sie die Theorie der Unternehmensführung lernen kann. Sie bewirbt sich und wird mehrmals abgelehnt. Ihre Familie rät ihr, etwas anderes zu machen, aber Gesa-Marie ist fest entschlossen, ihr Ziel zu erreichen. Das zahlt sich aus. Sie bekommt eine Zusage, zieht nach Dubai und fängt bei KPMG in der Strategieberatung an.

Selbstbewusster und erfahrener kehrt Gesa zurück, macht einen MBA und fängt ein zweites Mal im Familienunternehmen an – diesmal mit einer klaren Position: Sie übernimmt die Leitung einer Business Unit im Bereich Papierchemikalien. Gerade zu Beginn der COVID-Krise muss sie in kurzer Zeit weitreichende Entscheidungen treffen, darunter drastische Preisanpassungen, die es in dieser Form zuvor nicht gab: „Es war eine spannende, aber auch herausfordernde Zeit. Plötzlich musste ich monatlich die Preise anpassen und mit Kund*innen verhandeln – etwas, das vorher als kaum möglich galt", erinnert sie sich.

Der Austausch mit anderen Familienunternehmer*innen spielt in ihrer Entwicklung eine große Rolle. Netzwerke wie FBN (Family Business Network) oder YPO (Young Presidents' Organization) geben ihr Halt und ermöglichen den offenen Dialog mit Gleichgesinnten. „Es ist ein bisschen wie eine Selbsthilfegruppe für Unternehmer*innen – der Austausch hilft mir enorm, um Herausforderungen zu reflektieren und neue Lösungen zu finden."

Heute verantwortet Gesa-Marie die Unternehmensstrategie und treibt die Expansion in die USA voran. „Ich habe meinen Platz im Unternehmen gefunden, indem ich ausprobiert habe, was mir liegt und was nicht. Ich liebe den direkten Austausch mit Kund*innen, die Analyse von Markttrends und die Entwicklung neuer Geschäftsfelder." Sie führt im Tandem mit ihrem Vater und erlebt dies mittlerweile als sehr bereichernd. „Seitdem ich das gefunden habe, wo ich einen Mehrwert bringen kann, ergänzen wir uns gut und ich schätze seine Erfahrung sehr."

Ihre unternehmerische Handschrift zeigt sich insbesondere in den Themen Digitalisierung, Nachhaltigkeit und Professionalisierung. Die Geschäftsführerin beschleunigt den Wandel hin zu einem effizienteren und nachhaltigeren Einsatz von Prozesschemikalien und legt den Fokus auf eine moderne Unternehmenssteuerung. „Wir haben viele eigenständige Tochtergesellschaften, in denen früher wenig koordinierte Steuerung stattfand. Das ändern wir jetzt, indem wir klare Ziele setzen und diese auch konsequent nachverfolgen."

Die Verbindung von Beruf und Privatleben gestaltet sie auf ihre Weise. Sie reist viel – geschäftlich wie privat – und nutzt internationale Netzwerke, um überall auf der Welt Kontakte zu pflegen. „Ich war bereits in über 100 Ländern. Ich merke, dass sich mein Fokus verändert. Das viele Reisen ist anstrengend und wird in Zukunft etwas weniger werden." Es ist Gesa Marie immer „wichtig, beide Seiten zu verstehen", deshalb bereist sie bewusst Krisenländer wie Syrien oder besucht die indigenen Völker in Benin. Vor allem von den Naturvölkern kann sie viel lernen: „Wir haben hier eine große ‚epidemic of loneliness' bei uns. Dort die sind so zufrieden und glücklich, weil sie ihre Community haben und im Einklang mit der Natur leben, die Natur zu schätzen wissen."

Das Thema Frauen in der Unternehmensführung sieht sie aus einer pragmatischen Perspektive. „Ich glaube, vieles ist eine Frage der inneren Einstellung. Ich habe für mich nie das Gefühl gehabt, dass es einen Unterschied macht, ob ich eine Frau bin. In dem Moment, in dem ich mich selbst als gleichwertig sehe, wird das auch von meinem Umfeld so wahrgenommen." Sie beobachtet, dass weibliche Führungskräfte oft einen inklusiveren, ganzheitlicheren Blick auf die Unternehmensführung haben. „Wir denken stärker darüber nach, welche Auswirkungen unser Handeln auf verschiedene Stakeholder hat – auf die Gesellschaft, die Umwelt, die Mitarbeitenden."

Die Zukunft sieht die Geschäftsführerin optimistisch, aber auch mit realistischem Blick auf die Herausforderungen der Branche. „Wir müssen uns diversifizieren, uns auf neue Märkte konzentrieren und langfristig denken. Gerade in der aktuellen wirtschaftlichen Lage ist das wichtiger denn je." Die USA-Expansion ist eines ihrer zentralen Projekte – und sie weiß, dass es auf ihre strategische Weitsicht ankommt, um das Unternehmen zukunftsfähig aufzustellen.

Gesa-Marie führt, indem sie viele Fragen stellt und die Mitarbeitenden selber zu einer Lösung kommen lässt. „Ich gebe meinen Mitarbeitenden viel Freiraum." Besonders prägend für sie ist die Erkenntnis, dass Führung nicht nur durch Zahlen und Strategien funktioniert, sondern durch eine klare Haltung. „Mein Job ist es, ein Umfeld zu schaffen, in dem sich Mitarbeitende entfalten können, sie wertzuschätzen und Potenziale zu fördern."

Ihre globale Perspektive und ihre vielseitigen Interessen machen sie zu einer Unternehmerin, die über den Tellerrand blickt. Sie interessiert sich für internationale Politik, fremde Kulturen und gesellschaftliche Entwicklungen. Die Perspektivenvielfalt hilft ihr dabei, unternehmerische Entscheidungen zu treffen und sich selbst immer weiterzuentwickeln.

Gesa-Marie Fischer steht für eine moderne, strategisch denkende Unternehmerin, die ihren eigenen Weg gefunden hat. Ihre Geschichte zeigt, dass Nachfolge nicht linear verläuft, sondern durch Erfahrungen, Herausforderungen und bewusste Entscheidungen geformt wird. Sie beweist, dass ein holistischer Blick und unternehmerischer Erfolg kein Widerspruch sind.

Auf einen Wunsch – eine Sache die du verändern würdest? „Wenn Menschen aufhören würden, andere zu verurteilen, wäre vieles einfacher – ob in der Gesellschaft oder in Familienunternehmen. Freiheit bedeutet nicht nur, eigene Entscheidungen zu treffen, sondern auch, anderen diese Freiheit zuzugestehen. Doch oft sind es unsichtbare Regeln und Erwartungen, die uns einschränken – sei es durch gesellschaftliche Normen oder familiäre Strukturen. Wirkliche Gleichberechtigung und persönliche Entfaltung entstehen erst, wenn jede*r* Mensch ohne Angst vor Urteilen so leben kann, wie er oder sie es für richtig hält. Das wäre die Lösung für viele unserer Probleme."

In 10 Jahren – wo bist du mit deinem Unternehmen? „In zehn Jahren sehe ich unser Unternehmen als nachhaltigen, diversifizierten und global aufgestellten Player. Wir werden uns profitabel weiterentwickelt haben, neue Industrien beliefern und geografisch stark gewachsen sein – besonders in Brasilien, Mexiko, Asien und den USA. Gleichzeitig geht es mir nicht nur um wirtschaftlichen Erfolg, sondern auch darum, unseren Beitrag zu einer besseren Welt zu leisten. Unser Engagement beginnt bei unseren Mitarbeitenden, reicht von Produkten, die Kund*innen dabei unterstützen, nachhaltiger zu produzieren, bis hin zu unserer gesellschaftlichen Verantwortung."

Was gibst du anderen jungen Nachfolgerinnen mit? „Wenn sich etwas unangenehm anfühlt, dann sollte man es erst recht angehen. Wachstum entsteht dort, wo wir uns Herausforderungen stellen – sei es schwierige Gespräche zu führen, unbequeme Entscheidungen zu treffen oder tief verwurzelte Strukturen zu hinterfragen. Gerade als Nachfolger*in in einem Familienunternehmen ist es eine große Chance, nicht nur Bestehendes zu bewahren, sondern aktiv Dinge zu verbessern – für das Unternehmen, für die Menschen darin und für die Zukunft. Es geht darum, Verantwortung zu übernehmen und den eigenen Platz im Konstrukt zu finden, um langfristig etwas Positives für die Gemeinschaft zu bewirken."

6.3 Eva Valentina Kempf: „Mein Vater sagte, in drei Jahren bin ich raus – und so war es auch."

Steckbrief

Name:
Eva Valentina Kempf

Alter:
33 Jahre

Kinder: 2

Nachfolge:
Geplante Übernahme vom Vater

Position:
Geschäftsführende Gesellschafterin der Henkelhausen Holding GmbH und Henkelhausen GmbH & Co. KG

Henkelhausen GmbH & Co. KG

Die Henkelhausen GmbH & Co. KG blickt auf eine rund 90-jährige Unternehmensgeschichte zurück. Gegründet 1936 in Krefeld, hat sich das Familienunternehmen als Spezialist für Antriebs- und Energietechnik etabliert. Mit vier Standorten in Deutschland und rund 200 Mitarbeitenden, davon 23 Auszubildende, ist Henkelhausen ein bedeutender Akteur im Maschinen- und Anlagenbau sowie der Elektrotechnik. Lutz Goebel übernahm die Firma 1998 durch einen Management-Buy-in und legte den Grundstein für die weitere Entwicklung. Mit dem Generationswechsel im Jahr 2022 übernahm Eva Valentina Kempf in zweiter Generation mit ihrem Co-Geschäftsführer Matthias Kellersohn das operative Geschäft. Gemeinsam setzen sie verstärkt auf Innovation und Nachhaltigkeit, unter anderem durch die Elektrifizierung von Antrieben und als Systemintegratorin für unterschiedliche Antriebstechnologien.

Das Leistungsspektrum umfasst den Vertrieb, die Reparatur, Wartung und Modernisierung von Dieselmotoren, insbesondere in der Bau-, Gleis- und Landtechnik sowie in den Bereichen Marine und Netzersatzanlagen. 2018 erweiterte das Unternehmen sein Portfolio durch die Mehrheitsbeteiligungen an der NTC Notstromtechnik Clasen GmbH und der Spatz & Heitmüller GmbH & Co. KG zur Henkelhausen Gruppe, die heute unter der Henkelhausen Holding GmbH zusammengefasst ist. Diese strategische Erweiterung stärkte die Position des Unternehmens als umfassender Lösungsanbieterin im Bereich der Antriebs- und Energietechnik. In der Gruppe sind heute über 320 Mitarbeiterinnen und Mitarbeiter an 7 Standorten tätig.

Profil

Eva Valentina Kempf ist Geschäftsführerin der Henkelhausen GmbH & Co. KG sowie der Henkelhausen Holding GmbH. Ihren Nachfolgeprozess beschreibt die Unternehmerin als reibungslos: „Mein Vater sagte, in drei Jahren bin ich raus – und so war es auch."

Ihr Weg in das Familienunternehmen war nicht geplant. Nach ihrem BWL-Studium geht Eva Valentina Kempf zunächst ihren eigenen beruflichen Weg und sammelt wertvolle Erfahrungen bei Capgemini Invent, einer Unternehmensberatung. „Ich hatte mir das lange offengehalten", erklärt sie. Erst als ihr Vater und Inhaber – Lutz Goebel – Unterstützung in den Bereichen Digitalisierung und Prozessoptimierung benötigt und sie direkt anspricht, entscheidet sie sich für den Einstieg ins familiengeführte Unternehmen. Sie übernimmt eine Stabsfunktion und arbeitet drei Jahre eng mit ihrem Vater zusammen. In dieser Zeit organisieren sie im Tandem die Übergabe von Wissen, Aufgaben und Netzwerken. „Wir haben viele Gespräche mit Kundinnen und Lieferantinnen geführt, um den Übergang nahtlos zu gestalten." Prozess und Kommunikation in der Nachfolge lässt die Familie von einer Mediatorin begleiten. Als klaren Vorteil der externen Begleitung reflektiert Eva Valentina Kempf die transparente Abstimmung aller Beteiligten, wodurch die Übergabe planmäßig und konfliktfrei verläuft.

Eva Valentina Kempf setzt, dem Vorbild ihres Vaters folgend, in ihrer Nachfolge bewusst auf das Modell der Tandem-Führung. „Mir war klar, dass ich jemanden auf Augenhöhe brauche, auf den ich mich verlassen kann." Gemeinsam mit ihrem Vater sucht sie sich einen externen Geschäftsführer, der den technischen Bereich verantwortet. „Ich habe den wirtschaftlichen Hintergrund, aber Maschinenbau ist eben eine andere Welt." Mit ihrem Co-Geschäftsführer Matthias Kellersohn, der nur wenige Jahre älter ist als sie selbst, trifft sie strategische Entscheidungen gemeinsam. Eva Valentina Kempf vertritt zusätzlich noch die Unternehmensgruppe als Geschäftsführerin.

Das Tandem-Modell beschreibt die 2-fache Mutter nicht nur als optimale Verteilung von Kompetenzen, sondern auch als Grundlage für die Vereinbarkeit mit ihrem Familienleben. Nicht nur in der Phase der Familiengründung brauchte es für sie die Verlässlichkeit einer Person „auf Augenhöhe, die vertreten kann und der man auch vertraut."

Die Balance von Familienaufgaben und Geschäftsführung sieht sie als eine Herausforderung, die viel Planung und ein gutes Netzwerk erfordert. „Es funktioniert mal besser, mal schlechter. Mein Mann und ich sind beide voll berufstätig mit einem durchgetakteten Tag, aber wir haben das Privileg, uns Unterstützung holen zu können." Gleichzeitig ermöglicht ihr die unternehmerische Rolle aber auch eine besondere Flexibilität, was klare Vorteile birgt, da sie sich als Geschäftsführerin die Zeiten selbst einteilen kann.

Die aktuell größte Herausforderung für die Unternehmerin ist der bestehende Fachkräftemangel: „Es ist ein tägliches Jonglieren, wie wir die Leute halten und gleichzeitig das Unternehmen strategisch voranbringen." Sie beobachtet, dass Führungskräfte heute schneller wechseln und dass es immer schwieriger wird, langfristige Bindungen aufzubauen.

Kempf setzt hier auf Kontinuität und Werte, die das Unternehmen als Familienbetrieb auszeichnen. „Die Mitarbeitenden wissen, dass sie sich auf uns verlassen können – das ist ein unschätzbarer Vorteil."

Besonders im Maschinenbau, als einer männlich dominierten Branche, musste sie sich als junge Frau oft durchsetzen. „Anfangs wurde ich auf Messen für die Assistentin gehalten. Mittlerweile hat sich das gelegt, aber man muss sich schon beweisen." Ihre Strategie: Fachkompetenz und souveränes Auftreten. „Ich lasse mich nicht so leicht aus der Ruhe bringen." Ob es einen Unterschied macht, eine Frau im Maschinenbau zu sein? „Definitiv, ja. Ich bin oft die einzige Frau im Raum." Für die Unternehmerin eher eine Chance, ihre Perspektive klar und sichtbar einzubringen. Eva Valentina Kempf plädiert für Vielfalt. Diese erlebt sie jeden Tag innerhalb ihres gemischten Geschäftsführungstandems als wertvoll und ergänzend.

Ihr Führungsstil ist geprägt von einem kooperativen Ansatz. „Ich führe kooperativ, aber mit klaren Zielen." Sie weiß, dass sie auch auf das Wissen und die Erfahrung ihrer Mitarbeitenden angewiesen ist, vor allem in technischen Fragen. Gleichzeitig sei es wichtig, in entscheidenden Momenten eine klare Linie vorzugeben. Bereits ihr Vater Lutz Goebel setzt in der Führung auf Teamarbeit. Sein Grundsatz: „Ohne die Leute kann ich das Unternehmen nicht führen." Die Tochter baut darauf auf: „Wir binden unsere Mitarbeitenden stärker ein und setzen auf eine transparente und offene Kommunikation."

Eva Valentina Kempf ist sich bewusst, dass ihre Rolle als Geschäftsführerin nicht statisch ist. „Vielleicht werde ich meine Rolle im Unternehmen irgendwann neu definieren und in die strategische Verantwortung gehen." Aktuell steht für sie jedoch die operative Führung und der enge Kontakt zu den Mitarbeitenden im Vordergrund, kombiniert mit einem klaren Fokus auf Stabilität, Wachstum und Kontinuität durch familiäre Werte. Mit ihrem Co-Geschäftsführer hat sie ein starkes Führungs-Tandem aufgebaut, das auf gegenseitigem Vertrauen basiert. „Wir sind ein gutes Team und ergänzen uns ideal – so stelle ich mir Führung vor."

Auf einen Wunsch – eine Sache die du verändern würdest? „Bürokratie abschaffen!"

In 10 Jahren – wo bist du mit deinem Unternehmen? „In den nächsten 10 Jahren sehe ich zwei große Herausforderungen für Henkelhausen: Wachstum und Transformation. Wir streben an, unsere Unternehmensgröße zu verdoppeln und gleichzeitig unseren Energiemix zu diversifizieren. Aktuell arbeiten wir zu 98 % mit Dieselmotoren, aber wir erwarten einen deutlichen Wandel hin zu alternativen Energiequellen wie Elektro, Wasserstoff und synthetischen Kraftstoffen. Zudem wollen wir uns als starker Partner in der Energiewende positionieren, beispielsweise im Bereich Batteriespeicher. Meine Rolle möchte ich zukünftig noch mehr auf die strategische Führung des Unternehmens und der gesamten Unternehmensgruppe ausrichten."

Was gibst du anderen jungen Nachfolgerinnen mit? „Habe den Mut, Verantwortung zu übernehmen! Lass dich nicht von den Herausforderungen unserer Zeit abschrecken – sie sind eine Chance, aktiv die Zukunft mitzugestalten. Es ist wichtig, bewusst den ‚driver's seat' zu übernehmen – die Rolle der Gestalter*in.

Übernimm Verantwortung, damit die Wirtschaft in unserem Land zukunftsfähig und wettbewerbsfähig bleibt. Frage dich: Wo kann ich einen Mehrwert schaffen? Wo kann ich Veränderungen bewirken? Dein Engagement und deine Initiative sind gefragt, um die Welt von morgen aktiv mitzugestalten."

6.4 Julia Laakmann: „Und jetzt habe ich das Gefühl, ich kann das, was ich woanders gefunden habe, zu uns holen. Ich hole die Welt nach Nottuln."

Steckbrief

Name:
Julia Laakmann
Alter:
30 Jahre
Nachfolge:
Geplante Übernahme im ‚Trio' nach Ausstieg des Vaters im März 2024
Position:
Gesellschafterin Giesker & Laakmann GmbH & Co. KG sowie LACKYMEDIA OHG in Nottuln
Giesker & Laakmann GmbH & Co. KG
Die Spedition Giesker & Laakmann GmbH & Co. KG ist ein familiengeführtes Unternehmen in der 4. Generation. Gegründet wurde sie 1933 von Bernhard Giesker. 1966 heiratet Hugo Laakmann ein und führt mit seiner Frau Maria das Unternehmen fort. 1999 übergibt das Paar an die Söhne Bernd und Hubert Laakmann. Sie teilen sich die Gesamtverantwortung auf: Bernd Laakmann leitet die Werkstatt, während Hubert Laakmann die Verwaltung führt.

Das Unternehmen beschäftigt aktuell 150 Mitarbeitende. Mit der Übernahme durch die 4. Generation hat sich eine ‚Flottenstruktur' (Geschäftsbereiche) etabliert. Zu dieser gehören: die Spedition, der Truckservice, Truckwash Nottuln, eine Fahrschule (DIALOG Bildungszentrum) und die Werbeagentur Lackymedia OHG.

Operativ tätige Gesellschafter sind Stefan Laakmann (Geschäftsführung) sowie Sarah Laakmann (Geschäftsführung).

Profil

Direkt nach Abschluss des Abiturs fragt ihr Vater Julia zum ersten Mal, ob sie nicht ins Unternehmen kommen will. Es war seine Vision, dass die nächste Generation ihren Platz in der Spedition findet und das Unternehmen in die 4. Generation führt. Die nächste Generation sind die drei Kinder seines Bruders und seine zwei eigenen.

Julia kann sich damals noch nicht vorstellen, ins Unternehmen einzusteigen – sieht sich nicht auf dem LKW oder in der Werkstatt. Sie entscheidet, Wirtschaftsethik zu studieren und ihren Master in den Themen Innovation und Entrepreneurship zu machen. Sie will Erfahrungen sammeln, reisen und die Welt entdecken. Nach ihrem Abschluss führt sie ihr Weg zunächst in die Konzernwelt. Schnell stellt Julia jedoch fest, dass dies ‚nicht dauerhaft ihre Welt ist'.

Der Tod des Onkels 2017 stellt einen inneren Wendepunkt für die junge Frau dar. Nicht zuletzt, weil seine drei Kinder plötzlich Gesellschafter*innen und schon operativ im Unternehmen tätig sind, reden Julia und ihr Bruder Stefan plötzlich intensiver über Anteile, Verantwortung und die Zukunft des Unternehmens. Im Juli 2020 fassen die Geschwister einen gemeinsamen Entschluss und treten – wenn auch zufällig – zur gleichen Zeit in das Familienunternehmen ein. Während Stefan die Fahrschule mitaufbaut, konzentriert sich Julia zunächst auf den Bereich Marketing. Sie macht Giesker & Laakmann in den sozialen Medien sichtbar, entwickelt die Marke. Rückblickend sagt sie heute: „Das war richtig Glück, dass ich zu einer Zeit eingestiegen bin, in der das Marketing nur nebenbei lief – so konnte ich meine Kreativität nutzen und mit meinen Stärken das Unternehmen und meine Familie unterstützen."

Auf der Suche nach der passenden Rolle probiert Julia vieles aus. Sie macht ihren LKW-Führerschein, unterstützt in der Werkstatt, begleitet Touren und entdeckt, dass das Familienunternehmen Unternehmen eine Menge Spannendes zu bieten hat. Sie springt da ein, wo gerade Bedarf ist: Marketing, Personal, Lohnbuchhaltung – aber nirgendwo kommt sie wirklich an. Zudem fällt ihr die Zusammenarbeit mit ihrem Vater nicht leicht. Unterschiedliche Generationen und damit verbundene, oft konträre Sichtweisen führen regelmäßig zu Spannungen. Julias Gedanken pendeln immer wieder zwischen Bleiben und Gehen.

2022 gründen die Junggesellschafter*innen die Marketing-Agentur Lackymedia. Ein kluger erster Schritt aus dem Dilemma: Julia führt die Agentur eigenständig. Indem sie aber vor allem die Social-Media-Strategie für das Familienunternehmen weiter erfolgreich ausbaut, bleibt sie Teil des Ganzen, ohne dauerhaft mit den bestehenden Strukturen konfrontiert zu sein. Denn angesichts dieser, stößt sie immer wieder auf inneren Widerstand. „Ich bin auf ganz viele Punkte getroffen, die mir nicht gefallen haben und die ich mir ganz anders vorgestellt hatte." Von der Gestaltung der Büroräume über Arbeitsprozesse bis hin zur gelebten Führungskultur – Julia will einiges verändern. Mit ihrem Vater an der Spitze kann sie zwar ihre Vision einbringen und teilweise auch umsetzen. Doch das reicht ihr nicht aus.

2023 beschließt sie, eine Auszeit zu machen und durch die Welt zu reisen. Ihr Team bei Lackymedia und ihre Mitgesellschafter*innen unterstützen diese Idee und geben ihr Rückhalt. Drei Monate braucht sie, um alles zu organisieren, dann verlässt sie Deutschland – die sozialen Medien immer im Gepäck. Online teilt sie ihre Erfahrungen und lässt Mitarbeitende und Interessierte an ihren Gedanken und Erlebnissen teilhaben. Die Art, wie sie über ihren Weg – innen und außen – berichtet, ihre Gedanken und Gefühle teilt, ist authentisch, mutig und offen. Das begeistert viele und lässt Verständnis wachsen für Julias ungewöhnlichen Weg. In dieser Zeit „versteht auch sie selbst, wie wichtig es ist, den eigenen Impulsen zu folgen und Konflikte aktiv zu klären."

Zurück in Deutschland sucht Julia erneut das Gespräch mit ihrem Vater. In einem begleiteten Prozess sprechen beide offen über ihre Beziehung, Konflikte, Vergangenheit und Zukunft. Nach der Auszeit und der Klärung kommuniziert Hubert Laakmann seinen Ausstieg aus der operativen Verantwortung und übergibt die Verantwortung an seine beiden Kinder sowie die Tochter seines verstorbenen Bruders Bernd. Im März 2024 folgt er dem Beispiel seiner Tochter und bereist mit einem Wohnmobil die Welt. Heute glaubt Julia, dass der Streit ihr „auch Energie gegeben hat" und ein Booster für ihre Persönlichkeitsentwicklung war. Ohne die Trigger im Alltag, hätte sie sich wahrscheinlich nicht so intensiv auf ihren Weg gemacht. Als alles geklärt war, konnten beide loslassen und ihre Beziehung zueinander neu gestalten.

Die junge Generation hat vieles vor. Sie wollen den Freiraum für die Zukunftsfähigkeit der „Flotte“ nutzen. Flotte – so nennen sie selbst ihr Firmenkonstrukt, das mit ihrem Eintritt gewachsen ist und noch weiterwachsen soll. Über ihre kreativen Social-Media-Kampagnen sind sie jetzt bereits auf einem guten Weg, die bekannteste Spedition und Fahrschule Deutschlands zu werden. Sie erhalten Initiativbewerbungen aus allen Teilen des Landes. Und sie haben aus ihrer Geschichte gelernt: Sie kommunizieren gnadenlos offen miteinander und lassen sich regelmäßig coachen – bei schwierigen Themen, aber auch in der Entwicklung ihrer Flottenstrategie und gemeinsamer Visionen. Ihre Verschiedenheit nutzen sie als Energie für Vielfalt und immer neue Ideen. Dass niemand den anderen bewertet oder begrenzt und die Kommunikation miteinander oberste Priorität hat, hält sie zusammen.

Mit ihrem Mut und ihrer Entschlossenheit, sich selbst zu finden, verändert Julia das Unternehmen. „Mein Azubi arbeitet zum Beispiel gerade in Lissabon. Das macht mich mega stolz.“ Durch ihren Weg hat Julia ihre früheren Ideen von ‚Vorbild sein‘ komplett verworfen: „Früher habe ich gedacht, dass ich ein gutes Vorbild bin, wenn ich die erste und die letzte im Office bin. Heute weiß ich, dass ich ein gutes Vorbild bin, wenn ich meinen Weg authentisch gehe und dadurch Räume und Möglichkeiten kreiere, die für die Mitarbeitenden vorher nicht da waren. Das fühlt sich jetzt wie Frieden an.“[1]

Auf einen Wunsch – eine Sache die du verändern würdest? „Raus aus Nottuln. Wenn ich könnte, würde ich das Unternehmen nehmen und woanders hinsetzen. Deshalb versuche ich jetzt wirklich alles, was ich woanders geiler fand, hier zu integrieren. Ich nehme alle Erfahrungen von meinen Reisen und baue mir meine Umgebung einfach selbst.“

In 10 Jahren – wo bist du mit deinem Unternehmen? „In 10 Jahren sind wir Vorreiter*innen in unseren Branchen und für unsere innovativen Ansätze bekannt. Wir beraten Unternehmen im Aufbau und in Themen wie Mitarbeitendenentwicklung und Nachfolgeprozesse. Einfach, weil wir da – glaube ich – alles durchgemacht haben und so viel lernen durften. Wir träumen von einer Unternehmensflotte, in der wir nicht nur gerne zur Arbeit gehen, sondern in der wir alle über uns hinauswachsen, unser Potenzial entfalten können und unsere authentische Kraft in die Welt bringen und somit einfach geile Ergebnisse liefern.“

Was gibst du anderen jungen Nachfolgerinnen mit? „Das Allerwichtigste in meinen Augen ist es, sich selbst kennenlernen zu wollen. Also sich selbst begegnen, reflektieren und seine eigenen Werte kennen. Nur so können wir gesunde Grenzen setzen, für uns einstehen und bei uns bleiben. Und das ist gerade in der Nachfolge so wichtig, damit man authentisch sein kann. Und Kompromisse wirklich nur da eingehen, wo es wirklich möglich ist. Wenn das nicht gegeben ist, fangen wir an eine Maske aufzusetzen – und das kostet sehr viel Kraft, die wir besser woanders einsetzen können!“

[1] *Anmerkung: Julia gibt 2025 ihre operative Verantwortung ab und bringt sich aus ihrer Gesellschafterrolle heraus strategisch in das Unternehmen ein.*

6.5 Anna Meusert: „Es hat sich angefühlt, als wäre alles plötzlich auf Links gedreht worden. Aber ich habe auch die Chance für mich persönlich gesehen."

Steckbrief

Name:
Anna Meusert

Alter:
30 Jahre

Nachfolge:
Notfallübernahme des Unternehmens 2020 nach Tod des Vaters

Position:
Geschäftsführende Gesellschafterin Planen Wehner GmbH, Schweinfurt

Planen Wehner GmbH
Planen Wehner GmbH ist ein familiengeführtes Unternehmen in der 2. Generation. Seit 1975 bietet das mittelständische Unternehmen mit 15 Mitarbeitenden Produkte und Dienstleistungen in den Bereichen Planen, Beschriftungen, Sonnenschutz an. Eine Besonderheit ist der Bereich Autosattlerei, mit dem Planen Wehner eine für Kunden unverzichtbare Nische bedient. Um dieses besondere handwerkliche Können im Unternehmen zu erhalten, bildet Planen Wehner Auszubildende in dem Beruf intern aus. Weiterhin hervorzuheben ist der konsequent nachhaltige Ansatz, den der

Betrieb verfolgt. Alle Produkte werden so gefertigt, dass sie repariert werden können und eine hohe Nutzungsdauer haben. Ressourcenschonender Umgang ist damit einer der wichtigsten Grundsätze im Unternehmen.

Profil

Als ihr Vater mit 55 Jahren unerwartet erkrankt und kurz darauf verstirbt, ist es für alle ein Schock. Anna ist Anfang 20 und gerade dabei, ihre eigene Karriere aufzubauen. Nach dem BWL Studium betreut sie Unternehmer*innen-Kunden im Bereich Private Banking bei der Sparkasse und überlegt zu promovieren.

Von heute auf morgen steht sie vor der Entscheidung, die Führung des Familienunternehmens zu übernehmen. „Ich wusste nicht, ob es funktioniert, also ob es das Richtige für mich und für die Firma ist." Angesichts der unerwarteten Wendung hin und her gerissen reduziert sie ihren Beraterjob auf Teilzeit und pendelt zunächst 9 Monate zwischen Bank und Familienunternehmen.

Es sind besonders die Mitarbeitenden, die den Ausschlag für ihre Entscheidung geben, Vollzeit bei Planen Wehner einzusteigen und das Familienunternehmen in die nächste Generation zu führen. Seit ihrer Kindheit kennt sie jeden einzelnen der Mitarbeitenden. Sie sind wie eine Familie. So ist es auch selbstverständlich, dass ausnahmslos das gesamte Team die junge Nachfolgerin unterstützt. „Hätten die das nicht gewollt, hätte ich keine Chance gehabt", sagt Anna heute.

Aber auch sie selbst steckt außergewöhnlich viel Fleiß und Durchhaltevermögen in die ersten 2 Jahre. So lange hat es ihrer Einschätzung nach gedauert, bis sie ‚Land unter den Füßen' verspürt hat. Auch wenn es viel Kraft gekostet hat, ohne Entschlossenheit und Einsatz hätte es den Erfolg nicht geben können. Anna arbeitet sieben Tage die Woche, trifft sich auch am Wochenende mit den Mitarbeitenden. Sie lernt sogar nähen und schweißen – alles Handwerkliche, das man für die Fertigung braucht. Ihr ist es wichtig, jeden Bereich ihres Unternehmens genau zu kennen und zu verstehen, was die Mitarbeitenden leisten. Anna macht zusätzlich die Weiterbildung zur zertifizierten Befestigungstechnikerin und stellt alle Weichen auf Modernisierung.

Professionalisierung und Sichtbarkeit nach außen haben für die Nachfolgerin oberste Priorität in dieser Zeit. Damit verleiht sie der Firma auch ihre eigene Handschrift und ebnet den Weg in die Zukunft: Ein neuer, einladender Empfangsbereich wird u. a. gebaut, die Sozialräume renoviert, das Produktportfolio wird erweitert.

Dank einer konsequenten Social-Media-Strategie wird Planen Wehner sichtbarer und bekannter. „75 % unserer Kunden sind hier im Umkreis von 100 km. Da bringt es einem schon was. Ich werde unheimlich oft darauf angesprochen: Hey, du bist doch die ‚Planen-Frau'." Vor allem das Feedback der Stammkunden überzeugt: „Anna, ich komme seit 40 Jahren hierher und weiß schon immer, dass ihr einen guten Job macht. Aber jetzt sieht man es auch."

3 Dinge helfen ihr besonders auf ihrem Weg der Übernahme: ihre Erfahrungen mit Unternehmer*innen-Kunden aus ihrer Tätigkeit als Bank-Beraterin, ihr breites Netzwerk aus ihrer Mitgliedschaft bei den Wirtschaftsjunioren und eine erfahrene Geschäftsführerin, die ihr als Mentorin zur Seite steht. Dieser Support ist auch einer der Gründe, warum sich Anna heute stark im Ehrenamt u. a. als Vorsitzende bei den Wirtschaftsjunioren einsetzt. „Ich engagiere mich so stark, weil ich damals von allen Seiten Unterstützung erfahren habe und etwas zurückgeben will."

Als eine der größten Herausforderungen beschreibt die Geschäftsführerin den Rollenwechsel zur Unternehmerin, der ihr ganzes Leben einmal auf links gedreht hat. Nicht nur das berufliche, auch das private Umfeld hat sich vollständig verändert. Andere Themen sind auf einmal wichtig, Zeiten und Prioritäten verändern sich, sie muss sich völlig neu erfinden und auch Vieles loslassen. „Das war für mich so die größte Herausforderung, damit fertig zu werden."

Als junge Frau und Chefin im Handwerk muss Anna auch lernen, mit Vorbehalten umzugehen. Das hat sie selbst zum Nachdenken gebracht. Mit ihren Erfahrungen aus der Bank konnte sich Anna zunächst nicht vorstellen, dass sie als Frau durch ihr Geschlecht oder Alter Nachteile haben könnte. Sie hat sich immer akzeptiert gefühlt. In ihrer neuen Rolle lernt sie jedoch schnell, dass es „im Handwerk ganz anders ist". Einige Kunden und Dienstleister sind skeptisch, „ob eine junge Frau technisch und handwerklich überhaupt Ahnung hat". So muss sie ihr Können und Wissen stärker beweisen und lernen sich selbst zu vertrauen. In dieser Zeit hat sich auch ihre eigene Haltung verändert: „Um ehrlich zu sein, war ich früher auch jemand der dachte, Frauenquote, son Schmarrn braucht man nicht". Heute sieht sie das anders. Besonders im Handwerk ist es ungewöhnlich, dass eine junge Frau den Betrieb führt. Heute weiß sie, dass man die Verunsicherung aushalten und beweisen muss, dass man es genauso gut kann. Durch ihre Erfahrungen gewinnt sie vor allem Selbstbewusstsein und Sicherheit. Sie lässt sich nicht mehr so schnell aus der Ruhe bringen.

Anna hat ihren eigenen Umgang mit den Themen gefunden. Das sieht man z. B. in ihrer Art sich bei schwierigen Dienstleistern durchzusetzen. Anders als ihr Vater setzt sie auf Augenhöhe und viel Kommunikation. „Ja, das hat bei meinem Vater halt nur auf Druck funktioniert und alle haben gespurt. Das wäre nicht meins gewesen. Also habe ich meine Art gefunden." Im Betrieb selbst ist der wertschätzende Umgang auf Augenhöhe selbstverständlich. Nur einer der Gründe, warum das gesamte Team im Betrieb geblieben ist und sogar einige noch dazugekommen sind. Stolz ist sie auf ihre Vorbild-Rolle, durch die sich auch der Frauenanteil im Team erhöht hat: eine Auszubildende hat sie nach 3 Jahren übernommen und eine Autosattlerin neu eingestellt. Und das ist noch nicht das Ende.

Heute ist Anna in ihrer Rolle angekommen. Sie schätzt vor allem die Freiheiten, die diese mit sich bringt. Diese nutzt sie zum Beispiel für ehrenamtliches und gesellschaftliches Engagement. „Das ist auch einer der Hauptgründe, warum ich es so gerne mache, weil man doch einfach selbst seinen Tag strukturieren kann."

Auf einen Wunsch – eine Sache die du verändern würdest? „Politisch gesehen würde ich die Steuern in unteren bis mittleren Einkommensschichten senken, um wieder einen klareren Unterschied zu machen. Die Menschen, die wir ausbilden, sind Quereinsteiger. Wir haben meist lange Anlernphasen. In dieser Zeit verdienen sie wenig und haben nicht viel von ihrem Gehalt. Das würden viele im Handwerk unterschreiben, weil es den Einstieg attraktiver machen würde.“

In 10 Jahren – wo bist du mit deinem Unternehmen? „Wir haben eine super Ausgangslage. In 10 Jahren haben wir als Firma die Generationentransformation geschafft und haben junge Mitarbeitende nachgezogen. Wir sind in jedem Fall weitergewachsen, aber auch unserem Ursprungskern – der Konfektion technischer Textilien – treu geblieben.“

Was gibst du anderen jungen Nachfolgerinnen mit? „Ja, auf jeden Fall, den Mut zu haben, es zu tun und sich mit anderen Menschen auszutauschen – entweder mit Nachfolger*innen in der gleichen Situation oder auch mit Mentor*innen.“

6.6 Marie-Christine Ostermann: „Seit ich 16 Jahre bin, will ich Rullko in die nächste Generation führen. Ich gebe immer viel Zuversicht und Vertrauen und bin für alle der Stabilitätsanker."

Steckbrief

Name:
Marie-Christine Ostermann

Alter:
47 Jahre

Nachfolge:
Geplante Übernahme vom Vater

Position:
Alleinige Geschäftsführende Gesellschafterin der Rullko Großeinkauf GmbH & Co. KG

Rullko Großeinkauf GmbH & Co. KG
Die Rullko Großeinkauf GmbH & Co. KG ist ein traditionsreiches Familienunternehmen mit Sitz in Hamm, Nordrhein-Westfalen. Am 14. November 1923 gründete Carl Rullkötter das Unternehmen als Lebensmittelgroßhandlung und Kaffeerösterei. Nach seinem Tod 1963 übernahm seine Frau Elly Rullkötter – für diese Zeit sehr ungewöhnlich – die Gesamtleitung des Unternehmens und führt es erfolgreich weiter. 1975 trat Enkel Carl-Dieter Ostermann in die Geschäftsführung ein und vollzieht die strategische Entwicklung des Unternehmens von Einzelhandel auf das Segment Großküchen.

Seit 2006 leitet Marie-Christine Ostermann, die Urenkelin des Firmengründers, das Familienunternehmen in vierter Generation. Unter ihrer Führung beschäftigt Rullko aktuell rund 200 Mitarbeitende.

Kerngeschäft ist die Belieferung von Großküchen, insbesondere in Kliniken, Seniorenheime und Gastronomie. Das Sortiment umfasst über 25.000 Artikel für Großverbraucher*innen, die auf einer Lagerfläche von 25.000 Quadratmetern bereitgestellt werden. Zusätzlich betreibt Rullko eine eigene Kaffeerösterei und bietet innovative Softwarelösungen für das Küchenmanagement.

Neben ihrer Rolle in der Geschäftsführung, engagiert sich Marie-Christine Ostermann als Präsidentin des Verbands ‚Die Familienunternehmer' und setzt somit die unternehmerische Tradition ihrer Familie fort.

Profil
Marie-Christine Ostermann führt seit 2017 das traditionsreiche Familienunternehmen Rullko Großeinkauf in Hamm. Für sie stand die Nachfolge schon immer fest: „Mein Ziel war es immer, dieses Unternehmen in die nächste Generation zu führen." Heute leitet sie das Unternehmen mit über 230 Mitarbeitenden, das in seiner 101-jährigen Geschichte zu einem bedeutenden Großhändler für die Gastronomie und Gemeinschaftsverpflegung herangewachsen ist.

Marie-Christines Einstieg ins Familienunternehmen war zunächst geprägt von der engen Zusammenarbeit mit ihrem Vater, der das Unternehmen 11 Jahre lang im Tandem mit ihr führt. Der Übergang in die alleinige Verantwortung gestaltet sich fließend, aber auch herausfordernd. „Mein Vater war über 40 Jahre der Patriarch und hatte immer das letzte Wort. Das Loslassen war nicht immer einfach – weder für ihn noch für mich." Als sich Carl-Dieter Ostermann 2017 aus der operativen Führung zurückzieht, übernimmt seine Tochter die volle Verantwortung nahtlos mit viel Energie und einer klaren Vision für die Zukunft.

Marie-Christine prägt das Unternehmen gemeinsam mit ihrem starken Führungsteam mit einer modernen und zukunftsorientierten Ausrichtung. Ihr Leitungsteam besteht aus sieben Personen. Wenn die Unternehmerin, die auch Präsidentin des Verbands DIE FAMILIEN-UNTERNEHMER e. V. ist, nicht persönlich vor Ort sein kann, vertritt sie der Betriebsleiter und Manager Bernhard Huber. „Es besteht ein sehr großes Vertrauensverhältnis zwischen uns. Wir arbeiten sehr, sehr gut. Und er führt das Unternehmen operativ für mich, wenn ich nicht hier vor Ort bin." Alle 14 Tage kommen zudem alle Führungskräfte zusammen, besprechen die relevanten Themen und treffen alle wichtigen operativen Entscheidungen gemeinsam. Die Geschäftsführerin hat eine klare Kultur der Mitbestimmung etabliert. „Es sind inzwischen auch junge Mitarbeitende, die auch schon die Ausbildung bei uns gemacht haben, in dieses Führungsgremium mit aufgestiegen. Rullko legt als Arbeitgeber großen Wert auf die Ausbildung und Förderung von Nachwuchskräften im eigenen Haus und profitiert davon. Wir haben aktuell 25 Auszubildende und es bestätigt sich immer wieder, dass die besten Mitarbeitenden aus unserem eigenen Ausbildungskreis kommen, die wir eben selbst auch ausgebildet haben."

Seit dem Ausstieg des Vaters hat sich das Unternehmen nochmal maßgeblich weiterentwickelt. „Meine Handschrift alleine ist es nicht, es ist eine Gemeinschaftsleitung der Teams und der Führungskräfte, die die Handschrift des Unternehmens prägen." Mit der Einführung des Online-Bestellsystems und digitaler Kommunikationstools wird der traditionelle Außendienst abgeschafft und die Kosten werden transparent abgebildet Das führt automatisch zur Qualitätssteigerung in den Küchen, die effizienter wirtschaften können. „Die Pandemie hat uns gezeigt, dass wir Prozesse effizienter gestalten können. Digitalisierung spart Kosten, Zeit und Ressourcen – das kommt nicht nur dem Unternehmen, sondern auch der Umwelt zugute." Nachhaltigkeit spielt bei Rullko eine zentrale Rolle. So werden auch der Fuhrpark und die Gebäude klimaneutral umgebaut. „Nachhaltigkeit ist ein großes Thema für uns. Als Familienunternehmen denken wir in Generationen – auch, was den Umgang mit unseren Ressourcen betrifft."

Aktuell stellt Marie-Christine den Großmarkt, bisher fester Bestandteil bei Rullko, auf ein digitales Warenwirtschaftssystem um. Das Prinzip Cash & Carry wird konsequent durch Online-Bestellung und Lieferung ersetzt.

Als bisher größte Herausforderung ihrer Übernahme beschreibt die Unternehmerin die Phase der Pandemie und die damit verbundenen Lockdowns. Ein Großteil ihrer Kund*innen ist damals vom Berufsverbot betroffen. Die Umsätze brechen massiv ein. Die Diversifizierung des Unternehmens ist letztendlich der Grund, dass Rullko diese Zeit ohne Staatshilfen, Kurzarbeit und Entlassungen übersteht. „Wir beliefern nicht nur Gastronomie-Kund*innen, sondern auch viele Einrichtungen im Gesundheitssektor und gerade der musste ja weiter offen bleiben." Als die Nachfrage nach der Pandemie deutlich steigt, kann ihr Unternehmen dank der stabilen personellen Ressourcen zeitnah wieder liefern.

Als Arbeitgeberin liegt ihr die Vereinbarkeit von Beruf und Privatleben am Herzen. Das ist innerhalb der Lebensmittelbranche nicht immer einfach. „Die Menschen brauchen 6 Tage die Woche Lebensmittelversorgung." Mit auf Effizienz ausgelegten Strukturen und Prozessen werden Überstunden bei Rullko auf ein Minimum reduziert. „Die Mitarbeitenden sollen nach acht Stunden nach Hause gehen können." Möglich macht das vor allem die konsequente Digitalisierung der Prozesse, durch die Fehler und Störungen weniger häufig vorkommen. Mit der klaren Trennung ihres eigenen Berufs- und Privatlebens, ist die Unternehmerin für ihr Team ein Vorbild.

Marie-Christine Ostermann sieht in ihrer Rolle als Frau in der Inhaberschaft viele Vorteile. „Frauen binden oft mehr Meinungen ein und treffen Entscheidungen gemeinschaftlich. Das macht den Prozess manchmal länger, aber auch nachhaltiger." Sie wünscht sich auch deutlich mehr Frauen in den Leitungsgremien ihres eigenen Unternehmens. Diese zu gewinnen, ist aktuell noch eine Herausforderung, da die Phase der Karriereentwicklung und die Phase der Familiengründung für viele Mitarbeitende gleichzeitig stattfinden.

Für Marie-Christine ist ihr Unternehmen nicht nur ein Job, sondern eine Lebensaufgabe. „Ich liebe, was ich tue. Es ist sinnvoll, ein Unternehmen mit 230 Mitarbeitenden zukunftssicher zu gestalten." Sich darüber hinaus auch ehrenamtlich zu engagieren und das politische und gesellschaftliche Geschehen mitzugestalten, gehört für sie selbstverständlich dazu. „Ich bin schon immer damit aufgewachsen, dass dieses Familienunternehmen auch mit gesellschaftlichem Engagement verbunden ist." So setzt sie die Familientradition in vielerlei Hinsicht erfolgreich fort und ergänzt diese klug und voller Begeisterung mit Weitsicht, Fortschritt und Zukunftsorientierung.

Auf einen Wunsch – eine Sache die du verändern würdest? „Ich halte es für essenziell, dass wir uns alle auf unsere Kernaufgaben konzentrieren. Der Staat sollte sich auf die Schaffung stabiler Rahmenbedingungen fokussieren – mit guter Bildung, einer leistungsfähigen Infrastruktur und einem wettbewerbsfähigen Standort für Unternehmen und Arbeitnehmer*innen. Es muss für alle Menschen, unabhängig von ihrer Herkunft, möglich und lohnend sein, hier zu arbeiten und sich eine Existenz aufzubauen. Gleichzeitig sollten Unternehmen die Freiheit haben, sich auf ihre eigentliche Aufgabe zu konzentrieren: Wertschöpfung zu schaffen. Diese sollte nicht nur erlaubt, sondern als etwas Positives und Zukunftssicherndes betrachtet werden."

In 10 Jahren – wo bist du mit deinem Unternehmen? „Ich sehe mich langfristig als geschäftsführende Gesellschafterin von Rullko. Mein Lebenstraum ist es, dieses Unternehmen nachhaltig gesund zu führen, zukunftsfit zu halten und eines Tages an die nächste Generation weiterzugeben. Es erfüllt mich, zu sehen, wie Generationen – sowohl in der Familie als auch bei unseren Mitarbeitenden – hier zusammenarbeiten und Perspektiven finden. Für unsere Mitarbeitenden schaffen wir zukünftig nicht nur weiterhin Arbeitsplätze, sondern investieren auch kontinuierlich in die Zukunft. Wir bilden weiter aus und geben Menschen eine Perspektive. Das ist für mich eine sinnvolle und erfüllende Aufgabe, die mir Freude bereitet und mich glücklich macht. Zufriedenheit, Einklang und Nachhaltigkeit – für mich, unsere Mitarbeitenden und das Unternehmen – sind die Grundlage für unseren gemeinsamen Erfolg."

Was gibst du anderen jungen Nachfolgerinnen mit? „Ich kann nur jeder empfehlen, die die Möglichkeit hat, ein Familienunternehmen zu übernehmen, die Chance zu ergreifen. Auch wenn es mit Herausforderungen und Hürden verbunden ist. Es erfordert Mut, Geduld und ein hohes Maß an Commitment, aber es bietet auch die einmalige Möglichkeit, etwas Nachhaltiges und Beständiges zu schaffen, das über Generationen bestehen kann.

Der Weg ist nicht immer einfach – Veränderungen werden nicht immer sofort begrüßt, und Perfektion ist nicht von Anfang an möglich. Doch mit Ausdauer und der Bereitschaft, dem Prozess Zeit zu geben, kann man eine erfüllende Aufgabe übernehmen, die unglaublich viel Freude bereitet. Für mich persönlich war die Rückkehr in unser Familienunternehmen die beste Entscheidung meines Lebens."

6.7 Diana Polster: „Man kann nicht von geplanter Nachfolge reden. Das war tatsächlich einfach Überleben."

Steckbrief
Name:
Diana Polster
Alter:
44 Jahre
Kinder: 2
Nachfolge:
Notfallübernahme des Unternehmens 2013 nach der Erkrankung des Vaters
Position:
Geschäftsführende Gesellschafterin Autohaus Lohs GmbH in Limbach-Oberfrohna
Autohaus Lohs GmbH
Die Autohaus Lohs GmbH, mit Standorten in Limbach-Oberfrohna und Rochlitz in Sachsen, blickt auf eine fast 70-jährige Geschichte zurück. Heute wird das Unternehmen in dritter Generation von Diana Polster geführt, die als Geschäftsführerin tätig ist. Das Autohaus beschäftigt 80 Mitarbeitende und bietet ein breites Spektrum an Dienstleistungen an. Dazu gehören der Verkauf von Neu- und Gebrauchtwagen sowie umfassende Service- und Reparaturleistungen für die Marken Volkswagen, Audi und Skoda.

Eine besondere Anerkennung erhielt Diana Polster im Jahr 2023, als sie zur Unternehmerin des Jahres in Limbach-Oberfrohna ausgezeichnet wurde.

Das Autohaus Lohs legt großen Wert auf regionale Verbundenheit und unterstützt regelmäßig lokale Vereine und soziale Einrichtungen. Diana Polster betont: „Je besser es uns als Firma geht, umso mehr können wir für die Region tun." Mit dem 60-jährigen Firmenjubiläum im Jahr 2018 unterstreicht das Unternehmen seine Qualität, Kontinuität und die erfolgreiche Familiennachfolge.

Profil
Diana Polster führt das Autohaus Lohs in dritter Generation. Sie trägt die Verantwortung für rund 80 Mitarbeitende an zwei Standorten in Limbach-Oberfrohna und Rochlitz. Ihre Nachfolge kommt völlig ungeplant und ist mit vielen Herausforderungen verbunden: 2013 wird bei ihrem Vater die Krankheit Demenz diagnostiziert und plötzlich steht die junge Frau vor der Entscheidung, das Unternehmen weiterzuführen oder aufzugeben. „Ich musste mich einfach entscheiden – mach ich's oder mach ich's nicht", erinnert sich Diana. Die Krankheit ihres Vaters blieb lange unbemerkt. Mitarbeitende sprechen sie irgendwann darauf an: „Die sind auf mich zugekommen und sagten, Mensch, der Vati ist irgendwie komisch, der geht aus Gesprächen raus, der verhält sich komisch." Die Diagnose Demenz ist nicht nur ein familiärer Schicksalsschlag, sondern stellte den Betrieb vor existenzielle Herausforderungen. Die finanzielle Schieflage und hohe Schulden durch die Unsicherheiten der Automobilbranche machen die Übernahme zu einer enormen Belastungsprobe.

Für Diana war die Nachfolge nie Teil ihres beruflichen Plans. Sie studierte BWL und geht nach München, um dort in einer Steuerberatungs- und Wirtschaftsprüfungskanzlei zu arbeiten. Nach ihrer Rückkehr in die Heimat 2010 nimmt sie eine Position als Leiterin Rechnungswesen in einem Produktionsunternehmen an. Als klar wird, dass das Autohaus in einem wirtschaftlich schlechten Zustand ist und ihr Vater die Geschäfte nicht mehr führen kann, beginnt sie, sich einzuarbeiten. „Es ging ja nicht nur um das Autohaus und damit um das Lebenswerk meiner Großeltern und Eltern, sondern auch um die Sicherstellung der weiteren Versorgung meines Vaters." Ein großes Motiv für Diana Polster ist auch die Verantwortung für ihre 80 Mitarbeitenden und deren Familien. Zunächst parallel zu ihrem Führungsjob im Rechnungswesen, verhandelt sie mit Banken, kümmert sich um die Finanzierung, spricht mit Herstellern und versucht Stabilität aufzubauen. Ihre Mitarbeitenden halten ihr im operativen Geschäft den Rücken frei. Parallel zur Sanierung wird Diana schwanger mit Zwillingen. Sie verlagert kurzerhand ihren Arbeitsplatz ins Krankenhaus, wo sie eine längere Zeit bleiben muss, und kümmert sich von dort aus weiter um das Geschäft.

Diana muss in dieser Zeit in allen Bereichen große Herausforderungen bewältigen. Ihr Vater ist ein Pflegefall, der rund um die Uhr Betreuung braucht. Diana pflegt ihn mit Unterstützung in der Anliegerwohnung über dem Autohaus. Sie hat zwei Kleinkinder, die ihre Aufmerksamkeit brauchen. Das Unternehmen muss saniert werden. Sie geht alle Herausforderungen Schritt für Schritt an – und hat damit Erfolg. Heute sagt sie, sie wisse nicht, wie sie das alles geschafft hat, aber es ging doch: „Wir standen kurz vor dem Aus, aber wir haben es geschafft. Heute stehen wir gut da. Die Banken sind ruhig, die Liquidität ist gesichert." Es ist vor allem die Familie, die eng zusammenhält und diesen schwierigen Weg gemeinsam geht. Und wenn Diana Polster ‚die Familie' sagt, meint sie auch ihre Mitarbeitenden, für die sie immer wieder die Kraft findet: „Ja, ich bin da und halte die Mannschaft zusammen. Wir sind wie eine große Familie. Das haben meine Großeltern schon so gemacht."

In der Unternehmensführung setzt Diana auf flache Hierarchien und ein enges Vertrauensverhältnis zu ihrem Team. „Ich bin kein Typ, der auf den Tisch haut – das ist eine Herausforderung für mich", gibt sie zu. Sie sieht sich als Teil des Teams, sucht den offenen Austausch mit ihren Mitarbeitenden und trifft Entscheidungen gemeinsam. Dennoch weiß sie, dass am Ende die Verantwortung allein bei ihr liegt. „Ich hafte, ich muss es verantworten. Aber ich schätze es sehr, wenn wir Dinge gemeinsam diskutieren." Verändert hat sich unter ihrer Führung vor allem der Umgang miteinander. „Viele Kund*innen, die zu uns kommen sagen, Mensch, das ist schön, wenn man hier reinkommt, eine positive Atmosphäre."

Als junge Frau in der männerdominierten Automobilbranche muss sich Diana dort ihren Platz erst erkämpfen. Häufig ist sie die einzige Frau am Tisch. „Ich war das junge Mädchen im Raum – sie haben mich höflich aufgenommen, aber wirklich zugehört haben sie nicht." Von der Handwerkskammer über Banken bis hin zu Kund*innen musste sich Diana „schon erst beweisen". „Das hat locker acht Jahre gedauert", erzählt sie und sieht auch ihren eigenen Anteil. In der neuen Rolle braucht sie diese Zeit, um persönlich zu wachsen und aus dem Hintergrund rauszutreten. Heute wird sie als Chefin wahrgenommen und respektiert. „Jetzt wissen sie, was ich erreicht habe und was ich kann."

Die Vereinbarkeit von Familie und Beruf bleibt eine Herausforderung. Ihr Mann, selbstständig in der Baubranche, ist ebenso stark eingespannt. „Wir sind beide selbstständig – das bedeutet, dass wir uns wenig sehen und oft einfach nur organisieren." Ihre Kinder, mittlerweile in der vierten Klasse, verbringen viel Zeit bei den Großeltern oder im Autohaus. „Das ist der Preis, den du für deine Selbstständigkeit zahlst", sagt sie pragmatisch. In Chemnitz findet Diana eine Schule mit einer Ganztagsbetreuung, in der die Jungs gut aufgehoben sind. Schulleben und Freizeitangebote dort sind familiär und vielfältig. Das gibt der Unternehmerin ein gutes Gefühl, um ihre vielen Aufgaben bewältigen zu können.

Diana hat früh erkannt, dass eine starke Präsenz in den sozialen Medien essenziell für die Zukunft des Unternehmens ist. Sie investierte in ein professionelles Marketing-Team, dass das Autohaus auf Plattformen wie LinkedIn, Facebook, Instagram und TikTok positioniert. „Es geht nicht nur darum, neue Kund*innen zu gewinnen, sondern vor allem darum, als attraktiver Arbeitgeber wahrgenommen zu werden und dass die Welt weiß, dass es uns gibt." Der Einsatz zahlt sich aus. Von den vier bis fünf Auszubildenden pro Jahr bleibt die Mehrheit nach ihrer Ausbildung fest im Unternehmen. 2023 wird Diana Polster mit dem Preis ‚Unternehmerin des Jahres' ausgezeichnet. 2024 gewinnt ihr Autohaus den Walter-Hartwig Preis für hervorragende Ausbildungsleistung im Handwerk.

Diana blickt optimistisch in die Zukunft. „Wir haben jetzt Stabilität erreicht und darauf möchte ich aufbauen." Ganz wichtig ist ihr dabei, den familiären Charakter des Unternehmens zu bewahren. „Es geht mir nicht nur um Autos – es geht um die Menschen, die hier arbeiten und die unsere Kund*innen sind.“ Dianas große Stärke ist ihre Authentizität und ihr Bewusstsein für die Dinge, die sie in ihrem direkten Umfeld verändern kann: „Ich führe das Unternehmen so, wie ich es für richtig halte – mit Herz, Verstand und dem unbedingten Willen, weiterzumachen.“

Auf einen Wunsch – eine Sache die du verändern würdest? „Ich wünsche mir, dass wir uns wieder auf das Wesentliche und Ursprüngliche besinnen. Wenn wir mehr in die Selbstreflexion gehen und weniger nach außen schauen – darauf, was andere haben oder nicht haben – dann könnte viel mehr Zufriedenheit und Menschlichkeit entstehen. Statt ständig im Vergleich zu leben, sollten wir uns bewusst machen, was wir bereits haben und daraus Kraft schöpfen. Ein gemeinsamer Blick nach innen würde uns allen guttun.“

In 10 Jahren – wo bist du mit deinem Unternehmen? „Stabilität ist für mich das Wichtigste. Ich strebe kein Wachstum im Sinne von Expansion an, sondern konzentriere mich darauf, unser bestehendes Geschäft weiterzuentwickeln – in die Tiefe statt in die Breite. Unser Ziel ist es, Prozesse zu optimieren, Qualität zu steigern und das Miteinander zu stärken. Die Automobilbranche verändert sich rasant, und ich weiß nicht, wo sie in zehn Jahren stehen wird. Doch eines bleibt sicher: Das Handwerk und die Dienstleistung an Kund*innen werden immer Bestand haben. Unser Fokus liegt darauf, für unsere Kundschaft da zu sein und Lösungen für ihre Probleme zu finden – das ist unser Erfolgsrezept.“

Was gibst du anderen jungen Nachfolgerinnen mit? „Mut bedeutet, neue Wege zu beschreiten – auch wenn sie herausfordernd sind. Die Selbstständigkeit und Nachfolge haben viele Vorteile, die man aber erst entdeckt, wenn man den Weg geht. Und wer den Schritt wagt, entdeckt nicht nur neue Möglichkeiten, sondern entwickelt auch eine innere Stärke, die einen wachsen lässt. Es geht darum, einfach loszulaufen und die Herausforderungen anzunehmen. Ich glaube fest daran, dass uns nur die Aufgaben gestellt werden, die wir auch bewältigen können. Jede Herausforderung hat ihren Sinn, und es lohnt sich, sie mit Zuversicht anzugehen.“

6.8 Linn Rose: „Der Mensch ist ein lernendes Wesen, das sich vieles aneignen kann. Und Unternehmertum kommt vielleicht auch zu einem großen Teil von innen."

Steckbrief
Name:
Linn Rose
Alter:
41 Jahre
Kinder: 2
Nachfolge:
Geplante Übernahme vom Vater
Position:
Geschäftsführende Gesellschafterin Rose-Druck, Landau

Profil
Linns Nachfolgegeschichte beginnt mit einem Brief ihres Vaters Bernd Rose. Er richtet die entscheidende Frage nach dem Interesse an der Nachfolge schriftlich an alle seine 3 Kinder. Diese sind da bereits alle Gesellschafter*innen. Weil Linn „tatsächlich immer fest davon ausgegangen ist, dass ihr älterer Bruder das machen wird", kommt das Angebot für sie überraschend. „In unserem Elternhaus war eigentlich immer so ein bisschen der Weg Richtung Bruder vorgegeben und ich habe mich mit meiner Familie und mit meinen beruflichen Plänen selbstständig gemacht."

Es kommt anders als gedacht. Ihr Bruder Georg entscheidet sich gegen die Nachfolge und auch die jüngere Schwester Greta sieht als Ärztin ihre berufliche Zukunft nicht in der Führung des Familienunternehmens. Für Linn beginnt eine turbulente Phase der Entscheidungsfindung. Sie hat einen festen Job in einer Design-Agentur. Das Familienhaus in München ist gerade bezogen. Ihren Vater bittet sie zunächst um etwas Bedenkzeit. „Einfach mal darüber nachzudenken in den nächsten Tagen, kann ich das, kann ich das nicht, was sind Rollen, kann ich überhaupt jemals Geschäftsführerin von dem Laden sein, was habe ich studiert, was habe ich bisher gemacht, wie könnte das mit meiner Familie gehen und wie geht überhaupt so eine Nachfolge." In ihre Überlegungen bezieht sie auch ehrlich die Frage ein, was es bedeutet, wenn keiner aus der Familie es macht.

Letztendlich entscheidet sie sich für ein Nachfolge-Coaching mit der klaren Ziel-Frage: „Wie soll ich das jetzt entscheiden?". Das Ergebnis dieses Prozesses ist zunächst ein zeitlich begrenzter Einstieg über ein Projekt. In diesem leitet sie eine Untersuchung zum Einsatz von wasserbasierten Farben im Illustrationstiefdruck: „Ich kann mir das im Tagesgeschäft angucken, ich kann das spüren, ich kann unter die Lupe nehmen, was ich mitbringe, was von mir gefordert werden würde in der Situation und wie sich dieses Unternehmen anfühlt."

Es liegt jedoch nicht in Linns Naturell, Dinge ‚liegen zu lassen'. So ist sie schnell nach Projektstart auch in operative Aufgaben, vor allem in der Verwaltung, eingebunden. Sie strukturiert die Bereiche HR und Einkauf neu, baut die IT-Infrastruktur auf und begleitet Gespräche mit Bestands- und Neukund*innen.

Als wertvoll empfindet sie in dieser Zeit vor allem die Tandem-Arbeit gemeinsam mit ihrem Vater. Sie geht überall mit, beobachtet viel, stellt Fragen, hat aber auch mit Bernd Rose immer ein Back-Up, wenn sie mal nicht weiterweiß. „Mein Vater hat einfach durch sein breites Wissen und seine großen Erfahrungen viele Dinge mit fast hundertprozentiger Sicherheit entscheiden können. Das ist so und so machen wir das."

2023 trifft sie zwei zukunftsweisende Entscheidungen: Sie übernimmt Rose Druck und führt das Unternehmen in die 6. Generation, und sie pendelt. Vor Ort ist sie 3 Tage die Woche. Vor allem die Kinder sind bereits zu verwurzelt in München, als dass Landau als Wohnsitz für die Familie infrage kommt. Gemeinsam mit ihrem Mann Felix vereinbart sie einen ‚Rollentausch'. Er reduziert seine selbstständige Tätigkeit auf 60 % und kümmert sich hauptverantwortlich um die gemeinsamen Söhne. Auch hier hat die Unternehmerin eine klare Meinung: „Aus meiner Sicht ist es unrealistisch, dass beide Elternteile 100 % arbeiten können und die komplette Erziehungsarbeit nebenher irgendwie leisten. Kinder haben Bedürfnisse. Bis sie selbstständig sind, muss sich mindestens ein Elternteil dafür Zeit nehmen. Diese Care-Arbeit komplett weg zu delegieren, halte ich für unrealistisch."

Aus ihrer Mutter-Rolle heraus ist es für Linn emotional durchaus auch herausfordern, die Verantwortung aus der Hand zu geben und die Kinder „ein stückweit loszulassen". Heute ist sie vor allem stolz auf die enge Beziehung und die wertvolle Zeit, die ihr Mann Felix mit seinen Söhnen verbringt. Bei der Betreuung unterstützt ihn ein stabiles Netzwerk aus Schule, Vereinen, Mittagsbetreuung und Freund*innen, die auch mal einspringen, wenn Not am Mann ist. Familie steht für Linn immer an erster Stelle. Diesbezüglich macht sie keine

Abstriche: „Das macht keinen Sinn, das ist es nicht wert. Wenn das nicht gelaufen wäre, hätte ich gesagt, wir suchen jemanden, der das Unternehmen macht. Und dann können wir als Familie weiter unser Leben führen und wir müssen uns nicht verkrachen."

2022 legt Bernd Rose seiner Tochter ‚die Schlüssel auf den Tisch' und übergibt damit das Unternehmen vollständig in ihre Verantwortung. Bereits nach 2 Jahren kann man von außen und innen Linns Handschrift deutlich im Unternehmen erkennen. Abläufe und Prozesse in der Verwaltung sind modernisiert und digitalisiert. Es gibt mehr Kommunikation in alle Richtungen, vor allem eine offene Feedbackkultur. Das hierarchisch geprägte Miteinander wird schrittweise zu einem Umgang auf Augenhöhe und selbstverantwortlichem Entscheiden. Silos werden aufgelöst und Wissen aktiver geteilt.

Als Unternehmen ist Rose Druck heute „sichtbarer und auch greifbarer". Auch nach außen arbeitet Linn konsequent daran, „mit Kundinnen einen Umgang zu pflegen, der uns eher in eine partnerschaftliche Position bringt als in eine ‚devote Dienstleisterin-Position'."

Aus Überzeugung und weil sie nicht sieben Tage die Woche anwesend sein kann, hat Eigenverantwortung und Augenhöhe als Bestandteil der Unternehmenskultur für die Nachfolgerin eine hohe Priorität: „Genau das ist für mich die Bedeutung, auch wenn ich nicht da bin, läuft der Laden, ohne dass ich die ganze Zeit anwesend sein muss oder mir Sorgen mache."

Geteilte Verantwortung ist auch Teil ihrer Motivation, über einen zweiten Geschäftsführer nachzudenken. „Für mich bedeutet die geteilte Verantwortung Stärke, weil es heißt, dass ich Schwäche zulassen und zugeben kann. Und es wäre sicherlich ab und an einfacher zu sagen, ich habe hier mein Programm, ich weiß, wie das läuft, und entscheide das jetzt einfach. Es dauert länger, bis man sich zu zweit ‚gefunden und eingegroovt' hat. Ich habe mir ein Tandem von Anfang an gewünscht."

Linn ist davon überzeugt, dass es einen Unterschied macht, dass sie als Frau ein produzierendes Unternehmen leitet. So macht sie auch die Erfahrung, dass Personen „den Weg an ihr vorbei wählen, in Richtung ihres Vaters". Sie sieht jedoch mehr Vorteile für sich als Nachfolgerin, zum Beispiel die weibliche Art zu kommunizieren, durch die man einen anderen Zugang findet. „Ja, und dass wir auch in der Tandemsituation, in der wir jetzt sind, mit 2 Geschlechtern in manchen Situationen auch Ausgewogenheit mitbringen."

Auf einen Wunsch – eine Sache die du verändern würdest? „Also das Erste, was ich machen würde, ist die ‚German Angst' verbannen. Wir sehen als Gesellschaft immer erst die ‚Abers' und reden nicht über das, was besser werden könnte. Anstatt auf Bedenken sollten wir den Blick fester auf Chancen, Lösungen und positive Entwicklungen richten. Genauso wünsche ich mir eine Gleichberechtigungsdebatte, die breiter gedacht wird – nicht nur in Bezug auf Frauen in Führungspositionen, sondern auch in Bezug auf Männer, die Care-Arbeit übernehmen. Es braucht ein neues Verständnis davon, was Gleichberechtigung wirklich bedeutet."

In 10 Jahren – wo bist du mit deinem Unternehmen? „In 10 Jahren ist Rose Druck weiterhin eine Druckerei – aber mit einem nachhaltigen Druckverfahren, das auf Wasserfarben setzt und neue Maßstäbe setzt. Mein Ziel ist es, unser Unternehmen breiter aufzustellen, mit mehreren Standbeinen, die über das klassische Druckgeschäft hinausgehen. Diese Diversifizierung gibt uns Stabilität, eröffnet neue Möglichkeiten und sorgt dafür, dass wir auch in herausfordernden Zeiten flexibel und zukunftsfähig bleiben."

Was gibst du anderen jungen Nachfolgerinnen mit? „Mut haben, es einfach zu probieren – das ist eine der wichtigsten Erkenntnisse, die ich mitgenommen habe. Sich auszuprobieren ist ein guter Weg, und genauso mutig muss man sein, um zu sagen: Nein, das ist es nicht. Daran ist nichts Schlimmes. Gleichzeitig sollte man darauf vertrauen, dass man vieles mitbringt, auch wenn man es nicht klassisch gelernt hat. Unternehmertum kommt nicht nur aus Lehrbüchern, sondern auch von innen. Der Mensch ist ein lernendes Wesen – und genau das macht uns aus."

6.9 Laura Maria Schmidt: „Ich habe bei uns alles gefunden, was ich mir für mein eigenes Arbeitsleben vorgestellt habe."

Steckbrief
Name:
Laura Maria Schmidt

Alter:
31 Jahre
Nachfolge:
Geplante Übernahme der DI Lerntherapie GmbH/Duden Institute für Lerntherapie
Position:
Geschäftsführerin der Duden Institute für Lerntherapie
Duden Institute für Lerntherapie
Die Duden Institute für Lerntherapie mit Sitz in Berlin wurden 1992 von Prof. Dr. Gerd-Dietrich Schmidt und Dr. Andrea Schulz gegründet und gehören heute zu den führenden Anbietern von integrativer Lerntherapie im deutschsprachigen Raum. Mit dem Fokus auf die Förderung von Kindern und Jugendlichen mit Lese-Rechtschreib-Schwäche (Legasthenie) in Deutsch und Englisch sowie Rechenschwäche (Dyskalkulie) bieten sie spezialisierte therapeutische Ansätze. Diese kombinieren fachdidaktische Methoden mit Elementen aus Sprach-, Ergo und Psychotherapie, um den individuellen Bedürfnissen der Klient*innen gerecht zu werden.

Seit 2004 sind die Duden Institute Teil der Duden-Lernwelt und konnten durch diese Integration ihre Marktposition weiter ausbauen. Organisiert als Franchisesystem, sind die Institute mit rund 50 Partner*innen an über 90 Standorten vertreten. Jährlich betreuen sie über 6.000 Klient*innen und greifen dabei auf ein starkes Team von systemweit rund 800 Mitarbeitenden zurück.

Geführt wird das Unternehmen von Prof. Dr. Gerd-Dietrich Schmidt und der ‚nachfolgenden Generation' Dr. Lorenz Huck (Geschäftsführer) und Laura Maria Schmidt (Nachfolgerin in 2. Generation). Die Kombination aus familiärer Unternehmenskultur und professioneller Expertise macht die Duden Institute zu einer wertvollen Institution im Bereich der Lerntherapie.

Profil
Laura Maria ist die jüngste von fünf Geschwistern und führt seit September 2024 die Duden Institute für Lerntherapie als Geschäftsführerin. Dass sie einmal in die Fußstapfen ihres Vaters treten würde, war so nicht geplant – weder von ihr noch von ihrer Familie. „Meine Eltern hatten mich überhaupt nicht auf dem Schirm", erinnert sie sich. Aus anfänglichen Einblicken in das Unternehmen im Rahmen eines Praktikums entstand eine Karriere in der Führungsebene eines etablierten Franchiseunternehmens unter Familienführung.

Das Unternehmen hat bereits eine bewegte Geschichte hinter sich. Gegründet als Franchisesystem von Laura Marias Vater – Prof. Dr. Gerd-Dietrich Schmidt – in den neunziger Jahren, liegt der damalige Fokus auf den Themen Schulbuchverlag und schulische Materialien. Der heutige Kernbereich ‚Lerntherapie' ist damals eher ein ‚Nebenschauplatz'. Als die Cornelsen Gruppe 2009 den Schulbuchverlag übernimmt, steigt der Vater aus und verkauft alle Anteile. Drei Jahre später kauft er den zukunftsweisenden Teil „Lerntherapie“ zurück – ein Neubeginn der DUDEN Institute für Lerntherapie.

Laura Maria studiert zunächst Chemie und macht dann ihren Master im Fach Europäische und internationale Beziehungen. Ihre Studienzeit verbringt sie fast ausschließlich im Ausland und hat somit wenig Berührung mit den Duden Instituten. Als sie beschließt, ihr Pflichtpraktikum im Unternehmen des Vaters zu absolvieren, stellt sie schnell fest, „dass mir die Arbeit im Unternehmen sehr gut gefällt“. Vor allem die Unabhängigkeit in der Gestaltung und die gute Zusammenarbeit im Team begeistern die junge Frau. Ein erster Schritt in Richtung Nachfolge ist gesetzt.

Die Idee, das Unternehmen als Familienbetrieb fortzuführen, kam 2017 auf, als ihre Eltern beginnen, sich mit Nachfolgefragen auseinanderzusetzen. Ursprünglich gibt es Überlegungen, eine umfangreiche Familienverfassung zu erstellen, doch schnell wird klar, dass nur Laura und ihr ältester Bruder Interesse an einer aktiven Rolle im Unternehmen haben. „Das hat sich dann alles reduziert, weil meine anderen Geschwister schnell gesagt haben, dass das für sie kein Thema ist“, erzählt Laura. Ihr älterer Bruder entscheidet sich gegen die Gesellschafterrolle und ist IT-Leiter bei den Duden Instituten. Laura Maria vereinbart den schrittweisen Ankauf der Anteile mit ihrem Vater und eröffnet so ihr eigenes Kapitel als Nachfolgerin und zukünftige Inhaberin der Duden Institute für Lerntherapie. Heute hält Laura Maria bereits erste Unternehmensanteile.

Bevor sie 2024 die Geschäftsführung übernimmt, macht die Nachfolgerin ‚ihre Hausaufgaben‘ sorgfältig: Sie geht für ein Jahr als Referentin der Geschäftsführung in ein anderes Franchiseunternehmen. Hier lernt sie die vielseitigen Aspekte des Franchise-Systems kennen – von der Franchise-Partner*innen-Gewinnung bis hin zur Beratung und Marketingstrategien. „Ich habe gezielt nochmal außerhalb gearbeitet, um die Strukturen und Prozesse anderer Unternehmen kennenzulernen“, betont sie.

Laura Maria beginnt auch eine Promotion, um ihr theoretisches Wissen noch weiter zu vertiefen. Absolut begeistert von ihrer praktischen Arbeit, beschreibt sie die Dissertation als größte Herausforderung in dieser Zeit: „Die Geschäftsführung macht mir Spaß. Organisatorische Themen zu entwickeln, zu Netzwerken, Kommunikation und Strategie, darin gehe ich auf. Das überwiegend isolierte Arbeiten an meiner Dissertation und das lange Alleinsein am Schreibtisch fand ich herausfordernder als die Einarbeitung in die Führungsaufgaben, da ich lieber im Team arbeite. Obwohl mein Thema sehr spannend ist. Der regelmäßige inhaltliche Austausch mit meinem Vater und unserem Co-Geschäftsführer haben mir sehr geholfen.“

Parallel zur Doktorarbeit übernimmt sie im Unternehmen den Ausbau des neuen Geschäftsfeldes der Aus- und Weiterbildung in Kooperation mit der SRH Fernhochschule – The Mobile University in Teilzeit. Sie strukturiert den Vertrieb für den Weiterbildungsbereich, koordiniert die organisatorische Zusammenarbeit mit der SRH-Fernhochschule und gestaltet interne Prozesse. Ab 2020 wird Laura Maria dann auch Personalleiterin. In dieser Rolle etabliert sie erste wichtige Veränderungsprojekte wie Employer Branding und

Stärkung des Franchisegeber*innen-Marketings. „Unser Marketing war damals sehr stark auf Endkunden ausgerichtet“, erklärt sie. Durch ihre Impulse werden gezielt neue Ansätze entwickelt, die das Unternehmen sichtbarer als attraktiven Arbeitgeber positionieren.

Ein wesentlicher Faktor für Lauras Entscheidung, 2024 die Geschäftsführung zu übernehmen, ist die Tandem-Führung mit ihrem erfahrenen Co-Geschäftsführer. „Wir ergänzen uns sehr gut – inhaltlich, von den Stärken und vom Temperament her“, sagt sie. Während er die fachlichen Themen der Lerntherapie verantwortet, liegt Lauras Schwerpunkt auf der Weiterentwicklung des Franchisesystems. Strategische Themen besprechen sie gemeinsam – aktuell noch in einer Dreierrunde mit Lauras Vater. Diese Aufteilung gibt ihr auch den Raum, eine klare Grenze zwischen Beruf und Privatleben zu ziehen. „Für mich stand immer fest, dass ich perspektivisch mit einer Familie keine 60 bis 80 h pro Woche arbeiten werde“, erklärt Laura. Diese Haltung hat sie schon früh mit ihrem Vater besprochen. „Wir mussten Strukturen schaffen, die es mir ermöglichen, den Workload überhaupt zu bewältigen und dem kontinuierlichen Unternehmenswachstum gerecht zu werden.“

Heute verantwortet Laura Maria Schmidt als Geschäftsführerin drei die Geschäftsleitungsbereiche Franchise, Marketing und kaufmännische Leitung. Ihren Führungsstil beschreibt sie als kooperativ und klar strukturiert. „Ich delegiere gerne und gebe meinen Teams den Raum, ihre Stärken einzubringen. Dabei lasse ich sie eigenständig gestalten, greife aber ein, wenn meine Unterstützung gefragt ist oder mich ein Thema besonders interessiert.“

Zum Thema Vereinbarkeit hat die junge Unternehmerin eine klare Haltung. „Für mich ist das kein Fragezeichen, sondern eine Selbstverständlichkeit“, sagt sie entschieden. Als Kieferorthopädin mit eigener Praxis und Familie dient ihr die Mutter als prägendes Vorbild. „Meine Mutter hat gezeigt, dass es geht und auch in unserem Franchisesystem und der heutigen Gesellschaft gibt es viele andere Unternehmerinnen, die das ebenfalls erfolgreich umsetzen.“ Das System der Duden Institute für Lerntherapie wurde maßgeblich von starken, erfolgreichen und zuletzt auch jungen Franchisepartnerinnen in der Familienphase geprägt. Für die junge Geschäftsführerin ist klar: Es kommt auf die richtige Organisation an und die Bereitschaft, beides in Einklang zu bringen. Die Nachfolgegeschichte von Laura Maria Schmidt zeigt in beeindruckender Weise, wie Erfolg entsteht, wenn man Mut, Organisationstalent und Freude am Tun verbindet.

Auf einen Wunsch – eine Sache die du verändern würdest? „Ich wünsche mir, dass flexible Rollenbilder im Arbeitsleben und Frauen in Führungspositionen gesellschaftlich stärker normalisiert werden. Diese engen Rollenbilder empfinde ich als ‚Scheuklappen‘, die uns alle behindern. Mehr Flexibilität und Selbstverständnis bei der gleichberechtigten Organisation von Arbeit – für Frauen und Männer – könnten viele Ressourcen freisetzen und würden uns allen guttun.“

In 10 Jahren – wo bist du mit deinem Unternehmen? „Meine Vision ist Wachstum – sowohl in der DACH-Region mit neuen und bestehenden Franchise-Partner*innen als auch durch die Weiterentwicklung unseres Weiterbildungsbereichs. Wir möchten neue Zielgruppen, wie Jugendliche, die besondere Förderung benötigen, die z. B. die Schule abgebrochen haben, stärker in den Blick nehmen und Lehrkräfteweiterbildung als Schlüsselthema etablieren. Mein Traum wäre eine stärkere internationale Zusammenarbeit, auch wenn das eine große Herausforderung ist. In zehn Jahren sehe ich uns als Qualitäts- und Marktführer im Bereich der Lerntherapie sowie familiärer und attraktiver Arbeitgeber, besonders für eine Branche, in der viele Frauen arbeiten. Wodurch die Vereinbarkeit von Beruf und Familie eine Herausforderung sein kann. Ich selbst bin dann weiterhin in der Geschäftsführung, gerne im Tandem."

Was gibst du anderen jungen Nachfolgerinnen mit? „Erkenne und nutze deinen Gestaltungsspielraum – sei es im Nachfolgeprozess, in der Unternehmensführung oder in der Zusammenarbeit mit deiner Familie. Frag dich: Wie möchtest du die Zukunft aktiv mitgestalten? Übernimm Verantwortung und setze die Weichen für ein Unternehmen, das deinen eigenen Vorstellungen und Werten entspricht."

6.10 Gerda Söhngen: „Nachfolge bedeutet nicht, alles so zu machen wie die Generation vor einem."

Steckbrief

Name:

Gerda Söhngen

Alter:

36 Jahre

Kinder: 1

Nachfolge:

Geplante Übernahme von den Eltern

Position:

Geschäftsführende Gesellschafterin bei KEIL Befestigungstechnik GmbH

KEIL Befestigungstechnik GmbH

Die KEIL Befestigungstechnik GmbH ist ein familiengeführtes Unternehmen in Engelskirchen, Nordrhein-Westfalen, das sich auf Befestigungslösungen für Fassaden spezialisiert hat. Gegründet in den 1960er-Jahren von Karl Eischeid, entwickelte KEIL den Hinterschnittanker – ein innovatives Produkt, das eine unsichtbare und sichere Montage von Fassadenplatten ermöglicht. Diese Technik wird weltweit eingesetzt, unter anderem an bedeutenden Bauwerken wie der Christusstatue in Rio de Janeiro und dem Wimbledon-Stadion in London. In der 2. Generation übernahm Petra Bergfelder – die Tochter des Gründers – gemeinsam mit ihrem Ehemann Jürgen Bergfelder die KEIL Befestigungstechnik GmbH und entwickelte das Unternehmen erfolgreich weiter. Heute wird das Familienunternehmen in dritter Generation von Gerda Söhngen, der Enkelin des Gründers, gemeinsam mit dem Fremdgeschäftsführer Christian Schmidt geleitet. Mit rund 30 Mitarbeitenden befindet sich das Unternehmen in der dritten Generation der Familienführung. KEIL zeichnet sich besonders durch sein Engagement für Nachhaltigkeit und technologischen Fortschritt aus, was das Unternehmen zum Vorreiter für hochwertige und zukunftsorientierte Befestigungslösungen macht.

Profil

Für Gerda Söhngen war der Weg in das Familienunternehmen KEIL Befestigungstechnik GmbH keine vorgezeichnete Route. Um ihren heutigen Platz zu finden, nimmt sie sogar einen zweiten Anlauf. Nach ihrer Ausbildung zur Industriekauffrau und einem betriebswirtschaftlichen Studium tritt sie 2016 als Assistentin der Geschäftsführung ins Unternehmen ein. Zu dem Zeitpunkt sind es noch zwei Unternehmen, die von ihren Eltern geführt werden. „Ich wollte herausfinden, ob das etwas für mich ist", erzählt sie. Doch schnell merkt die junge Frau, dass sie mit der bestehenden Unternehmenskultur hadert. „Ich fühlte mich in der Industriebranche fremd und habe versucht, mich anzupassen – leider auf Kosten meiner eigenen Persönlichkeit." Mit dem eigenen Anspruch, es gut zu machen, verliert Gerda immer mehr ihren eigenen Weg.

Schlussendlich verlässt sie das Unternehmen nach zwei Jahren und gründet erfolgreich ihr eigenes Fitnessstudio mit dem Schwerpunkt auf EMS-Training und fünf Mitarbeitenden. Gerda wird schwanger. Mit dem unternehmerischen Erfolg der Tochter fühlen sich ihre Eltern bestärkt, sie nochmal zu fragen: „Ok, scheinbar steckt eine Unternehmerin in ihr, auch wenn sie es ganz anders macht als wir."

2019, kurz nach der Geburt ihrer Tochter, bieten diese Gerda die Nachfolge erneut an. Da eine Fremdgeschäftsführung für die Familie nicht infrage kommt, ist der ‚Rückruf' der Tochter auch die letzte Möglichkeit für KEIL, ein Familienunternehmen zu bleiben. „Entweder machen wir es aus der Familie heraus oder gar nicht." Es folgen einige Gespräche und Verhandlungen. „Das war keine leichte Entscheidung", sagt sie heute. Von den Erfahrungen ihres letzten Versuchs gestärkt, verhandelt Gerda ihren erneuten Einstieg konsequent und ringt ihren Eltern vor allem die Zusicherung ab, sich diesmal vollständig aus dem Geschäft zurückzuziehen. Nachdem die Entscheidung gefallen ist, geht alles sehr schnell: Gerda und ihr Mann stellen seine Mutter als Betreuung für ihre kleine Tochter ein, verkauft das EMS-Studio und wird im Februar 2019 Geschäftsführerin der KEIL Befestigungstechnik GmbH. Noch im selben Jahr beruft sie ihren Co-Geschäftsführer.

Seit ihrem Wiedereinstieg haben Gerda und Christian das Unternehmen radikal modernisiert. „Wir haben von einer steifen, hierarchischen Struktur auf eine offene, kollaborative Kultur umgestellt", erklärt sie. Ein neues Corporate Design, die Einführung von Social

Media und der Fokus auf persönliche Kontakte haben das Unternehmen jünger und dynamischer gemacht. „Es ist einfach alles jünger und bunter, offener und lockerer, vom Sie zum Du. Früher hat man KEIL kaum mit Menschen verbunden. Heute sind wir ein sichtbares, nahbares Team.“ Besonders stolz ist sie auf den Besprechungsraum mit Wohnzimmercharakter, wo informelle Treffen und Veranstaltungen für Kund*innen stattfinden. „Wir wollten einen Ort schaffen, der persönliches Networking fördert.“ Gerda baut gemeinsam mit ihrem Co-Geschäftsführer den Vertrieb neu auf, lädt Geschäftspartner*innen ins Unternehmen ein und begleitet Christian zwei Jahre auf Kunden-Termine, um von seiner Erfahrung zu lernen und als Tandem zusammenzuwachsen.

Die Tandemführung mit ihrem Co-Geschäftsführer Christian Schmidt beschreibt sie als einen entscheidenden Faktor für den Erfolg. „Wir ergänzen uns perfekt: Er bringt die vertrieblichen Netzwerke mit, und ich habe den Blick für Struktur und Kultur.“ Ihre Führungsphilosophie hat sie dabei konsequent weiterentwickelt. „Anfangs hatte ich das Gefühl, mich beweisen zu müssen, doch irgendwann habe ich erkannt, dass ich durch Authentizität viel mehr erreiche.“

Gerda spricht offen über die Herausforderungen, die mit ihrer Rolle einhergehen. „Ich musste lernen, loszulassen – sowohl bei der Arbeit als auch bei den Erwartungen, wie eine Geschäftsführerin sein sollte.“ Ihr persönlicher Meilenstein war der Moment, als sie sich entschied, sich nicht mehr Aufmerksamkeit als Geschäftsführerin zu erkämpfen, nur um Autorität zu demonstrieren. „Ich habe mir sogar Visitenkarten mit ‚Praktikantin‘ drucken lassen. Mit Humor und um mir den Druck zu nehmen“, erzählt die Unternehmerin.

Heute sieht Gerda ihre Vorbild-Rolle nicht nur als Unternehmerin, sondern auch als Botschafterin für moderne Nachfolge. „Ich möchte zeigen, dass Nachfolge nicht bedeutet, alles so zu machen wie die Generation vor einem. Wir haben die Freiheit, es anders zu gestalten.“ Ihren Fokus legt sie auf Nachhaltigkeit und Teamarbeit, was sich auch in ihrer Führungsstruktur zeigt: „Alles Operative habe ich abgegeben. Mein Kalender ist voll, aber nur mit Management-Aufgaben – und das funktioniert, weil ich ein starkes Team aufgebaut habe, dem ich vertraue.“

Als größte Herausforderung beschreibt die Gerda, ihre Familie für offene Gespräche an einen Tisch zu bekommen. „Es gab einige intensivere Diskussionen mit meiner Mutter, die nach 20 Jahren Unternehmensführung auch erst lernen musste, loszulassen.“ Heute sind ihre Eltern nur noch einmal im Jahr informativ in die strategische Planung eingebunden. „Wir mussten gegenseitig klare Grenzen setzen, damit ich wirklich die Verantwortung übernehmen konnte.“ Für Gerda ist ihre Mutter ein wichtiges Vorbild. In einer Zeit, als weibliche Nachfolge noch eine Ausnahme ist, übernimmt sie KEIL von ihrem Vater. „Meine Mama hatte, anders als ich, gar nicht die Möglichkeit, als Unternehmerin sichtbar zu sein, Anerkennung zu bekommen und sich mit anderen Nachfolgerinnen zu vernetzen. Ich bin ihr heute dankbar für ihre Stärke!“

Social Media spielt sowohl für sie selbst als auch für KEIL eine wichtige Rolle. „LinkedIn ist unser stärkster Hebel, um international sichtbar zu sein. Instagram hilft uns, neue Talente zu gewinnen.“ Gerda teilt auf ihrem beruflichen Instagram-Profil auch persönliche Einblicke, um Transparenz zu schaffen. „Ich möchte zeigen, wie vielfältig Unternehmerinnendasein sein kann und dass jede Nachfolgerin ihre eigene Handschrift einbringen darf.“

Mit ihrer offenen, modernen Führung und ihrer authentischen Art hat Gerda Söhngen KEIL Befestigungstechnik zu einem Vorzeigeunternehmen gemacht. Ihre Geschichte zeigt, dass Nachfolge mehr ist als eine Fortsetzung der Vergangenheit – es ist die Chance, Neues zu schaffen und die eigene Vision zu verwirklichen. Und auch, dass es manchmal einen zweiten Versuch braucht, damit es gut wird. „Ich möchte, dass meine Tochter eines Tages versteht, dass sie alles anders machen darf. Deshalb schreibe ich ihr meine Erfahrungen in ein Buch, das sie später einmal lesen soll. Die Botschaft: ‚Gestalte deine eigene Geschichte.‘“

Auf einen Wunsch – eine Sache die du verändern würdest? „Ich möchte eine Welt, in der Führung nicht vom Ego bestimmt wird, sondern von echter Verantwortung. Zu viele Entscheidungen in der Wirtschaft und im Arbeitsleben basieren auf Machterhalt, Statusdenken oder Angst vor Fehlern – anstatt auf Wachstum, Innovation und Menschlichkeit.

In vielen Unternehmen herrscht eine Null-Fehlertoleranz-Kultur. Mitarbeitende trauen sich nicht, Fehler einzugestehen oder neue Wege zu gehen, weil das Ego von Vorgesetzten Perfektion fordert. Doch wahre Führung bedeutet nicht Kontrolle, sondern Vertrauen zu schaffen, in dem Menschen sich entfalten können.

Wenn das Ego die Wirtschaft lenkt, entstehen toxische Arbeitskulturen, unnötiger Druck und Entscheidungen, die langfristig mehr Schaden als Nutzen bringen. Im schlimmsten Fall eskaliert diese Haltung bis hin zu gesellschaftlichen oder sogar globalen Konflikten.

Ich möchte eine Welt, in der Führungspersönlichkeiten nicht aus Angst oder Ego handeln, sondern mit Weitsicht, Mut und echtem Interesse am Wohl der Menschen. Denn nachhaltiger Erfolg entsteht nicht durch Dominanz, sondern durch Kooperation und Menschlichkeit.“

In 10 Jahren – wo bist du mit deinem Unternehmen? „Ich habe nicht die eine Vision, weil sich Märkte, Technologien und gesellschaftliche Rahmenbedingungen stetig verändern. Aber genau darin liegen die Stärken von KEIL: Flexibilität und strategisches Wachstum. Statt einer starren Endvision braucht es meiner Meinung nach dynamische Entwicklungsstrukturen. Es geht darum, wie in einem Spiel, die „Spielmechanik“ richtig einzustellen, um langfristig erfolgreich zu sein.“

Was gibst du anderen jungen Nachfolgerinnen mit? „Also wirklich den Blick für das, was möglich ist, offenhalten. Den Blick nach außen, um zu sehen, was alles geht und um zu verstehen, dass viel geht. Aber dann relativ zügig den Blick nach innen: die Recherche in sich selbst. Persönlich schauen, was brauche ich eigentlich, was kann ich eigentlich und was finde ich da. Diese Beschäftigung mit sich selbst sollte ehrlich sein. Ich darf das in jeglicher Form, ob ich das jetzt per Coaching, per Seminar, per Bücher, per Meditation wie auch immer mache – aber wirklich ganz, ganz, ganz, ganz, ganz viel über sich selbst suchen und herausfinden. Ich muss versuchen, mich selbst zu verstehen. Und das kannst du Jahre und Jahrzehnte machen, weil du dich ja auch immer wieder veränderst.“

6.11 Karin Spaleck: „Das Unternehmen ist nicht mein ganzes Leben – aber allein für die Menschen bei uns lohnt es sich, es fortzuführen."

Steckbrief

Name:
Karin Spaleck
Alter:
35 Jahre
Nachfolge:
Geplante Übernahme im Tandem mit Fremdgeschäftsführung
Position:
Geschäftsführende Gesellschafterin SPALECK Gruppe
SPALECK Gruppe
Die Geschichte der SPALECK GmbH & Co. KG ist eine beeindruckende Erzählung unternehmerischen Durchhaltevermögens und strategischer Weitsicht. Die SPALECK GmbH & Co. KG wurde 1869 von Schlossermeister Otto Spaleck im thüringischen Greiz gegründet. Ursprünglich auf die Herstellung von Webblattbindemaschinen für die Textilindustrie spezialisiert, entwickelte sich das Unternehmen im Laufe der Zeit zu einem führenden Hersteller von Förder- und Separiertechnik und Zulieferer in der Metallverarbeitung.

Nach dem Zweiten Weltkrieg floh die Familie 1949 aus der damaligen DDR und etablierte den neuen Hauptsitz des Familienunternehmens in Bocholt (Nordrhein-Westfalen). Otto Spaleck, der Vater von Karin Spaleck, führt das Unternehmen 30 Jahre bis 2015 und entwickelt es maßgeblich zu seiner heutigen Größe. Zentral dafür ist der strategische Wandel in den 1990er Jahren hin zur Recyclingindustrie und der Positionierung als „grüner Maschinenbauer".

Heute wird das Familienunternehmen durch Karin Spaleck und 2 Fremdgeschäftsführer in fünfter Generation geführt. SPALECK beschäftigt weltweit rund 500 Mitarbeitende und ist Technologieführer im Bereich Siebmaschinen.

Mit über 150 Jahren Unternehmensgeschichte steht SPALECK für Innovationskraft und nachhaltiges Wirtschaften im Maschinenbau.

Profil

Karin Spaleck führt die Spaleck Gruppe in der fünften Generation. Ihr Weg in die Leitung des Familienunternehmens war zunächst nicht vorherbestimmt. „Meine Eltern haben mir das relativ freigelassen, was ich beruflich machen möchte", erzählt sie. Ursprünglich will sie Event- oder Tourismusmanagement studieren. Erst die schwere Krankheit und der Tod ihres Vaters im Jahr 2015 verändern ihre Sicht auf die Nachfolge. Während seiner Krankheit verbringt die junge Frau viel Zeit mit ihrem Vater und versteht noch einmal mehr, welche Bedeutung das Unternehmen für ihn hat. „Ich habe gemerkt, wie viel ihm das Unternehmen bedeutet, und das hat mich inspiriert, mich intensiver damit auseinanderzusetzen." Eine Erfahrung, die in ihr den Wunsch festigt, das Unternehmen fortzuführen.

Ihr Vater stellt frühzeitig alle Weichen für einen reibungslosen Übergang, indem er zwei Fremdgeschäftsführer und einen starken Beirat installiert, die das Unternehmen führen werden, bis seine Kinder für eine eventuelle Übernahme bereit sind. Die neu etablierte Holdingstruktur erleichtert darüber hinaus die klare Verteilung der Verantwortlichkeiten. Alle Beteiligten unterstützen von Beginn an Karins Nachfolgepläne.

Im Personalwesen identifiziert sie für sich einen Bereich, in dem sie ihre Stärken einbringen und den sie weiterentwickeln kann. „Damals hatten wir keine richtige Personalabteilung, nur eine Personalabrechnung. Das war eine spannende Herausforderung." Bereits während ihres Studiums setzt die junge Frau gezielt ihren Schwerpunkt auf HR und sammelt erste praktische Erfahrungen. Nach ihrem Abschluss entscheidet Karin, noch zwei Jahre in zwei weiteren Unternehmen im Bereich Personalwesen zu arbeiten, um praktische Erfahrungen aufzubauen. Parallel bereitet sie den geplanten Einstieg ins Familienunternehmen mit einem Nachfolgecoaching vor: „Ich hatte so viele Fragen, Sorgen und auch Ängste. Das Coaching hat mir geholfen, mich besser darauf vorzubereiten, was auf mich zukommt und was das für mich konkret heißt."

Im Jahr 2018 steigt sie dann offiziell bei SPALECK ein. Sie baut die Personalabteilung auf, etabliert das Recruiting und die aktive Kommunikation zu den Mitarbeitenden. Gleichzeitig übernimmt sie als Familienmitglied repräsentative Aufgaben, knüpft Netzwerke und präsentiert das Unternehmen nach außen. „Ich habe gemerkt, dass mir das Spaß macht und ich mich da gut einbringen kann." Durch die schrittweise Übernahme von Verantwortung kann sie sich gut in ihre Rolle einfinden, verschiedene Dinge ausprobieren und das Vertrauen der Mitarbeitenden gewinnen. „Ich habe von unten angefangen und konnte meine

Fortschritte sehen. Das hat mich gestärkt und mir das Gefühl gegeben, dass ich mir die Anerkennung selbst erarbeitet habe."

2025 erweitert Karin ihr strategisches Aufgabengebiet in der Holding. Konsequent an ihrer Seite sind die beiden Fremdgeschäftsführer, die auch schon mit ihrem Vater zusammengearbeitet haben. Das Geschäftsführungsteam empfindet sie als große Bereicherung. „Es gibt mir Sicherheit zu wissen, dass sie ihre Expertise einbringen und die Kontinuität des Unternehmens gewährleisten." Der enge Austausch, die klare Aufgabenverteilung und die gemeinsamen Werte ermöglichen dem Dreier-Team eine stabile Führung. „Je größer das Unternehmen wird, desto mehr ist es notwendig, Verantwortung zu teilen."

Karin entwickelt mit der Zeit ihren individuellen Führungsstil, der vor allem geprägt ist von Vertrauen und der Förderung von Eigenverantwortung. „Ich gebe Aufgaben ab und lasse die Mitarbeitenden machen. Ich vertraue darauf, dass sie das können, und hole mir Feedback darüber ein, was dabei herausgekommen ist." In bestimmten Situationen entschlossen zu handeln, ist für Karin ein Entwicklungsfeld, das sie mit wachsender Erfahrung bewältigt.

Neben dem mittlerweile professionellen Personalwesen erkennt man Karins Handschrift vor allem in den Bereichen der Kultur und der Identifikation mit dem Traditionsunternehmen. So initiiert sie zum Beispiel die Spaleck-Kollektion, die das Zugehörigkeitsgefühl der Mitarbeitenden stärkt und den Unternehmensgeist auch nach außen sichtbar macht. Unter ihrer Verantwortung entsteht ein ganzheitliches Gesundheitsmanagement-Programm, und sie engagiert sich ehrenamtlich in regionalen Wirtschafts- und Branchen-Gremien.

Heute angekommen, war es für die junge Unternehmerin nicht immer einfach, ihre Rolle zu finden und auch Grenzen zu setzen. „Gerade am Anfang hatte ich das Gefühl, viele Hüte auf einmal zu tragen und allen Erwartungen gerecht werden zu müssen." Sie muss lernen, auf ihren Körper zu hören, Prioritäten zu setzen und sich Freiräume zu schaffen. In einer längeren krankheitsbedingten Auszeit gewinnt sie das Vertrauen, dass das Unternehmen auch eine Zeit lang ohne sie funktioniert. „Das hat mir eine gewisse innere Erleichterung gebracht und mir gezeigt, dass es auch andere Optionen gibt, wenn ich dem Unternehmen nicht immer den Vorrang gebe."

Nicht zuletzt aus ihrer familiären Geschichte ist die Balance zwischen beruflicher Verantwortung und persönlicher Erholung für Karin ein zentrales Thema. Sie hat gelernt, bewusster Pausen zu machen, ihre Zeit sinnvoll zu nutzen und ohne schlechtes Gewissen ‚Nein' zu sagen. „In früheren Generationen war das undenkbar. Man hat einfach funktioniert und gearbeitet. Heute ist es für mich selbstverständlich, auch mal ‚Nein' zu sagen." Mit dieser Klarheit ist sie auch ein Vorbild für die Mitarbeitenden.

Vor allem die Management-Struktur, aber auch eine konsequente Planung ermöglichen ihr die Freiräume, selbstbestimmt zu entscheiden. „Ich habe einfach für mich erkannt, dass man die Ressourcen, die man hat, gut einteilen muss. Und immer sorgfältig hinterfragen sollte: Warum gehe ich da jetzt hin, und wem nützt das gerade? Wie nützt es mir selbst? Das ist das Gute bei uns, dass ich nicht alleine in der Verantwortung stehe, sondern dass wir uns wichtige Dinge auch aufteilen."

Ihre Botschaft ist deutlich: „Findet euren eigenen Weg und lasst euch nicht verbiegen." Mit dieser Haltung führt Karin Spaleck gemeinsam mit ihrem Führungsteam die Spaleck Gruppe in eine vielversprechende Zukunft und zeigt, dass Hindernisse auch Chancen sind.

Auf einen Wunsch – eine Sache die du verändern würdest? „Ich würde die Rahmenbedingungen für Unternehmen so gestalten, dass sie wieder mehr Handlungsspielräume zulassen und sich Unternehmen somit stärker auf ihre Kernkompetenzen konzentrieren können.

Für unser Unternehmen sind besonders handwerkliche Berufe sehr wichtig. Das Handwerk verliert leider immer mehr an Attraktivität. Ich würde mir daher wünschen, dass der Wert der handwerklichen Berufe mehr Anerkennung findet und sich in Zukunft wieder mehr junge Menschen für einen handwerklichen Beruf entscheiden."

In 10 Jahren – wo bist du mit deinem Unternehmen? „Wir sind Vorreiter beim Thema Nachhaltigkeit im Maschinenbau und in der Metallverarbeitung. Mit ressourcenschonenden Materialien und energieeffizienten Fertigungsprozessen fertigen wir Produkte, die nicht nur leistungsstark, sondern auch ökologisch verantwortungsvoll sind.

Als sozial verantwortungsvolles Familienunternehmen bieten wir ein modernes Arbeitsumfeld, in dem jeder Einzelne zählt.

Die kontinuierliche Ausrichtung auf Branchen wie z. B. Kreislaufwirtschaft, Mobilität und Medizintechnik macht uns zu einem Arbeitgeber mit Zukunft."

Was gibst du anderen jungen Nachfolgerinnen mit? „Seid mutig und glaubt an euch selbst. Erlaubt euch Fehler zu machen und seid sanft zu euch. Mir hat es geholfen zunächst viel zuzuhören, um Zusammenhänge und Beweggründe zu verstehen.

Vor dem Einstieg in unser Familienunternehmen habe ich Erfahrungen in zwei fremden Unternehmen gesammelt. Diese Erfahrungen waren für mich sehr wertvoll und helfen mir noch heute mich besser in unsere Mitarbeitenden hineinversetzen zu können.

Ich nutze aktiv Netzwerke mit anderen Nachfolgerinnen. Der Austausch ist fachlich und persönlich sehr wertvoll, da die Herausforderungen sich oft ähneln. Holt euch Unterstützung, wenn ihr sie benötigt. Aus meiner Sicht ist das eine Stärke, und keine Schwäche."

6.12 Jeanette Spanier-Stark: „Als Frau im Gerüstbau musste ich mir meinen Platz erkämpfen."

Steckbrief

Name:
Jeanette Spanier-Stark
Alter:
41 Jahre
Nachfolge:
Geplante Übernahme vom Vater
Position:
Geschäftsführende Gesellschafterin der Spanier & Wiedemann KG, im Tandem mit Co-Geschäftsführer
Spanier & Bichler GmbH
Die Spanier & Wiedemann KG mit Sitz in Longuich, 1992 von Hermann Spanier und Holger Wiedemann gegründet, hat sich von einem Einmannbetrieb zu einem deutschlandweit agierenden Meisterbetrieb im Gerüstbau entwickelt. Im Jahr 2020 wurde sie umfirmiert zur heutigen Spanier & Bichler GmbH. Seit 2020 führt Jeanette Spanier-Stark, Tochter des Mitgründers, gemeinsam mit dem langjährigen Mitarbeiter Sebastian Bichler das Unternehmen in zweiter Generation. Mit rund 25 Mitarbeitenden bietet die Firma ein breites Spektrum an Gerüstbau-Dienstleistungen, darunter Blitzgerüste, Allround-Gerüste und Sonderkonstruktionen. Ihre Lösungen finden Anwendung bei Fassadenarbeiten, Kirchensanierungen und Brückenneubauten.

Spanier-Stark gründete zwei innovative Start-ups: „Moselcopter" für Drohnenvermessungen zur 3D-Gerüsterstellung und „Scaffeye" – eine Software zur rechtssicheren Verwaltung von Baugerüsten. Diese Initiativen unterstreichen das Bestreben, digitale Technologien im traditionellen Handwerk zu integrieren und positionieren Spanier & Bichler als zukunftsorientiertes Unternehmen in der Gerüstbaubranche.

Profil

Jeanette Spanier-Stark wächst in einer Welt auf, die geprägt ist von Baustellen, Gerüsten und dem Geist des Anpackens. Als mittlere von drei Schwestern in dem vom Vater gegründeten und familiengeführten Gerüstbaubetrieb bekommt sie früh Einblicke ins Handwerk: „Als Kind in einem Gerüstbauunternehmen groß zu werden, hat mich geprägt. Mir war eigentlich immer klar, ich mach alles, um darauf hinzuarbeiten, dass ich den Betrieb übernehme."

In den turbulenten Jahren ihrer Pubertät entscheidet sie sich zunächst für eine kaufmännische Ausbildung außerhalb des eigenen Betriebs. „Ich glaub, das wäre damals auch nicht gut gegangen, die Ausbildung bei uns zu machen." Ihr damaliger Chef bittet sie nach dem Abschluss zu bleiben, aber Jeanette weiß, dass ihr Platz im elterlichen Betrieb ist.

In diesen kehrt sie dann auch zurück. Weil sie ihr Wissen noch vertiefen will, absolviert sie den Betriebswirt des Handwerks, eignet sich zusätzliche Fähigkeiten an und arbeitet mit. „Nur im Büro zu sitzen, war nicht mein Ding. Ich wollte auch die fachliche Seite verstehen." Letztendlich macht sie sogar ihren Meisterinnenbrief.

Sie ist gerade Anfang 20, als der damalige Geschäftsführer und Leiter des luxemburgischen Standorts erkrankt und dauerhaft ausfällt. Jeanette springt ins kalte Wasser und übernimmt die Betriebsleitung. „Ich wurde ins kalte Wasser geworfen und musste mich durchboxen", erinnert sie sich. „Ich war auf mich allein gestellt und musste überlegen, wie ich jetzt Kunden akquiriere." Schon damals findet Jeanette kreative Wege: Kurzerhand verfasst sie ein Anschreiben, klebt ihre Visitenkarte und eine Gummibärchentüte mit dem Aufdruck ‚Jederzeit erreichbar!' drauf. Sie verschickt hunderte Tüten. Die Idee kommt bei der Kundschaft gut an. Zahlreiche Rückmeldungen und neue Aufträge gehen bei ihr ein. Es selbst zu schaffen, ist das Motto der jungen Unternehmerin. „So bin ich dann auch gewachsen und hab versucht, so wenig wie möglich nach Hause zu telefonieren und zu fragen, wie geht das jetzt?"

2020 geht sie den nächsten Schritt und übernimmt gemeinsam mit ihrem Geschäftspartner Sebastian Bichler den Familienbetrieb. Die Vereinbarung, es im Tandem zu machen, besteht schon lange davor: Sebastian war Jeanettes erster Mitarbeitender in der luxemburgischen Niederlassung und wurde über die Jahre zu einem engen Vertrauten. „Wir haben irgendwann einen ‚Bierdeckel-Vertrag' gemacht und beschlossen, das Unternehmen eines Tages gemeinsam weiterzuführen. Heute teilen wir uns die Verantwortung zu gleichen Teilen."

Während Sebastian die Baustellen und das Personal betreut, ist Jeanette für die kaufmännischen und strategischen Belange zuständig. Beide ergänzen sich ideal und haben klare Rollen definiert, um sich auch gegenseitig vertreten zu können. „Wir sind so aufgestellt, dass keine Lücke entsteht, wenn einer von uns ausfällt." Auch im Umgang mit den Kund*innen sieht Jeanette das Tandem als klaren Vorteil. Diese können zwischen zwei Ansprechpartnern wählen, wenn die Chemie mal nicht stimmt.

Die Herausforderungen in der Branche sind groß. Der Fachkräftemangel, eine schwächelnde Bauwirtschaft und der Innovationsdruck verlangen Flexibilität und Kreativität. Jeanette Spanier-Stark und Sebastian Bichler setzen auf Spezialisierung und Digitalisierung.

Besonders stolz ist die Geschäftsführerin auf die Entwicklung der digitalen Vermessungs-App ‚Moselcopter' – eine Lösung für Drohnenvermessungen und 3D-Gerüsterstellung. „Die Idee entstand aus einer Notlage, als ein Projekt kurzfristig eine innovative Lösung erforderte. Heute ist diese Technologie fester Bestandteil unseres Unternehmens."

Eine zweite Neugründung ist ‚Scaffeye', eine Software zur rechtssicheren Verwaltung von Baugerüsten. Die Apps unterstützen nicht nur im eigenen Betrieb das präzise Arbeiten, sondern machen auch den Beruf attraktiver. „Wir müssen unser Handwerk auf ein neues Level bringen, um junge Leute zu begeistern", sagt sie.

Trotz ihres fordernden Berufslebens hat Jeanette gelernt, ihrem Privatleben genügend Raum zu geben. Nach Jahren mit 16-h-Tagen versteht sie, dass es Grenzen geben muss. „Ich habe nur ein Leben und mein Körper hat nach den Jahren irgendwann gesagt, es ist genug. Und wenn man das erste Mal und das zweite Mal nicht hört, wird es schwierig. Ich habe recht lange gebraucht, bis ich das verstanden habe." Heute hilft ihr der regelmäßige Sport dabei, abzuschalten und im Gleichgewicht zu bleiben. Dennoch ist die Verantwortung als Unternehmerin allgegenwärtig. „Man ist immer Unternehmerin, 24 h am Tag. Aber ich habe gelernt, dass Pausen notwendig sind, um langfristig erfolgreich zu sein."

Jeanette sieht sich selbst als Vorbild für Frauen in einer männerdominierten Branche, wenngleich sie auch heute noch manchmal auf Vorurteile stößt. „Vor 20 Jahren wurde ich oft gefragt: Wo ist der Chef? Heute passiert das seltener, aber es gibt immer noch erstaunte Gesichter, wenn sie erfahren, dass ich Gerüstbau-Meisterin bin. Solche Kommentare ärgern mich manchmal, aber es hindert mich nicht.", sagt sie dazu.

Jeanette beschreibt ihre eigene Führungsphilosophie als Mischung aus ‚Strenge' und ‚Empathie'. Sie kann fordernd sein, zeigt jedoch auch viel persönliches Engagement für ihre Mitarbeitenden, sei es bei der Wohnungssuche oder bei bürokratischen und finanziellen Angelegenheiten.

Die Unternehmerin weiß, dass Erfolg in ihrer Branche heute nicht nur durch die Qualität der Dienstleistung, sondern auch durch persönliche Präsenz und Marketing erreicht wird. „Man verkauft mittlerweile sich selbst. Wenn die Chemie stimmt, ist der Auftrag oft schon sicher." Sie nutzt aktiv Plattformen wie LinkedIn und Instagram, um ihre Reichweite zu erhöhen, sieht aber auch in regionaler Präsenz durch Sponsoring oder Auftritte vor Ort einen wichtigen Hebel.

2023 wird ihre Nachfolge mit dem ‚She Succeeds Award' (VDU) für gelungene weibliche Nachfolge ausgezeichnet. Jeanette Spanier-Stark beweist, dass weibliche Nachfolge nicht nur einen erfolgreichen Generationenübergang ermöglicht, sondern auch innovative

Wege im klassischen Handwerk ebnet und die Branche damit zukunftsfähiger und attraktiver macht. Ihre Geschichte ermutigt junge Frauen, die Rolle der Unternehmerin mit Mut, Kreativität und Selbstbewusstsein zu gestalten.

Auf einen Wunsch – eine Sache die du verändern würdest? „Ich wünsche mir, dass Schulen ab der siebten Klasse mehr praxisnahe Inhalte vermitteln. Themen wie Finanzen, Versicherungen oder Unternehmertum sollten einen festen Platz im Lehrplan haben, damit die Jugendlichen besser aufs Leben vorbereitet sind. Werbung fürs Handwerk wäre auch wichtig, um frühzeitig Interesse zu wecken. Gerade bei Auszubildenden im Bürobereich merke ich oft, dass grundlegendes Wissen und unternehmerisches Denken fehlen – etwas, das früher oft im Elternhaus vermittelt wurde, heute aber zunehmend verloren geht."

In 10 Jahren – wo bist du mit deinem Unternehmen? „Wir haben uns in den letzten Jahren darauf spezialisiert, genau die Bereiche abzudecken, die in unserer Region sonst niemand anbietet. Trotz starker Konkurrenz und der Herausforderungen im Gerüstbau können wir sagen: Wir machen zwei, drei Dinge richtig gut. Es geht jetzt darum, dies stärker publik zu machen und uns weiterhin strategisch aufzustellen – nicht nur im Angebot, sondern auch personell, um unseren festen Stamm an Mitarbeitenden zu halten. Mein Wunsch ist, dass wir den harmonischen Weg der letzten drei Jahre weitergehen und ich pünktlich übergeben kann."

Was gibst du anderen jungen Nachfolgerinnen mit? „Glaube an deinen Traum, auch wenn der Weg nicht immer gerade verläuft und oft Umwege mit sich bringt. Lass dich nicht von deinem Umfeld entmutigen – es wird Zeiten geben, in denen du mehr investieren musst, als andere verstehen können. Ich habe selbst mit Anfang 20 oft 14 bis 16 h am Tag gearbeitet, um heute da zu sein, wo ich bin. Es erfordert Durchhaltevermögen, Struktur und die Bereitschaft zu lernen. Auf diesem Weg kann es passieren, dass sich manche Freundschaften verändern, aber du gewinnst auch neue Menschen, die deinen Weg unterstützen. Gib nicht auf, es lohnt sich!"

6.13 Christine Sparvoli-Frank: „Ich habe als Kind gedacht, Nachfolge ist mindestens so schwer, wie Astronaut*in zu sein."

Steckbrief

Name:
Christine Sparvoli-Frank
Alter:
42 Jahre
Nachfolge:
Geplante Übernahme gemeinsam mit Cousin Fabian Frank
Kinder: 1
Position:
Geschäftsführende Gesellschafterin der Ferdinand Kreutzer-Sabamühle GmbH
Ferdinand Kreutzer-Sabamühle GmbH
Die Ferdinand Kreutzer-Sabamühle GmbH ist ein traditionsreiches Familienunternehmen mit Sitz in Nürnberg, das auf eine über 150-jährige Geschichte zurückblicken kann. Gegründet wurde es 1869 von Eduard Kreutzer, der zunächst mit Bonbonsirup, Stärkezucker und Maisstärkepuder handelte. Später benannte er das Unternehmen nach seinem Sohn Ferdinand. Im Jahr 1979 fusionierte die Ferdinand Kreutzer KG mit der Sabamühle GmbH, die 1933 von Fritz Frank gegründet wurde. Diese Zusammenführung legte den Grundstein für das heutige Unternehmen.

Aktuell wird die Ferdinand Kreutzer-Sabamühle GmbH in vierter Generation von der Familie Frank geführt. Die Geschäftsführung liegt in den Händen von Fabian

Frank und seiner Cousine Christine Sparvoli-Frank. Das Unternehmen beschäftigt rund 70 Mitarbeitende.

Mit einem umfangreichen Sortiment von über 900 Produkten, darunter etwa 130 verschiedene Stärkeprodukte, bedient das Unternehmen Kund*innen aus unterschiedlichen Branchen wie der Süßwarenindustrie, der Getränkeindustrie und der Pharmazeutik.

Eine Besonderheit in der Unternehmensgeschichte ist die Einführung der Tochtermarke ‚GUAMPA' im Jahr 2015. Gemeinsam mit Christine Sparvoli-Frank brachte Fabian Frank das erste koffeinhaltige Getränk auf den Markt, das ausschließlich mit pflanzlicher Stevia gesüßt wird.

Die Ferdinand Kreutzer-Sabamühle GmbH befindet sich derzeit in der vierten Generation der Familienführung und legt großen Wert auf Qualität, Tradition und Innovation.

Profil

Christine Sparvoli-Frank ist geschäftsführende Gesellschafterin eines traditionsreichen Familienunternehmens in vierter Generation. Seit über 150 Jahren ist das Unternehmen ein stabiler Bestandteil seiner Branche. Ihr Weg an die Spitze der Ferdinand Kreutzer-Sabamühle GmbH zeigt, wie viel Durchsetzungskraft, Geduld und strategisches Geschick notwendig sein können, um sich als Nachfolgerin in einem traditionellen Familienbetrieb erfolgreich operativ zu positionieren.

Schon als Kind beobachtet Christine die Gespräche und Diskussionen auf den Familienfeiern, in denen es hauptsächlich um das Unternehmen geht. In ihr prägt sich die kindliche Vorstellung „Nachfolge ist mindestens so schwer, wie Astronaut*in zu sein.", verbunden mit einem großen Respekt vor dieser Rolle. Angesichts dieser Idee fasst sie erst 2010 den Entschluss, ihren Stamm operativ im Familienunternehmen zu vertreten.

Christine absolviert nach einem Magister Studium erfolgreich ihren zweiten Studienabschluss (französische Grande École/Master in European Business) in London und geht direkt ins Familienunternehmen. Dem Beispiel ihres Cousins Fabian Frank folgend, startet Christine als Trainee, macht u. a. den Gabelstaplerführerschein und durchläuft alle Abteilungen, um das Unternehmen von Grund auf kennenzulernen. Doch während dieser zeitnah eine führende Rolle übernimmt, findet sie zunächst keine geeignete Rolle für sich.

Die junge Frau erkämpft sich schließlich gegen einigen Widerstand aus der Familie eine Position im Außendienst und baut ein Vertriebsgebiet im Nordwesten Deutschlands auf. „Ich wollte mir Sporen verdienen und dazulernen." Sie pendelt in dieser Zeit mit dem Auto zwischen der Niederlassung bei Hamburg und Nürnberg, arbeitet mehr als 60 h die Woche. Rückblickend sagt sie, „da lernt man sehr, sehr schnell. Und das war auch die Kraft, die ich gebraucht habe, um dann quasi 10 Jahre später zu sagen, ich will Geschäftsführerin sein."

2014 entscheidet sie, nach London zurückzukehren, um erneut für ein globales Unternehmen zu arbeiten. Mit ihrem Cousin schließt sie einen Vertrag, der ihr den Wiedereinstieg zu jeder Zeit zusichert.

2016 ist es ihr Cousin, der sie zurück ins Unternehmen holt. Ferdinand Kreutzer-Sabamühle entwickelt damals einen zuckerfreien Drink mit dem gerade neu zugelassenen Süßstoff Stevia und Christine geht in die Verantwortung, das Projekt zu leiten. Es dauert dann noch weitere 3 Jahre, bis die junge Frau realisiert, „dass die 2. Reihe für mich nicht funktioniert." Sie will Gleichberechtigung und fordert die Geschäftsführung ein. Als sie damit auf Gegenwehr stößt, sucht sie Unterstützung im Gesellschafter*innenkreis und überzeugt diesen von den Vorteilen einer Tandem-Geschäftsführung. Es ist nicht einfach, aber gemeinsam setzen sie die Idee der Doppelspitze um. „Der Wendepunkt ist der, wo man aufsteht und sagt, ich will das und ich kann das und dann das Bewusstsein aller anderen auf einmal ganz anders wird." Ein neues Führungsmodell entsteht. Ihr Cousin und Geschäftsführer verantwortet den Vertrieb und den Einkauf, seine Cousine alle weiteren Bereiche. Ein Modell, mit dem heute alle Beteiligten gut leben können.

Mit ihrer Arbeit prägt Christine eine Unternehmenskultur, die auf Offenheit und Wertschätzung basiert. Sie beschreibt ihre Philosophie als „eine Balance zwischen Klarheit und Empathie". Besonders wichtig ist ihr, dass Mitarbeitende sich im Unternehmen wohlfühlen und ihre individuellen Stärken einbringen können. „Ich möchte, dass unser Unternehmen ein Ort ist, an dem sich alle akzeptiert und wertgeschätzt fühlen", betont sie. Diese Haltung trägt zu einer positiven Atmosphäre und einer hohen Identifikation der Mitarbeitenden mit dem Unternehmen bei. Eigenverantwortung ist der Unternehmerin wichtig. „Mein Cousin und ich, wir lieben eigentlich beide die Idee, dass Leute eigenverantwortlich etwas machen dürfen." Hier sieht sie auch einen deutlichen Unterschied zur Generation vor ihr.

Als Mutter einer kleinen Tochter weiß Christine Sparvoli-Frank, wie anspruchsvoll die Vereinbarkeit von Familie und Beruf ist und lebt diese Herausforderung täglich. Ihre Position als Geschäftsführerin erlaubt ihr zwar Flexibilität, doch sie betont, dass dies nur mit Unterstützung ihres Teams und ihres familiären Netzwerks möglich ist. „Es ist ein Geben und Nehmen. Ich verlange viel von meinen Mitarbeitenden, aber ich gebe auch viel zurück", erklärt sie. Die Corona-Pandemie hat ihr geholfen, digitale Arbeitsweisen zu etablieren und flexible Modelle des Arbeitens auszubauen.

Als „ehrbare Kaufleute" haben Ehrenämter in Christines Familie eine lange Tradition. Bereits ihr Urgroßvater ist, wie sie heute auch, ehrenamtlicher Handelsrichter. So ist es für die Unternehmerin selbstverständlich, sich auch außerhalb des Unternehmens zu engagieren. Als Vizepräsidentin der IHK-Mittelfranken setzt sie sich für wichtige Themen wie Fachkräftesicherung und Vereinbarkeit von Familie und Beruf ein. Für die Region Nürnberg ist sie Vorsitzende des Verbands ‚DIE FAMILIENUNTERNEHMER'. Für die Geschäftsführerin ist dieses Engagement eine Möglichkeit, die Zukunft mitzugestalten und vielfältige wirtschaftliche Impulse in das eigene Unternehmen einzubringen. „Ehrenamtliche Arbeit erweitert den Horizont und zeigt neue Perspektiven", erklärt sie.

Nicht zuletzt wegen ihrer eigenen Erfahrungen setzt sie sich für die Gleichstellung ein. „Ich bin aufgewachsen mit Pippi Langstrumpf und Bibi Blocksberg, also alles weibliche Held*innen-Figuren, wirklich in einer Welt aufgewachsen, wo ich immer gesehen habe, dass Frauen und Männer gleich viel können." Dass es nicht so sein könnte, war ihr bis nach ihrem Studium nicht bewusst. Sie glaubt, „das Problem, was viele Frauen haben, ist, dass kaum jemand offen über Ungleichheit redet. Vor allem die jungen Frauen, mit denen ich spreche, sagen immer, ich brauch keine Quote." Deshalb will sie ihre Erfahrungen offen weitergeben und über Gleichberechtigung und Barrieren sprechen. „Es braucht ein Netzwerk von Frauen, die offen sprechen und Strategien teilen." Ihre Motivation ist auch eine persönliche. „Das ist es, was ich meiner Tochter mit auf den Weg geben möchte. Ich möchte ihr sagen, du bist großartig! Es sieht keiner, was du kannst, wenn du nicht laut genug bist und deine Punkte einforderst."

Auf einen Wunsch – eine Sache die du verändern würdest? „Der Schlüssel zu einer glücklichen und friedlichen Gesellschaft liegt in den Kindern. Wenn wir sie von Anfang an ermutigen, so zu sein, wie sie wirklich sind – ohne Stereotypen und gesellschaftliche Erwartungen, die ihnen übergestülpt werden – dann wachsen sie zu starken und zufriedenen Menschen heran. Menschen, die in sich ruhen und keine Angst vor Kritik oder dem Anderssein haben, brauchen keine negativen Muster, um sich selbst zu behaupten. Ich glaube, wenn wir Kinder besser schützen und ihnen die Freiheit geben, sich wertefrei zu entfalten, dann könnten viele gesellschaftliche Probleme gelöst werden. Eine Generation, die in ihrer Vielfalt akzeptiert wird, wird Lösungen finden, anstatt Konflikte zu schaffen."

In 10 Jahren – wo bist du mit deinem Unternehmen? „Wir werden weiterwachsen. Wachstum bedeutet für uns Vielfalt, neue Produkte und internationale Expansion – organisch und durch gezielte Zukäufe im Ausland. Mein Fokus liegt darauf, unser Familienunternehmen für die nächste Generation abzusichern, unabhängig und eigenfinanziert zu bleiben. Wir müssen die Weichen stellen, Flächen sichern und neue Möglichkeiten schaffen. Dabei ist es essenziell, den Finger am Puls der Zeit zu behalten – sei es bei der Digitalisierung oder bei flexiblen Arbeitsmodellen für unsere Mitarbeitenden. Wir haben große Projekte vor uns und viele Ideen, die wir mit Bedacht und langfristiger Planung umsetzen werden."

Was gibst du anderen jungen Nachfolgerinnen mit? „Unternehmertum bedeutet harte Arbeit – das wissen alle, die diesen Weg gehen. Aber speziell Unternehmerinnen möchte ich ermutigen: Vertraut euch selbst! Wir haben die Chance, Rollenbilder neu zu definieren und Führung weiblich zu leben – mit all den positiven Eigenschaften, die Frauen mitbringen. Es sollte selbstverständlich sein, dass eine Frau ein Unternehmen auf ihre eigene, authentische Weise führt, ohne in stereotype Schubladen gesteckt zu werden. Weibliche Führung ist kein Gegensatz zu Erfolg, sondern eine Bereicherung für jedes Unternehmen."

6.14 Milen Starke: „Dann schaffst du halt dein eigenes Netzwerk, wenn du in das andere nicht reinkommst. Und irgendwann, wenn du die Schlagkraft hast, wird sich auch diese Tür öffnen."

Steckbrief

Name:
Milen Starke (geb. Volkmar)
Alter:
34 Jahre
Nachfolge:
Notfall-Übernahme des Unternehmens vom Vater 2018
Position:
Geschäftsführende Gesellschafterin Q-SOFT GmbH, Erfurt
Q-SOFT GmbH
1990 gründet Peter Volkmar, der Vater von Milen, gemeinsam mit Uwe Sengteller das IT-Unternehmen Q-SOFT in Erfurt. Damals ein Nischen-Unternehmen unter wenigen seinesgleichen, entwickelt sich die Firma im Laufe der Zeit zu einem der führenden Unternehmen der IT- und Software-Branche in Mitteldeutschland. Heute hat Q-SOFT 50 Mitarbeiter*innen und bietet in zwei zentralen Bereichen IT-Dienstleistungen an: Zum einen IT-Security und zum anderen eine ERP-Lösung für die kommunale Abfallwirtschaft. Die Mission spricht für sich:

„Wir verbinden technologische Kompetenz mit ausgeprägtem fachlichem und betriebswirtschaftlichem Know-how, speziell im Bereich der IT-Services, IT-Sicherheit und Softwareentwicklung." An oberster Stelle bei Produkten und Dienstleistungen der Q-Soft stehen ressourcenschonender Umgang und Energieeffizienz.

Profil

Für Milen war die Übernahme des väterlichen Unternehmens nicht geplant. Nach ihrem Studium arbeitet sie in Unternehmen verschiedener Branchen, in Konzernen sowie in der Beratung. Im Auslandsurlaub erreicht sie die Nachricht vom Schlaganfall ihres Vaters Peter Volkmar. Von heute auf morgen kann er seine Rolle als Geschäftsführer nicht mehr ausüben. Die Tochter fliegt sofort zurück nach Erfurt und übernimmt kurzfristig seine Aufgaben. Mit 28 Jahren ist sie ‚über Nacht' Geschäftsführerin, Nachfolgerin und verantwortlich für 50 Mitarbeitende. „Das war natürlich erstmal kaltes Wasser und ich bin die ersten Monate ein bisschen geschwommen."

In dieser Phase profitiert die Unternehmerin von ihrer pragmatischen Haltung. Sie richtet ihren Fokus nie auf die Probleme, sondern für Milen „stehen immer Ziel und Lösung im Vordergrund". Sie überlegt, „okay, wie können wir das Ziel erreichen?" Mit der Unterstützung ihres Teams und vor allem ihrer Prokuristin stößt sie bereits fünf Monate nach ihrer Übernahme einen umfassenden Transformationsprozess an und „setzt so auch ihren eigenen Stempel auf das Unternehmen".

Die bisher „klassischen 90er-Jahre-Managementstrukturen" bei Q-SOFT weichen Schritt für Schritt einem kollaborativen Mindset, bei dem „alle Mitarbeitenden tatsächlich die Verantwortung tragen, wirklich mitgestalten und dafür dann auch die Wertschätzung bekommen." Das Team verfolgt gemeinsame Ziele und Visionen, alle partizipieren am Erfolg des Unternehmens. Milen positioniert sich und das Unternehmen in den sozialen Netzwerken. Über eine neue Corporate Identity wird der Wandel auch von außen deutlich sichtbar. Rückblickend beschreibt Milen vor allem die entspannte Atmosphäre im Unternehmen als besonderen Gewinn dieses Prozesses: „Wir haben heute einfach ein wirklich schönes Miteinander." Der Erfolg gibt ihr Recht. Es kommen neue Talente hinzu, das Durchschnittsalter verjüngt sich insgesamt um zehn Jahre. Eine beachtliche Leistung in einer Region, die massiv mit der Abwanderung junger Fachkräfte zu kämpfen hat.

Das Prinzip der Mitverantwortung setzt die junge Unternehmerin konsequent um. 2024 entsteht mit dem Cloud-Computing ein neuer Geschäftsbereich. Milen installiert einen Co-Geschäftsführer an ihrer Seite, der zukünftig das Bestandsgeschäft verantwortet. Ihre Prokuristin leitet den kaufmännischen Bereich. So schafft sie sich gezielt Freiraum, mit dem Ziel, sich ganz auf das Business Development konzentrieren zu können: „Man verteilt halt die Verantwortung oder Aufgaben auf mehreren Schultern und das hat den Charme, dass wir viel mehr Mehrwert generieren können." Durch die Tandemführung kann sich die Geschäftsführerin auf wichtige Themen fokussieren und auch sich selbst Freiräume schaffen. Nicht zuletzt aus der Geschichte ihres Vaters weiß sie, wie wichtig eine gesunde Balance ist.

Ihr persönliches Engagement gilt den Themen Gleichstellung und Frauen in Tech-Berufen. Um junge Mädchen für die Tech-Berufe zu begeistern, geht sie an Schulen und hält Vorträge in Verbänden und IHKs. In den sozialen Medien erzählt sie ihre Geschichte und motiviert als Role-Model junge Frauen, sich für ein technisches Studium oder eine Ausbildung zu entscheiden. Davon verspricht sie sich auch für ihr Unternehmen etwas: Sie hätte gerne mehr Mitarbeiterinnen in ihrem Team. Aktuell ist das noch eine Herausforderung, aber Milen gibt nicht auf. Wenn sie von etwas überzeugt ist, kämpft sie so lange, bis sie es erreicht hat. Das beweist sie immer wieder eindrücklich. Als man ihr zum Beispiel den Zugang zur einem Business-Netzwerk verwehrt, gründet sie kurzerhand ihre eigene Initiative – Femakes. „Dann schaffst du halt dein eigenes Netzwerk, wenn du in das andere nicht reinkommst. Und irgendwann, wenn du die Schlagkraft hast, wird sich auch diese Tür öffnen."

Aufzugeben oder sich mit einer Sache abzufinden, kommt für Milen nicht infrage. Ihre Überzeugung, mit der sie die Unternehmerinnenrolle lebt und sich für Gleichstellung stark macht, schreibt sie auch ihren Eltern zu, die in vielerlei Hinsicht Vorbilder sind: Ihre Mutter arbeitet als Filialleiterin in Erfurt auch nach der Familiengründung immer Vollzeit. Der Vater bleibt nach der Geburt der Schwester ein Jahr zu Hause. „Das war für mich völlig normal. Also ich kenne es auch nicht anders. Und deswegen würde ich schon sagen, ist meine Geschichte auch ein Ostthema."

Nicht zuletzt dank ihrer Reichweite in den sozialen Netzwerken und ihrem Engagement in Netzwerken wie ITnet Thüringen, der Vollversammlung der IHK Erfurt und dem Verband der Unternehmerinnen (VDU) ist Milen mittlerweile eine starke Stimme der Wirtschaft, die mit ihrer Unternehmerinnenrolle auch einen klaren Bildungsauftrag verbunden sieht. „Ja, ich habe einen Bildungsauftrag – als Sprachrohr und als Arbeitgeberin."

Es ist ihr wichtig, Optimismus zu streuen. „Wir haben viele Krisen, ja, man kann alles schwarzreden und sagen: ‚Ich wandere jetzt aus, weil Deutschland geht ja den Bach runter.' Aber ich bin immer der Meinung, wir haben es ja selbst in der Hand. Und wenn ich hier meine 50 Leute mitnehme und sage: ‚Wir können trotzdem noch eine Werthaltigkeit erreichen oder stabil bleiben', dann machen wir das."

Auf einen Wunsch – eine Sache die du verändern würdest? „Ich würde diese Schwarzmalerei abschaffen. Einfach mal nicht meckern, sondern lösungsorientiert arbeiten. Unsere Medien können supergut erzählen, wie schlecht es uns geht, aber dann tatsächlich mit den Lösungen auftrumpfen – das kann fast keiner. Das fehlt mir."

In 10 Jahren – wo bist du mit deinem Unternehmen? „In den nächsten zehn Jahren möchte ich meine zwei Bestandsgeschäftsbereiche nochmal auf ein neues Level heben. Im Bereich IT-Softwareentwicklung wollen wir einen deutlichen Technologiesprung machen und uns in Mitteldeutschland mit IT-Sicherheit weiter einen Namen machen. In 10 Jahren haben wir unser Cloud-Computing-Geschäft als drittes Standbein so aufgebaut, dass ein Exit möglich wäre und wir an die ‚Googles dieser Welt' verkaufen wollten."

Was gibst du anderen jungen Nachfolgerinnen mit? „Mut! Habt den Mut, es zu machen und lasst euch nicht von Leuten, die keine Ahnung haben, erzählen, wie es funktionieren sollte. Ich hatte sehr, sehr viele Menschen, die noch nie ein Unternehmen geführt haben, die noch nie 50 Mitarbeitende unter sich hatten, die noch nie eine Nachfolge angetreten haben – aber mir erzählen wollten, wie ich das Unternehmen am besten verkaufen, führen oder zerschlagen soll. Deshalb rate ich: Nicht auf die Leute hören, die am Ende keine Ahnung haben, sondern einfach mal den Mut haben, auch auf das eigene Bauchgefühl zu hören."

6.15 Sina Thomas: „Ich bin nicht nur Geschäftsführerin, weil ich die Tochter bin. Ich weiß, was ich tu und verstehe, wovon ich rede."

Steckbrief
Name:
Sina Thomas
Alter:
43 Jahre
Kinder: 1
Nachfolge:
Geplante Übernahme vom Vater
Position:
Geschäftsführende Gesellschafterin der Kletti GmbH, im Tandem mit Onkel
Kletti GmbH
Die Kletti GmbH, ein Familienunternehmen mit Sitz in Sandhausen bei Heidelberg, wurde 1992 von Bernd Kletti gegründet. Seit über 30 Jahren spezialisiert

sich das Unternehmen auf flexible elektrische Beheizungslösungen, insbesondere die Herstellung von Heizschläuchen und Heizschlauchsystemen.

Aktuell wird die Kletti GmbH operativ von Bernd Kletti, seiner Tochter Sina Thomas und Steffen Exner geführt. Das Unternehmen beschäftigt rund 52 Mitarbeitende und befindet sich in der zweiten Generation der Familienführung.

Die Produktpalette umfasst eine Vielzahl von Heizschläuchen und Beheizungslösungen, die in unterschiedlichen Branchen Anwendung finden, darunter die Automobilindustrie, Verpackungsindustrie und chemische Industrie. Besonders hervorzuheben ist, dass die Kletti GmbH als einziger europäischer Hersteller sowohl nach DIN ISO 9001 als auch nach der UL/CSA-Sicherheitsprüfung für den Export in die USA und nach Kanada TÜV-zertifiziert ist.

Ein Meilenstein in der Unternehmensgeschichte war der Firmenneubau im Jahr 2019 in Sandhausen. Im Zuge der Verdopplung der Produktionsfläche wurde der Bereich Industrietechnik maßgeblich erweitert.

Die Kletti GmbH legt großen Wert auf Qualität, Präzision und langfristige Partnerschaften mit Mitarbeitenden, Kund*innen und Systempartner*innen. Ihr Ziel ist es, stets optimale Lösungen für elektrische Beheizungen zu entwickeln – „Made in Germany" steht dabei für höchste Standards.

Profil

Sina Thomas, geborene Kletti, übernimmt ihren Platz im Familienunternehmen Kletti GmbH nicht ohne Umwege. Nach ihrem Studium der Volkswirtschaftslehre an der Universität Heidelberg und ersten Berufserfahrungen im globalen Marketing sieht sie zunächst einen anderen Weg für sich. „Ich war mir nicht sicher, ob ich ins Familienunternehmen einsteigen sollte – mir fehlte die fachliche Expertise", sagt sie heute. Ein Gespräch mit dem Steuerberater der Familie bringt sie zum Umdenken. „Er sagte mir, dass ich keine Expertin in allem sein muss. Entscheidend sei es, gute Leute an meiner Seite zu haben." Diese Worte wurden für Sina zum inneren Wendepunkt.

Sina steigt 2008 ins Unternehmen ein. Zunächst im internationalen Vertrieb. Dort betreut sie primär die internationalen Kund*innen, begleitet ihren Vater zu Terminen und lernt, die Strukturen des Unternehmens zu verstehen. „Mir war wichtig, die Abläufe von Grund auf kennenzulernen." Ihre Präsenz schafft Vertrauen bei den langjährigen Mitarbeitenden – ein wichtiger Schritt, da die Kultur des Familienunternehmens stark von Routine und Beständigkeit geprägt war. Dennoch spürt sie Widerstände: „Manche dachten, ich würde als ‚studierte Tochter' alles umkrempeln. Das war auch ein harter Start."

Um einen umfassenden Überblick zu haben, durchläuft Sina die zentralen Bereiche des Unternehmens: vom Vertrieb über Einkauf bis ins Marketing und die Produktion. Diese Erfahrungen schärfen ihren Blick für die gesamte Organisation und sind der Anfang von

Modernisierung und Umstrukturierung. „Wir waren dann auch kleiner von unserer Struktur, als ich anfing, und auch noch nicht so geordnet, wie wir es jetzt sind.“

Als ihr Ex-Mann und Geschäftsführer des Vertriebs 2016 entscheidet, das Unternehmen zu verlassen, muss Sina für sich eine Zukunfts-Entscheidung treffen, „weil der Plan meiner Eltern von Beginn an war, dass wir das so im Duo machen, und der Plan ist gescheitert.“ Gerade Mutter geworden, stellt sich Sina dennoch der Verantwortung und übernimmt die Geschäftsführungs-Position. Ein Wendepunkt in ihrer Karriere. „Es war für mich die Chance, zu zeigen, dass ich Verantwortung tragen und das Unternehmen gestalten kann.“

Ab da legt Sina den Fokus auf nachhaltige Veränderung. An ihrer Seite steht ihr Onkel Steffen Exner, mit dem sie das Unternehmen im Tandem führt. „Wir ergänzen uns hervorragend: Steffen bringt viel Erfahrung mit, ich fokussiere mich auf Struktur und Kultur.“ Gemeinsam modernisieren sie die Führungsstrukturen, führen flachere Hierarchien ein und fördern die Eigenverantwortung der Mitarbeitenden. Sie setzen auf Wachstum und Entwicklung, vor allem „um den demografischen Wandel nicht zu verschlafen und das Wissen zu halten“. Die hierarchischen Strukturen in der Verwaltung bauen sie konsequent ab und ebnen den Weg in ein kollegialeres Miteinander. „Wo früher ‚Schleudersitze‘ waren, sag ich jetzt mal, haben wir Strukturen geschaffen, die tragen. Wir wollen den demografischen Wandel aktiv gestalten und Talente aus den eigenen Reihen fördern“, erklärt sie. Heute ist Kletti in der gesamten Region auch für die Entwicklung und Förderung ihrer Mitarbeitenden bekannt.

In Abstimmung mit ihrem Vater, der sich immer mehr zurückziehen möchte, beschließt Sina, dem Unternehmen in den sozialen Medien ihr Gesicht zu geben. Eine Personal-Branding-Kampagne wird gestartet. „Das Unternehmen muss jetzt einfach auch mein Gesicht tragen.“ Die konsequente Positionierung bei LinkedIn holt Kletti aus der Anonymität. „Früher wusste kaum jemand, was Kletti macht. Heute stehen wir für Regionalität, moderne Führung und Mitarbeitenden-Bindung.“

Als besondere Herausforderung in ihrer Nachfolge beschreibt Sina die Balance zwischen der Mutter-Rolle und der Geschäftsführungs-Rolle. Immer wieder hat sie das Gefühl, beidem nicht ausreichend gerecht werden zu können. Sie lernt abzugeben und an den richtigen Stellen Abstriche zu machen. „Es war nicht immer einfach, aber ich habe gelernt, loszulassen und zu vertrauen.“

Sina Thomas führt das Familienunternehmen Kletti GmbH mit Weitblick und Mut in die zweite Generation. Ihr Weg zeigt, dass Nachfolge mehr ist als die bloße Fortführung einer Tradition – sie ist eine Möglichkeit, das eigene Profil einzubringen und die Zukunft aktiv zu gestalten. Mit ihrem modernen Führungsstil, ihrer Offenheit und ihrem Blick für Strukturen hat sie das Unternehmen zukunftsfähig gemacht und bewiesen, dass weibliche Nachfolge eine Bereicherung und die Doppelrolle machbar ist.

Auf einen Wunsch – eine Sache die du verändern würdest? „Für die Firma wünsche ich mir weniger Bürokratie. Das ist ein großes Thema. Wir im Mittelstand könnten es in vielen Dingen einfacher haben. Familienunternehmen sind der Motor der Wirtschaft und das wird auch oft einfach vergessen. Wir zahlen unsere Steuern. Wir arbeiten nicht, um uns die Taschen vollzumachen und dicke Autos zu fahren. Das wird oft vergessen und ich wünsche mir mehr Würdigung des Mittelstandes. Die Bürokratie und die Vorurteile hemmen manchmal so die Lust am Arbeiten, muss ich ganz ehrlich sagen."

In 10 Jahren – wo bist du mit deinem Unternehmen? „Unsere Mitarbeitenden bleiben und wir können immer neue Talente gewinnen. Unser Führungsteam matcht weiterhin so gut. Wir können unsere Märkte stabil beliefern. Als Organisation sind wir immer in Bewegung geblieben und agieren dynamisch. Ich wünsche mir, dass wir uns weiterentwickeln, nicht stehen bleiben. Und KI ist ein fester Bestandteil unserer Prozesse und Abläufe."

Was gibst du anderen jungen Nachfolgerinnen mit? „Wenn ihr nicht gleich eure Rolle findet, dann sucht euch Unterstützung. Rollenfindung ist einfach das A und O. Und habt den Mut, diesen Weg zu gehen. Kommuniziert euren Plan sauber und offen. Ihr müsst nicht alles wissen, aber ihr braucht gute Leute, die man fragen kann."

6.16 Daniela Tigges: „Mit der wachsenden Kompetenz kam auch die Freude daran, aus unserem Hof etwas zu machen."

Steckbrief
Name:
Daniela Tigges
Alter:
46 Jahre
Kinder: 2
Nachfolge:

Geplante Übernahme vom Vater
Position:
Inhaberin Familienhotel Ebbinghof
Familienhotel Ebbinghof
Das Familienhotel Ebbinghof, geleitet von Daniela Tigges, ist ein beeindruckendes Beispiel für ein traditionsreiches Familienunternehmen. Ursprünglich als Bauernhof gegründet, wurde der Betrieb über mindestens 14 Generationen landwirtschaftlich geführt, bis Daniela Tigges Vater, bekannt als ‚Bauer Johannes', ihn in einen Ferienbetrieb umwandelt. Seit Ende 2007 steht Daniela Tigges, ausgebildete Hotelfachfrau und Betriebswirtin, an der Spitze des Unternehmens. Als Einzelunternehmerin in der 15. Generation hat sie das Familienhotel Ebbinghof zu einem exklusiven All-Inclusive-Bauernhof-Resort auf 4-Sterne-Niveau entwickelt. Sie beschäftigt ein Team von etwa 70 Mitarbeitenden. Seit der Betriebsübernahme bis 2019 investierte Daniela Tigges einen knapp zweistelligen Millionenbetrag in Modernisierung und Ausbau des Hotels. Das Familienhotel Ebbinghof ist mehrfach ausgezeichnet und bekannt für seinen kreativen Pioniergeist, ein entspanntes und harmonisches Umfeld sowie besondere seine Willkommenskultur.

Profil
Daniela Tigges führt das Familienhotel Ebbinghof im Sauerland bereits in der 15. Generation. Einst ein Bauernhof, hat sich das Areal durch die Arbeit ihres Vaters zu einem Ferienhof und schließlich zu einem erfolgreichen Hotelbetrieb entwickelt. „Seit meinem Vater ist es ein Ferienhof, und ich habe es dann weiter ausgebaut zum Familienhotel", erzählt sie. Ihre Entscheidung für die Nachfolge trifft die Unternehmerin erst nach ihrer Ausbildung und ersten Berufserfahrungen außerhalb, weil es ihr wichtig war, die Entscheidung ganz bewusst zu treffen. Ihre Eltern lassen ihr die Zeit und drängen sie nicht. „Ich durfte das Empfinden entwickeln, es wirklich zu wollen", sagt sie rückblickend.

Nach dem Abitur steht für Daniela Tigges zunächst eine berufliche Findungsphase an. Der Berufsberater bzw. das befragte Computerprogramm schlägt ihr eine Ausbildung zur Hotelfachfrau vor. „Frau Tigges, hier steht Hotelfachkraft, das sollten Sie lernen." Letztendlich vertraut die junge Frau den Parametern und bewirbt sich bei renommierten Hotel-Betrieben.

Nach einer fundierten Ausbildung und mehreren beruflichen Stationen in verschiedenen Häusern, darunter auch im Ausland, reift ihr Wunsch, den elterlichen Betrieb weiterzuführen. „Mit der wachsenden Kompetenz in anderen Betrieben kam auch die Vorstellungskraft: Was könnte ich aus unserem Hof machen?", erinnert sie sich. 2007 kehrt sie in den elterlichen Betrieb zurück und übernimmt ein Jahr später dessen Leitung.

Die Übergabe verläuft schrittweise und wird von einem externen Berater begleitet. Auch die zwei Geschwister werden früh in die Gespräche einbezogen. Als aber klar wird, dass nur Daniela Tigges die Nachfolge antreten will, geht die Übergabe zügig voran. „Mein

Vater war dankbar, dass ich übernehmen konnte. Er hatte gesundheitliche Einschränkungen und hielt nicht an seiner Rolle fest. Das war vielleicht ein Vorteil für alle." Ihre fundierte Ausbildung und Erfahrung in der Hotellerie geben ihr von Beginn an die nötige Sicherheit und das Vertrauen für ihre neue Rolle. „Ich war Profi. Ich hatte in einem tollen Laden gelernt, Hotelfachfrau von der Pike auf, dann Hotel-Betriebswirtin. Alles mit Auszeichnung."

2019 sieht Daniela Tigges eine Reportage über eine Familie, die mit ihren Kindern eine Auszeit in Kanada macht. Sie ist sofort begeistert und kann sich eine Auszeit für sich und ihre Familie vorstellen. Als die Schule ihrer Tochter ihr Unterstützung signalisiert, beschließt sie, den Traum in die Tat umzusetzen. Sie plant die Reise akribisch, erstellt Notfallpläne, instruiert ihr Team, verpflichtet Berater*innen und bereist schließlich mit ihren Kindern drei Monate Europa. Ihr Mut wird belohnt. „Ich wollte sehen, ob es ohne mich funktioniert – und es ging!", erzählt sie.

Durch diese Erfahrung gewinnt sie letztendlich auch die Gewissheit, dass sie Strukturen geschaffen hat, die das Unternehmen auch in ihrer Abwesenheit stabil halten. „Ich habe gelernt loszulassen und zu vertrauen", sagt sie heute. Nur ihre Mutter schreibt ihr, ansonsten schafft es ihr Team, alle Fragen und Probleme selbstständig zu lösen. Zurück im Unternehmen interviewt sie ihre Mitarbeitenden. Diese berichten: „Weißt du, das war eine Erfahrung. Wenn du jetzt mal zwei, drei Wochen nicht da sein solltest, dann wissen wir, es ist kein Problem." Ein echtes Wachstumsprojekt für alle Beteiligten. Die Unternehmerin, die vorher kaum Urlaub gemacht hat, nimmt sich jetzt bewusster die Zeit für Auszeiten und Weiterbildungen.

Die Handschrift von Daniela Tigges ist im gesamten Hotel spürbar. „Unsere Gäste spüren die entspannte Atmosphäre, und das liegt vor allem an unseren tollen Mitarbeitenden", sagt sie stolz. Das Hotel zeichnet sich durch eine außergewöhnlich niedrige Fluktuation aus – ein Beweis für das positive Betriebsklima. Sie erhält mehr Initiativbewerbungen, als sie Personen neu einstellen kann. Eine Seltenheit in der Branche. Tägliche Morgenkreise mit dem Team, in denen Gefühle und Informationen ausgetauscht werden, gehören ebenso zum Arbeitsalltag wie Yoga-Einheiten für Gäste und Mitarbeitende. „Ich halte den Raum", beschreibt sie ihre Rolle, die weit über das klassische Management hinausgeht.

Besonders wichtig ist Daniela Tigges die Balance von Arbeit und Privatleben. Ihre Arbeitszeit im Hotel hat sie bewusst auf 25 h pro Woche reduziert, um sich ausreichend um ihre Familie und ihre Gesundheit kümmern zu können. „Ich habe früher 60 h pro Woche gearbeitet – das war wichtig, aber auf Dauer nicht gesund. Heute ist mir bewusst, dass ich inzwischen mit weniger Zeit, aber voller Energie mehr erreichen kann", erklärt sie. Wichtige Themen priorisiert die Hotel-Chefin konsequent. „Ich halte mir die Zeit frei für Sachen, die mir keiner abnehmen kann. Das ist für mich vor allem eine energetische Frage. Ich habe lieber eine Stunde fürs Unternehmen am Tag und bin voll in meiner Energie, kann klar und zielgerichtet Entscheidungen fällen, als ich sitze da zehn Stunden, um irgendwie ‚Vorbild' zu sein."

Als größte Herausforderung in ihrer Rolle als alleinige Geschäftsführerin beschreibt sie den Umgang mit dem Wunsch nach geteilter Verantwortung. Um Sparring für sich zu etablieren, arbeitet sie zunächst mit einer Coachin. Dann baut sie intern einen Führungszirkel auf, in dem regelmäßige Themen auf der Metaebene besprochen werden. Eine Direktionsassistenz unterstützt sie zusätzlich bei den Leitungsaufgaben. Daniela Tigges probiert aus und entwickelt ihre Führungsstruktur immer weiter. „Ich nutze Veränderungen immer zum Wachstum und gehe auf die nächste Stufe." So gestaltet sie sich die Freiheit, die strategische Weiterentwicklung des Hotels voranzubringen. „Eine Erfahrung, die ich immer wieder mache: Ich bin gar nicht allein. Die kümmern sich, und das liegt denen wie mir richtig am Herzen."

Daniela Tigges sieht sich als Teil eines großen Ganzen – ihr Hotel ist nicht nur ein Ort der Erholung für Gäste und Familien, sondern auch eine Quelle der Inspiration für Mitarbeitende. Ihr Ziel ist es, eine Umgebung zu schaffen, in der sich alle wohlfühlen und auf eine Art heilen und wachsen können. Mit ihrer ruhigen und souveränen Art führt sie das Hotel erfolgreich durch herausfordernde Zeiten und entwickelt es konsequent weiter.

„Ich sehe es als meine Verantwortung, auf dem aufzubauen, was Generationen vor mir geschaffen haben, und das Hotel nachhaltig in die Zukunft zu führen", sagt sie abschließend. Diese Mischung aus einer starken Verbundenheit zur Tradition, großer Herzlichkeit und tiefer Intuition macht Daniela Tigges zu einem inspirierenden Vorbild.

Auf einen Wunsch – eine Sache die du verändern würdest? „Ich würde mir wünschen, dass wir alle aufhören zu urteilen. Andere zu verurteilen, uns selbst zu verurteilen und irgendwelche Situationen zu verurteilen."

In 10 Jahren – wo bist du mit deinem Unternehmen? „Ein Pionierort des Friedens und eine heile Welt für Kinder. – diese Vision prägt unser Handeln und unsere Weiterentwicklung als Persönlichkeiten und als Unternehmen. Ich habe klare Visionen, aber ich möchte mich nicht zu sehr auf feste Vorstellungen für die nächsten zehn Jahre festlegen. Die Welt ist in einer dynamischen Phase, und ich weiß, dass sich vieles noch verändern wird – oft ganz anders, als wir es heute erwarten."

Was gibst du anderen jungen Nachfolgerinnen mit? „Ein Unternehmen zu führen, ist ein sehr kraftvolles Bootcamp zur Persönlichkeits- und Gesellschaftsentwicklung. Viel Freude dabei!"

6.17 Dr. Anna Weber: „Bei uns ist Verantwortung nicht geteilt, sondern doppelt – und das fühlt sich richtig gut an."

Steckbrief

Name:

Dr. Anna Weber

Alter:

43 Jahre

Kinder: 2

Nachfolge:

Geplante Geschwister-Nachfolge im Tandem, Übernahme von den Eltern

Position:

Geschäftsführerin und Gesellschafterin von Baby-One sowie Elsa & Emil

BabyOne Franchise- und Systemzentrale GmbH

BabyOne ist seit über 35 Jahren der führende Omnichannel-Anbieter von Baby- und Kleinkindprodukten im Franchisesystem in der DACH-Region. Das Unternehmen bietet werdenden und jungen Familien eine umfangreiche Produktpalette aus Eigen- und Fremdmarken sowie individuelle Serviceangebote – sowohl vor Ort in über 100 Fachmärkten als auch digital über den Online-Shop. Aktuell wird BabyOne als inhabergeführtes Familienunternehmen in zweiter Generation von den Geschwistern Dr. Anna Weber und Dr. Jan-Willem Weischer geleitet. Das Unternehmen beschäftigt über 1.400 Mitarbeitende in der Zentrale, den Eigen- sowie Franchisemärkten.

Gegründet wurde BabyOne 1988 als „Babyland" in Freudenberg bei Siegen. 1992 erfolgte die Umfirmierung in „BabyOne" und die Gründung des Franchise-Systems mit dem ersten Franchisemarkt in Münster. 1998 übernahm Wilhelm Weischer die Geschäftsführung der Franchise-Zentrale und fungierte als Franchisegeber. Im Jahr 2017 traten seine Kinder, Anna und Jan, in das Familienunternehmen ein und übernahmen 2019 dessen Geschäftsführung. Seit 2021 sind die Eltern, Gabriele und Wilhelm Weischer, nicht mehr in der Geschäftsführung tätig.

BabyOne zeichnet sich durch seine langjährige Erfahrung und die Fokussierung auf die Bedürfnisse junger Familien aus. Mit einer Kombination aus stationärem Handel und Online-Präsenz bietet das Unternehmen ein nahtloses Einkaufserlebnis. Die Einführung des D2C-Labels „Elsa & Emil" im Jahr 2023 unterstreicht das Ziel, innovative und nachhaltige Produkte für junge Eltern anzubieten.

Profil

Dr. Anna Weber führt gemeinsam mit ihrem Bruder Dr. Jan Weber das Familienunternehmen BabyOne, ein Franchise-System mit über 100 Fachmärkten in Deutschland, Österreich und der Schweiz. Das Unternehmen steht für eine Kombination aus stationärem Einzelhandel kombiniert mit digitalen Vertriebskanälen. 2023 gründen die Geschwister gemeinsam die Marke ‚Elsa & Emil' – benannt nach ihren zweitgeborenen Kindern – mit dem Ziel, nachhaltige und funktionale Baby- und Kinderprodukte zu entwickeln.

Der Einstieg ins Familienunternehmen ist sehr lange kein Thema für Anna Weber. Nach ihrem Studium und einer Promotion sammelt sie einige Jahre praktische Erfahrungen in der Konzernwelt. Die Eltern sind zu diesem Zeitpunkt noch aktiv im Unternehmen – die Frage der Übergabe „stellte sich überhaupt nicht. Mir war auch immer klar, dass ich absolut meinen eigenen Weg gehen möchte.", sagt die Geschäftsführerin. Nach der Promotion schreibt Anna Weber um die 80 Bewerbungen, um den „richtigen" Job für sich zu finden. Ihre Wahl fällt schließlich auf Vodafone, wo sie fünf Jahre tätig ist.

Nach der Geburt ihres ersten Kindes denkt sie intensiver darüber nach, wie sie ihre berufliche Zukunft weiter gestalten will. Der Impuls zur Nachfolge kommt nicht von den Eltern, sondern von ihr selbst und ihrem Bruder. Die Geschwister suchen damals unabhängig voneinander das Gespräch mit den Eltern: „Wir sind auf sie zugegangen und haben gesagt, Mensch, ihr habt doch eigentlich was ganz Schönes. Wollen wir da nicht mal drüber sprechen?"

Statt direkt in die Geschäftsführung zu springen, entwickeln die Geschwister mit Unterstützung eines Coaches eine passende ‚Struktur'. Mit dem Ziel, nicht unter einer bestehenden Führungskraft zu arbeiten, schaffen sie zwei neue Abteilungen und übernehmen für diese jeweils die Leitungsfunktion. Als Jurist wird Jan Weber Leiter Recht, seine Schwester übernimmt die Leitung des Bereichs Unternehmensentwicklung. Sie sind Teil der Führungsmannschaft, schaffen Mehrwert für das Unternehmen und bei allen wichtigen Meetings und Entscheidungen dabei. 2019 gehen sie beide in die Geschäftsführung.

Ihr Führungsstil unterscheidet sich deutlich von dem der Eltern. Das Führungstandem setzt auf Modernisierung und New Work. BabyOne wird „lockerer und es kommt mehr Leichtigkeit rein." Nach dem Austritt der Eltern führen sie eine Du-Kultur ein, lockern Hierarchien und schaffen eine offene Arbeitsumgebung: „Wir sagen immer: Die Werte bleiben, die Kultur ändert sich." Sie treiben die Digitalisierung voran, forcieren die Standardisierung und entwickeln das Employer Branding. „Mein Vater war froh, dass er diesen New-Work-Kram nicht mehr mitmachen muss.", sagt Anna Weber heute.

Die Übergabe der Unternehmensverantwortung während der Corona-Pandemie stellt eine besondere Herausforderung dar. „96 % unseres Umsatzes waren plötzlich weg. Trotzdem haben unsere Eltern gesagt: Wir bleiben bei unserem Plan, jetzt ist euer Moment." Diese konsequente Haltung und das Vertrauen in sie und ihren Bruder beeindrucken Anna Weber bis heute. Ihre Eltern, die das Unternehmen aus einem kleinen Spielwarenladen heraus bis auf 100 Filialen groß gemacht haben, halten Wort und ziehen sich wie vereinbart zurück – eine Entscheidung, die für alle Beteiligten nicht einfach ist, aber den Generationswechsel erfolgreich besiegelt.

Als Mutter von zwei Kindern kennt Anna Weber die Herausforderung, Familie und Unternehmen zu vereinbaren. „Ich lebe anderthalb Stunden vom Büro entfernt, bin oft unterwegs, und mein Mann ist Vollzeit zu Hause. Das ist unser Modell." Ihre Sicht auf Vereinbarkeit ist pragmatisch: „Es ist, wie es ist. Ich denke da nicht viel drüber nach – man muss einfach die beste Lösung für die eigene Familie finden." Trotz aller Erfolge bleibt die Unternehmerin realistisch: „Die Arbeitsbelastung ist hoch. Es ist kein Job, bei dem du um 17 Uhr den Stift fallen lässt. Aber wenn du deine Arbeit liebst, dann ist es okay." Sie betont, dass weibliche Nachfolge nicht romantisiert werden sollte. Es ist ein Weg voller Herausforderungen, der aber auch viele Gestaltungsmöglichkeiten bietet.

Die Geschäftsführung als Geschwister-Tandem und ein starkes Netzwerk bilden die Basis für erfolgreiche Entscheidungsprozesse: „Jan und ich ergänzen uns perfekt: Er ist der Ruhige, der über Entscheidungen lieber eine Nacht schläft. Ich bin emotionaler, manchmal schneller auf 180. Aber genau das macht uns stark." Für die Unternehmerin ist Tandem-Führung nicht nur ein Modell, sondern ein Erfolgsfaktor: „Verantwortung ist nicht halbiert, sondern verdoppelt. Erfolge teilen sich nicht, sie werden größer." Ihr persönlicher Führungsstil ist geprägt von Transparenz, Ehrlichkeit und der Förderung von Eigenverantwortung. „Ich erwarte von meinem Team, dass sie mit Lösungen kommen. Ich will keine Probleme hören, ohne dass jemand eine Idee hat, wie man sie lösen könnte."

Als größte Herausforderung ihrer Nachfolge sieht die Unternehmerin das ‚Gesamtpaket'. Als Familienunternehmerin und Inhaberin trägt sie die Verantwortung für 1.400 Menschen und die Zukunftsfähigkeit des Unternehmens, als CEO für alle operativen Prozesse und Entscheidungen. Das sei nicht vergleichbar mit einem Corporate Job. „Der bekannte Hipp-Spruch ‚Dafür stehe ich mit meinem Namen', das ist schon etwas, was sehr tief verwurzelt ist, auch bei den Mitarbeitenden." Dazu kommt noch, immer eine Balance herzustellen zwischen Familienunternehmen und Unternehmerfamilie. Das erfordert viel Abstimmung und auch Verständnis füreinander, um „einen guten Weg zu finden".

Zu Beginn ihrer Nachfolge fehlt Anna Weber der Austausch mit anderem Unternehmer*innen. So fängt sie an, ihre Erfahrungen auf LinkedIn zu teilen, spricht offen über Insights und bekommt viel Resonanz. Heute hat sie ein großes Netzwerk, das sie aktiv nutzt und ist damit Role-Model für andere Nachfolgenden. Auch die Marke BabyOne profitiert von der Präsenz in sozialen Netzwerken. „Wir sind eine Baby-Brand, wir sind im Münsterland. Uns kannten nicht viele Leute. Eigentlich kennst du den Namen erst, wenn du selbst schwanger wirst.“ Zeitweise kommen 30 % der Bewerbungen über die persönlichen LinkedIn Accounts von Jan & Anna: „Wir haben hier die Möglichkeit, ganz viel zu erzählen, und eine Bewerber*in kann vorher schon mal prüfen, passt das zu mir oder nicht?“.

Für die Zukunft von BabyOne hat Anna Weber klare Ziele: den Erfolg der Eigenmarke vorantreiben, das Franchise-Netzwerk vergrößern und das Unternehmen fit für die nächste Generation machen. Ihr Engagement geht dabei weit über das eigene Unternehmen hinaus. Sie engagiert sich bei „Startup-Teens“ für die Förderung des Unternehmertums an Schulen, ist im Beirat anderer Familienunternehmen aktiv, setzt sich für mehr Female Leadership ein und investiert selbst in Start-ups. „Mir liegt am Herzen, dass wir in Deutschland nicht in einen reinen Behördenstaat abdriften. Unternehmertum ist ein Wert, den wir aktiv fördern müssen.“ Sie würde sich gerne noch viel mehr einsetzen, wenn es ihre Zeit zulässt. Aber alles hat eben seine Zeit.

Anna Weber verkörpert gemeinsam mit ihrem Bruder eine moderne Form der Unternehmensnachfolge, die Mut zur Veränderung mit Respekt vor den Wurzeln vereint. Ihr Weg ins Familienunternehmen zeigt, dass es kein festes Drehbuch für erfolgreiche Nachfolge gibt – durchaus jedoch den Mut, Fragen zu stellen, den eigenen Platz zu definieren und Verantwortung aktiv zu gestalten. Sie beweist, dass Führung im Familienunternehmen mehr ist als Tradition fortzuführen: Es geht darum, die Zukunft bewusst zu formen – mit klaren Werten, Offenheit und der Bereitschaft, immer wieder Neues zu wagen.

Auf einen Wunsch – eine Sache die du verändern würdest? „Wäre ich eine Fee mit einem Zauberstab, würde ich das Behördentum in Deutschland abschaffen. Statt starrer Strukturen bräuchten wir mehr Eigenverantwortung und Leistungsorientierung – auch im öffentlichen Sektor. Warum nicht den Mut haben, auch staatliche Behörden wie ein Unternehmen zu führen, in dem Leistung zählt? Klar, das wäre ein kultureller Wandel, aber irgendwann muss man ja anfangen.“

In 10 Jahren – wo bist du mit deinem Unternehmen? „Unser Weg ist klar: Wir setzen weiterhin auf Omnichannel, denn die Kombination aus stationärem Handel und Online-Vertrieb funktioniert in unserer Branche einfach am besten. Die Verzahnung dieser Kanäle werden wir konsequent vorantreiben – und wer weiß, vielleicht begeistern wir in Zukunft nicht nur Eltern in Deutschland, Österreich und der Schweiz, sondern auch in ganz Europa mit unserem Konzept.“

Was gibst du anderen jungen Nachfolgerinnen mit? „Du brauchst einen klaren Plan: Wer bist du, was willst du, und welche Rolle passt zu dir? Wenn du das für dich beantworten kannst, dann steh dafür ein. Lass dich nicht mit Kompromissen abspeisen, sondern fordere die Rolle ein, in der du deine Stärken wirklich entfalten kannst.“